KONSTANZER GESCHICHTS- UND RECHTSQUELLEN

Neue Folge der Konstanzer Stadtrechtsquellen

HERAUSGEGEBEN VOM STADTARCHIV KONSTANZ

XXVIII

REINHOLD REITH

Der Aprilaufstand von 1848 in Konstanz

Zur biographischen Dimension von „Hochverrath und Aufruhr“

Versuch einer historischen Protestanalyse

1982

JAN THORBECKE VERLAG SIGMARINGEN

CIP-Kurztitelaufnahme der Deutschen Bibliothek

Reith, Reinhold:

Der Aprilaufstand von 1848 [achtzehnhundertachtundvierzig] in Konstanz: zur biograph. Dimension von „Hochverrath u. Aufruhr"; Versuch e. histor. Protestanalyse / Reinhold Reith. – Sigmaringen: Thorbecke, 1982
(Konstanzer Geschichts- und Rechtsquellen; 28)
ISBN 3-7995-6828-X

NE: GT

Gesamtherstellung: Friedr. Stadler Konstanz
Printed in Germany · ISBN 3-7995-6828-X

INHALTSVERZEICHNIS

VORWORT

Der Heckerzug, der im April 1848 unter der Führung Friedrich Heckers von Konstanz seinen Ausgang genommen hat, hat in der Literatur vielfältige Beachtung gefunden. Während sich die Literatur der Person Friedrich Heckers und seiner Bedeutung für die badische Revolution 1848 sehr ausgiebig angenommen hat, so sind dabei die zahlreichen ,,kleinen Leute", die das Bild des Heckerzuges und damit auch der badischen Revolution mitgeprägt haben, aus dem Rampenlicht der Geschichte geraten.

Die vorliegende Untersuchung zur ,,biographischen Dimension von Hochverrath und Aufruhr" ist dagegen als Versuch zu verstehen, die ,,Gesichter in der Menge" (Rudé), die in der Forschung bisher kaum Beachtung gefunden haben, zu erkennen und durch eine Rekonstruktion der Lebensgeschichten eben dieser ,,Menge" Gesicht und Individualität zu geben. Der Schwerpunkt der Untersuchung liegt dabei weniger auf der bürgerlichen Beteiligung, sondern vor allem auf der Analyse von Struktur und Motivation handwerklicher Beteiligung, der anhand von detaillierten Einzelbiographien, die aus den verschiedensten Quellen zusammengestellt worden sind, nachgegangen wird.

Die vorliegende Untersuchung ist im Mai 1981 als Magisterarbeit am Fachbereich Philosophie und Geschichte der Universität Konstanz vorgelegt worden. Dieter Groh und Rainer Wirtz bin ich für die großzügige Förderung und kritische Diskussion der Arbeit dankbar. Auch den Diskussionen in den Forschungsprojekten ,,Basisprozesse und Organisationsproblem" und ,,Regionale Sozialgeschichte" bin ich dankbar verpflichtet. Ohne die Unterstützung, die mir im Generallandesarchiv Karlsruhe und besonders im Stadtarchiv Konstanz zuteil geworden ist, wäre die Arbeit nicht möglich gewesen. Dank gilt hier den Leitern und Mitarbeitern der Archive. Besonderen Dank schulde ich Michael Kuthe, der die Arbeit mit Interesse verfolgt und mich immer wieder auf einschlägige Quellenbestände aufmerksam gemacht hat.

Jürgen Bergmann, Andreas Grießinger, Michael Karl, Karl-Heinz Hänssler und Gert Zang bin ich für zahlreiche Anregungen und die kritische Durchsicht des Manuskripts dankbar.

Herrn Prof. Dr. Helmut Maurer danke ich für die Unterstützung und die Aufnahme der Arbeit in die ,,Konstanzer Geschichts- und Rechtsquellen".

Konstanz, Februar 1982 *Reinhold Reith*

Ich versuche den armen Strumpfwirker, den ludditischen Pächter, den ‚obseleten' Handweber, den ‚utopischen' Handwerker vor der enormen Herablassung der Nachwelt zu retten. Ihre Handwerke und Traditionen mögen ausgestorben sein. Ihre Feindschaft gegenüber dem neuen Industrialismus mag rückwärts gewandt gewesen sein. Ihre kommunitären Ideale mögen Phantasien gewesen sein. Ihre aufrührerischen Verschwörungen mögen verrückt gewesen sein.

Aber sie durchlebten diese Zeiten akuter sozialer Umwälzungen und wir nicht. Ihre Bestrebungen waren gültig in den Begriffen ihrer eigenen Erfahrungen.

Edward P. Thompson

I. FORSCHUNGSPROBLEME ZUR REVOLUTION 1848/49

I. 1. Die Revolution 1848/49 als authentisch bürgerliche Erfahrung?

Geoff Eley hat kürzlich in einem Aufsatz über den deutschen „Sonderweg" die These vom Fehlen (bzw. Scheitern) der bürgerlichen Revolution in Deutschland kritisiert und die globalen theoretischen Annahmen expliziert, auf der die These des Scheiterns der bürgerlichen Revolution in der deutschen Geschichte und seine Folgen für die politische Entwicklung Deutschlands im 19. und 20. Jahrhundert beruhen.[1]

Als grundlegendste und zugleich fragwürdigste Annahme bezeichnet er die einer erfolgreichen bürgerlichen Revolution, wie sie im englischen und französischen Beispiel angeblich vorliege. Er bezweifelt, daß „das Modell einer gewaltsam errungenen liberalen Demokratie, erzwungen von einer triumphierenden Bourgeoisie, die politisch im Kampf mit der feudalen Aristokratie steht, überhaupt je stattfand."[2] Die These setze außerdem eine Leseart der englischen und französischen Revolution voraus, die seit längerem umstritten ist, an der jedoch deutsche Historiker nach wie vor festhalten.

Edward P. Thompson hat in einer analogen Kontroverse über das „Fehlen" einer bürgerlichen Revolution in England das französische „Modell" in Frage gestellt und die Position neuerer Forschungen skizziert:

> „Während man bisher davon ausging, daß eine fortgeschrittene, egalitäre, linksjakobinische Phase ein wesentlicher Bestandteil jeder vollzogenen bürgerlichen Revolution sein müsse, wirft die neuere Forschung über die Rolle der Pariser Volksmassen, die tatsächliche Zusammensetzung der verschiedenen Richtungen und der Institutionen des Terrors und der revolutionären Armeen wie auch über die nationale Notstandssituation der Kriegsdiktatur die Frage auf, inwieweit es überhaupt Sinn macht, den Jakobinismus des Jahres II als eine authentische bürgerliche Erfahrung zu charakterisieren.
>
> Und ganz bestimmt kann man nicht behaupten, die industrielle Bourgeoisie sei die ‚Vorhut' des Jakobinismus oder die wesentliche gesellschaftliche Kraft hinter dieser zutiefst zweideutigen politischen Bewegung." [3]

Bereits 1931 hat Veit Valentin in seiner Geschichte der deutschen Revolution von 1848/49 darauf hingewiesen, daß der auf Bruno Bauer zurückgehende Begriff der „bürgerlichen Revolution" eine Auffassung hat begründen helfen, „die bis heute herrschend geblieben, aber durchaus irrig ist." [4]

1 Geoff Eley, Deutscher Sonderweg und englisches Vorbild in: David Blackbourn u. Geoff Eley, Mythen deutscher Geschichtsschreibung. Die gescheiterte bürgerliche Revolution von 1848, Berlin 1980, 7–70.

2 Eley, 12.

3 Edward P. Thompson, The Pecularities of the English, in: Ders., Poverty of Theory and Other Essays, London 1978, 47; zit. nach Eley, 13.
Einen kurzen Überblick über die Auseinandersetzungen zur Französischen Revolution gibt Volker Hunecke, Antikapitalistische Strömungen in der Französischen Revulotion. Neuere Kontroversen der Forschung, in: GG 4 (1979), 291–323. Haupt u. Hausen haben dieses Problem im Zusammenhang mit der Pariser Commune angeschnitten: Heinz-Gerhart Haupt u. Karin Hausen. Die revolutionären Träger der Pariser Commune: Struktur und Motivation, in: SOWI 4 (1975), 139–144.

4 Veit Valentin, Geschichte der deutschen Revolution von 1848–1849, Bd. 2, Berlin 1931, 555.

Er wandte sich damit gegen eine Auffassung, die die Ereignisse 1848/49 allein ideengeschichtlich und als politische Bewegung interpretierte und sie meist den Vormärzforderungen des liberalen Bürgertums nach Pressefreiheit, Schwurgerichten, einer konstitutionellen Verfassung, einem gemeinsamen Parlament des Bundes etc. zuordnete.[5]

Valentin ist zwar davon ausgegangen, daß das Schicksal der Revolution durch die „Nebenschauplätze“ – die Agrarrevolten, die Handwerker- und Arbeiterassoziationen – entschieden worden sei, doch sei im Vordergrund der Bewegung das städtische Bürgertum mit dem Hauptziel der Verfassungsreform gestanden.[6]

Mit dem Postulat der „bürgerlichen Revolution“ als Kampf für die nationale Einheit und politische Freiheit ist die deutsche Revolution 1848/49 in der Retrospektive gleichermaßen als bürgerliche Erfahrung simplifiziert und idealisiert worden, – und damit in der Historiographie eine Uniformität der Motive unterstellt worden, die tatsächlich nie bestand.

Der Prozeß der Verzerrung und Simplifizierung begann bereits in dem Moment, in dem die Revolution 1848/49 Gegenstand der Geschichtswissenschaft und Ausgangspunkt ausdrücklicher politischer Traditionsbildung geworden ist.[7]

Die Gegenrevolution der fünfziger Jahre des 19. Jahrhunderts hätte die Erinnerung an 1848 am liebsten gänzlich verdrängt und das „schwarz-weiß-rote Deutschtum des Norddeutschen Bundes und des Deutschen Reiches von 1871 kehrte jener Zeit den Rücken zu, vom Erfolg geschwollen.“ [8] Lediglich Sozialdemokraten und Linksliberale behielten die Forderungen von 1848 im Gedächtnis und brachten dies seit 1850 durch die Märzfeiern zum Ausdruck. Nach der Reichsgründung wurde der 18. März zum Gegenfeiertag des 2. September (Sedanstag) und durch die Commune von Paris – „Berlin 1848 – Paris 1871“ – Ausdruck der Tatsache, daß sich die Wege der nationalen Demokratie und des nationalen Staates in aller Schärfe trennten. Nach 1890 wurde der 18. März, der „Antireichsfeiertag“ mehr und mehr vom 1. Mai abgelöst.[9] Das Jubiläumsjahr 1898 schließlich brachte eine Vielzahl an Publikationen; überwiegend konzentrierten sie sich auf die diplomatische Vorgeschichte der Reichsgründung und „vom Wesen und Ziel der Volksbewegung erfuhr man wenig, und das war noch verzerrt.“ [10] Eine Ausnahme bildeten die „Erinnerungen eines Achtundvierzigers“ von Stephan Born,[11] die dem Urteil Valentins nach überraschend wirkten: „hier erfuhr man zum ersten Male Authen-

5 Vgl. zu den Vormärzforderungen: Rudolf STADELMANN, Soziale und politische Geschichte der Revolution von 1848, München 1948, 42. Vgl. z. B. Hartwig BOPP, Die Entwicklung des deutschen Handwerksgesellentums im 19. Jahrhundert unter dem Einfluß der Zeitströmungen, Paderborn 1932: Neben der radikalisierten Studentenschaft und dem Hauptträger der ganzen Bewegung, dem radikalen und liberalen Bürgertum seien 1848 natürlich auch Handwerksgesellen beteiligt gewesen und „. . .mitfortgerissen von dem Taumel, den jede größere Revolution mit ihren Massenaufläufen und aufpeitschenden Reden und Aufrufen suggestiv weit über die Anhänger ihrer Ideenwelt hinaus ausübt, zu den Waffen auf die Barrikaden geeilt sein.“ (94)

6 Valentin, I, 555.

7 Vgl. zum Zusammenhang von Historiographie und Politik und aktueller politischer Traditionsbildung: Rainer WIRTZ, Zur Logik plebejischer und bürgerlicher Aufstandsbewegungen. – Die gescheiterte Revolution von 1848, in: SOWI 8 (1979), 83–88.

8 Valentin, II, 597.

9 Vgl. Werner CONZE u. Dieter GROH, Die Arbeiterbewegung in der nationalen Bewegung. Die deutsche Sozialdemokratie vor, während und nach der Reichsgründung, Stuttgart 1966, 110ff.

10 Valentin, II, 599f.

11 Stephan BORN, Erinnerungen eines Achtundvierzigers, Leipzig 1898. (Die Erinnerungen Borns sind 1978 vom Dietz Verlag mit einer Einleitung von Hans J. SCHÜTZ neu aufgelegt worden.)

tisches über die Arbeiterbewegung von 1848, die völlig verschüttet war . . ." [12] Während man im Kaiserreich in den Helden der Märztage wohlmeinende Patrioten sah, die sich vergeblich an Probleme wagten, die dem ,,eisernen Kanzler" zu lösen vorbehalten blieben, so sah die Weimarer Republik in ihnen couragierte Verfechter der Freiheit gegenüber konservativen Traditionen.[13] Durch den Zusammenbruch des Kaiserreichs hatte allerdings nur – symbolisch gesprochen – die Paulskirche Aktualität erlangt. ,,Wenn wir heute staatsrechtlich neu denken sollen, so nehmen wir den Verfassungsentwurf des Jahres 1849 aus der Schublade und buchstabieren dort weiter, wo unsere Großväter aufgehört haben", so resümierte beispielhaft Theodor Heuss die politische Ausgangssituation nach dem I. Weltkrieg.[14]

Das Jubiläumsjahr 1948 hatte die Bedeutung der ,,Nebenschauplätze" schließlich verdrängt: ,,Unter den staats-, sozial- und kulturpolitischen Ereignissen des Jahres 1848, deren hundertjähriger Wiederkehr die Öffentlichkeit kürzlich gedachte, hat die Handwerkerbewegung die geringste Beachtung gefunden." [15] In dieser Tradition hat sich die Historiographie zur Revolution 1848/49 weit mehr auf die Ereignisgeschichte des tollen Jahres und das städtische Bürgertum und die von ihm artikulierten Forderungen konzentriert.[16]

Hamerow hat diese Simplifizierung kritisiert [17] und an die zahlreichen ludditischen Aktionen der Handwerkerschaft, von denen die Forschung bisher kaum Kenntnis genommen hat,[18] die Petitionsbewegung an das Frankfurter Parlament und die Handwerker- und Gewerbekongresse, erinnert.[19]

Für den Handwerker, ob nun Meister oder Geselle, sei der Ausbruch der Revolution in erster Linie eine Möglichkeit gewesen, den ‚Fortschritt' der Mechanisierung aufzuhalten. Da er sich von der Gewerbefreiheit bedroht sah und seine Lage schon unter normalen konjunkturellen Umständen als prekär zu begreifen sei, so waren die handwerklichen Proteste nicht allein Ausdruck von Arbeitslosigkeit und Unterbeschäftigung im Rahmen der ökonomischen Situation, sondern gleichermaßen Ausdruck der ,,fear of proletarianization".

12 Valentin, II, 600.

13 Vgl. Theodore S. Hamerow, The German Artisan Movement 1848–49, in: Journal of Central European Affairs 21 (1961), 131–152.

14 Zit. nach Valentin, II, 605.

15 Vgl. Hans Meusch (Hg.), Die Handwerkerbewegung von 1848/49, Ahlfeld/Leine 1949, 7.

16 Ausnahmen der älteren Forschungen bilden lediglich die Biographie des Handwerkerführers Winkelblech (Marlo) und die Geschichte der Arbeiterverbrüderung 1848/49 von Quarck. Vgl. Eduard Biermann, Karl Georg Winkelblech (Karl Marlo). Sein Leben und sein Werk, 2 Bd., Leipzig 1909. Max Quarck, Die erste deutsche Arbeiterbewegung. Geschichte der Arbeiterverbrüderung 1848/49. Ein Beitrag zur Theorie und Praxis des Marxismus, Leipzig 1924.

17 Hamerow, Artisan Movement, 134.

18 Vgl. Zur Streikbewegung der Handwerksgesellen im Jahr 1848: Hans Radandt, Arbeiterbewegungen und Gewerkschaften in der Revolution von 1848/49, in: Elisabeth Todt u. Hans Radandt, Zur Frühgeschichte der deutschen Gewerkschaftsbewegung 1800–1849, Berlin 1950.

Während Stadelmann noch den Ausnahmecharakter der Maschinenstürmerei für Deutschland betonte, zeigen neuere Forschungen eine weite Verbreitung dieser Protestform. Vgl. Hermann-Josef Rupieper, Die Sozialstruktur der Trägerschichten der Revolution 1848/49 am Beispiel Sachsen, in: H. Kaelble (Hg.), Probleme der Modernisierung in Deutschland, Opladen 1978, 80–109, 99f.

Martin Henkel u. Rolf Taubert, Maschinenstürmer. Ein Kapitel aus der Sozialgeschichte des technischen Fortschritts, Frankfurt 1979.

19 Detaillierte Beschreibungen des Ablaufs der Kongresse bei Biermann, Winkelblech II und darauf basierend: W. Wernet, Die Handwerkerbewegung von 1848/49, in: H. Meusch (Hg.), Handwerkerbewegung, 34ff.

,,The point was that the man who gave up his own shop and offered himself fore hire lost status, surrendered his claim to independence. Thereafter he could no longer pretend to be his own master, he could no longer aspire to rise through the hierarchy of the guild system to a secure place in the urban patriciate.

He had become a slave to the machine, a bondsman of the capitalist, forever deprived of the opportunity to acquire property and win recognition in the community. He was now a mere proletarian.“ [20]

Wenngleich Hamerow damit der Handwerkerbewegung, – sowohl was ihre ökonomischen Voraussetzungen, als auch ihre politischen Ausdrucksformen angeht – ebenfalls eine Uniformität unterstellt, die tatsächlich nicht bestand, so kann er doch zeigen, daß sich die Revolution 1848/49 nicht auf eine ‚authentische bürgerliche Erfahrung‘ reduzieren läßt, wenngleich die Historiographie diesen Eindruck überwiegend vermittelt.

Die Frage nach der authentisch bürgerlichen Erfahrung verweist schließlich auf das von Thompson angeschnittene Problem der Trägerschichten revolutionärer Ereignisse, über das in unserem Fall offenbar erhebliche Unklarheit besteht. Die angelsächsische und französische Forschung zum ‚sozialen Protest‘ ist im Rahmen dieser Fragestellung methodisch den Weg ausführlicher Einzelfallstudien gegangen, und v. a. die Arbeiten von Eric J. Hobsbawm, Georg Rudé und Edward P. Thompson über den ‚frühindustriellen Volksaufruhr‘ haben Einblicke in die jeweilige soziale Struktur und die zugrundeliegende ‚soziale Logik‘ der ,,Unruhen“ gegeben.[21]

George Rudé, einer der Pioniere der Protestforschung, hat als erster auf die forschungspraktischen Möglichkeiten, die in der Rekonstruktion von Protestfällen liegen, hingewiesen und die Forderung der ,,identification of the faces in the crowd“ bzw. der ,,Anatomie der revolutionären Volksmenge“ gestellt, um von den eher psychologisch-behavioristischen Kriterien der älteren Forschung loszukommen und stärker den sozialen Kontext revolutionärer Krisen in den Blick zu nehmen.[22]

,,Wie also können wir uns von diesen Klischees freimachen; und wie unser eigentliches Thema, Massen im vorindustriellen Zeitalter angehen? V. a. dadurch, daß wir systematisch eine Reihe von Fragen stellen und zunächst versuchen, Individuen und Gruppen herauszulösen und nach Möglichkeit etwas über ihre soziale Herkunft, Berufe und (günstigenfalls) altersmäßige Zusammensetzung in Erfahrung bringen. Und weiter dadurch, daß wir feststellen, wer Zielscheibe oder Opfer der Aktivitäten der Massen war. Durch diese Fragen hoffen wir das Ergebnis selbst noch etwas aufzuhellen und Einblick in die sozialen und

20 Hamerow, Artisan Movement, 139.

21 Eric J. Hobsbawn, Sozialrebellen. Archaische Sozialbewegungen im 19. und 20. Jahrhundert, Neuwied 1962. Ders., Labouring Men. Studies in the History of Labour, London 1964. Ders. u. George Rudé, Captain Swing, Harmondsworth 1969.

Edward P. Thompson, The Making of the English Working Class, Harmondsworth 1969. Ders., Whigs and Hunters. The Origin of the Black Act, London 1975. Ders., Plebeische Kultur und moralische Ökonomie. Aufsätze zur englischen Sozialgeschichte des 18. und 19. Jahrhunderts, Berlin 1980.

22 George Rudé, The Study of Popular Disturbances in the ,,Pre-Industrial“ Age, in: Historical Studies 1963, 457–469. Ders., Die Massen in der Französischen Revolution, München 1961. Ders., Die Volksmassen in der Geschichte. England und Frankreich 1730–1848, Frankfurt/New York 1977.

Ders., Popular Protest and Ideology on the Eve of the French Revolution, in: E. Hinrichs (Hg.), Vom Ancien Régime zur Französischen Revolution, Göttingen 1978, 420–435. Ders., Protest and Punishment. The Story of the Social and Political Protesters transported to Australia 1788– 1868, Oxford 1978. Ders., Warum gab es in den Jahren 1830 oder 1848 in England keine Revolution?, in: H. Stuke u. W. Forstmann (Hg.), Die europäischen Revolutionen von 1848, Königstein 1979, 30–45.

politischen Zielsetzungen der Beteiligten zu gewinnen. Dann müssen wir nach den diesen Aktivitäten zugrundeliegenden Motiven, Ideen, Zielen . . . fragen, ohne deren Kenntnis wir das Verhalten der Masse tatsächlich nur mit den Kategorien der Psychologen und ‚Behavioristen' erklären können." [23]

Die Forderung Rudé's kann jedoch mit einem Blick auf die westdeutsche Sozialgeschichtsschreibung bei weitem nicht als eingelöst betrachtet werden, denn nur wenige Studien haben die „Gesichter in der Menge" erkannt und die Frage nach Ursachen, Motivation und Legitimationsvorstellungen auf den jeweiligen Kontext und Erfahrungshorizont bezogen.[24]

Im folgenden Kapitel sollen nun diejenigen Arbeiten dargestellt und diskutiert werden, die explizit Aussagen zu den Trägerschichten und der Sozialstruktur der Revolution 1848/49 treffen.

I. 2. Forschungen zu den Trägerschichten der Revolution 1848/49

Veit Valentin hat anhand der Listen über die in den Märztagen 1848 in Berlin bei den Barrikadenkämpfen gefallenen, den „Märzgefallenen", ein Bild von der sozialen Herkunft der Revolutionäre anhand ihrer beruflichen Stellung gezeichnet. Er ging von ca. 230 Gefallenen aus, die sich auf folgende Berufsgruppen verteilten:

„Die Hauptmasse wird von Handwerksgesellen und Arbeitern dargestellt. Am stärksten sind die Tischlergesellen vertreten (26), deren Sachverständnis ja auch beim Barrikadenbau selbst unentbehrlich gewesen war; dann kamen die Schlosser, Schmiede und Maschinenbauer (etwa 17), deren körperliche Robustheit sich beim Kampf so bewährt hatte; dann kamen die Schneider (9) und Schuhmacher (8), die denkenden Handwerke also, die schon deshalb von jeher revolutionären Gesinnungen zugänglich gewesen sind. Mehrere Tote hatten die Maurer, Buchbindergesellen, Handlungsdiener, Hausknechte . . ." [25]

Ebenfalls auf die Märzgefallenen in Berlin bezieht sich die Berufs- bzw. Klassen- und Schichtenanalyse von Hoppe und Kuczynski, die auf breiterer Quellenbasis als Valentin Aufschlüsse über die soziale Struktur der Märzrevolution geben wollen.[26] Sie gehen von 270

23 Rudé, Volksmassen, 16ff. Holton hat auf der theoretischen Basis Durkheims bei Rudé die Verwendung des Begriffes „crowd" nur im Sinne des sozialen Protestes und die strikte Differenzierung in vorindustrielle und industrielle Handlungsmuster kritisiert. Vgl. Robert Holton, The crowd in history: some problems of theory and method, in: Social History 3 (1978), 219–233.

24 Vgl. z. B. die Arbeiten von Heinrich Volkmann, Wirtschaftlicher Strukturwandel und sozialer Konflikt in der Frühindustrialisierung. Eine Fallstudie zum Aachener Aufruhr 1830, in: KZSS Sonderheft 16 (1972), 550–565. Ders., Kategorien des sozialen Protests im Vormärz, in: GG 3 (1977), 164–189. Richard Tilly, Popular Disorders in Nineteenth Century Germany, in: Journal of Social History 4 (1970), 1–40. Ders. u. G. Hohorst, Sozialer Protest in Deutschland im 19. Jahrhundert, in: K. Jarausch (Hg.), Quantifizierung in der Geschichtswissenschaft, Düsseldorf 1976, 232–278. Zur Diskussion der methodischen Konzeptionen von Volkmann und Tilly vgl.: Rainer Wirtz, Sozialer Protest und 'Collective Violence' in Deutschland im 19. Jahrhundert, in: SOWI 4 (1975), 6–12. Ders., „Widersetzlichkeiten, Excesse, Tumulte und Skandale". Soziale Bewegung und gewalthafter sozialer Protest in Baden 1815–1848, Berlin 1981.

25 Valentin, I, 445.

26 Ruth Hoppe u. Jürgen Kuczynski, Eine Berufs- bzw. auch Klassen- und Schichtenanalyse der Märzgefallenen 1848 in Berlin, in: JbWG 1964, Teil IV, 200–276, 204.

dem Namen nach bekannten Opfern aus, für die sie anhand von Personenstandsdaten über 300 Berufsangaben ermittelten und zu folgendem statistischen Resultat kamen:

Berufsangaben	270	100,00
Arbeitsleute und Proletarier	52	15,25
Lehrlinge	13	4,81
Gesellen	115	42,59
Meister	29	10,74
„Sogenannte gebildete Stände"	15	5,55
Kleinbourgeoise Berufe	34	12,59
Berufslose Frauen	7	2,59
Berufslose Knaben	4	1,48

Die Analyse von Hoppe/Kuczynski modifiziert das Bild Valentins lediglich und zeigt den überwiegenden Anteil der Handwerkerschaft an den Barrikadenkämpfen der Märzrevolution in Berlin. Für vergleichbare Forschungen aufschlußreich ist die branchenmäßige Verteilung der beteiligten Meister und Gesellen.

Von den 29 Meistern entfallen auf das Schneiderhandwerk 6, auf das Tischlerhandwerk 3 und auf das Weberhandwerk 2, sowie 2 auf den Maschinenbau.
Unter den 115 Gesellenangaben entfallen auf: [27]

Tischlergesellen	27	Seidenwirkergesellen	8
Schneidergesellen	15	Buchbindergesellen	7
Schuhmachergesellen	11	Zimmergesellen	5
Schlossergesellen	10	Maurergesellen	4
Schmiedegesellen	8	Übrige	20

Der sozialstatistischen Analyse folgt nun allerdings keine sozialhistorische Untersuchung und die Frage nach Ursache und Motivation bleibt weitgehend offen. So ist beispielsweise nicht anzunehmen, daß die hohe Repräsentanz der Tischlergesellen *allein* aus der Tatsache resultiert, daß sie beim Barrikadenbau besonders geschickt gewesen sein sollten. Den analytischen Möglichkeiten, die gerade die sozioprofessionelle Verteilung bietet, wird nicht weiter nachgegangen.

Die altersmäßige Gliederung, die gleichermaßen einen analytischen Zugang zur Struktur der Protestpartei bieten kann, interpretieren Hoppe/Kuczynski mit der Bemerkung, „daß der Anteil der Jugendlichen recht gering erscheine", – „ein Zeichen dafür, wie sie noch politisch zurückgehalten wurden. Ein halbes Jahrhundert später wäre die Gliederung weit jugendlicher gewesen." [28]

Die Altersstruktur der „Märzgefallenen" ist ebenfalls aus Gründen der Vergleichbarkeit wichtig, soll allerdings erst im Zusammenhang mit weiteren Daten diskutiert werden: [29]

27 Ebd. 206.
28 Ebd. 213.
29 Ebd. 213.

Kinder – bis zu 14 Jahren	3
Jugendliche – 14 bis 19 Jahre	21
20 – 24 Jahre	55
25 – 29 Jahre	50
30 – 34 Jahre	43
35 – 39 Jahre	28
40 – 44 Jahre	21
45 – 49 Jahre	25
50 Jahre und älter	19
	n = 265

Die Analyse schließt mit der Bemerkung, daß die untersuchten Statistiken der Schilderung der Struktur der Werktätigen, die Marx und Engels für 1848/49 gegeben haben, voll entsprechen.[30]

Die Studie von Karl Geisel über die Hanauer Turnerwehr[31] ist zwar nicht als sozialgeschichtlicher Beitrag zur Revolution 1848/49 konzipiert und verfolgt eine ereignisgeschichtliche Darstellung des Einsatzes der Hanauer Turnerwehr in der badischen Mairevolution 1849 und eine Darstellung des Turnerprozesses, doch sind die von ihm erhobenen Sozialdaten der 550 Teilnehmer des Turnerzuges für eine sozialgeschichtliche Analyse aufschlußreich.[32]

Auch hier zeigt sich bei der sozioprofessionellen Struktur der Teilnehmerschaft die Dominanz des Handwerks und ein äußerst geringer Anteil des liberalen Bürgertums. Sieht man von der hohen Repräsentanz der Goldarbeiter ab, so ergibt sich in bezug auf die sozioprofessionelle Struktur ein ähnliches Bild wie bei den Berliner „Märzgefallenen". Die 527 eruierten Berufsangaben entfallen auf folgende Berufsgruppen:[33]

Goldarbeiter	85	Kaufmann	13
Schreiner/Tischler	33	Schlosser	12
Schuhmacher	32	Steinhauer	10
Schneider	27	Weingärtner	10
Zigarrenmacher	26	Zimmermann	9
Graveur	19	Maler	9
Taglöhner	16	Bäcker	9
Student	14	Bauer	9
Strumpfwirker	13	Hutmacher	8

30 Ebd. 213.

31 Karl Geisel, Die Hanauer Turnerwehr. Ihr Einsatz in der badischen Mairevolution von 1849 und der Turnerprozeß, Marburg 1974 (Quellen u. Darstellungen zur hessischen Geschichte des 19. Jahrhunderts, 32.1). Den Hinweis auf die Studie Geisels verdanke ich Harald Rohlinger (Köln), der an einer quantifizierenden Untersuchung über das Sozialprofil der Hanauer Turnerwehr arbeitet.

32 Klessmann hat für die Reichsverfassungskampagne 1849 betont, daß die widersprüchliche Interpretation in der Literatur weitgehend dem Fehlen „exakterer Angaben über den sozialen Hintergrund der politischen Bewegung" geschuldet sind. Vgl. Christoph Klessmann, Zur Sozialgeschichte der Reichsverfassungskampagne von 1849, in: HZ 218 (1974), 283–337, 288ff.

33 Geisel, 365. Zur Darstellung sind lediglich die am stärksten repräsentierten Berufsgruppen herangezogen worden. Die hohe Repräsentanz der Goldarbeiter steht im Zusammenhang mit der Funktion Hanaus als Zentrum der Bijouterieindustrie. Die hohe Repräsentanz in diesem Sample zeigt zugleich auch die Problematik der Vergleichbarkeit lokaler Samples, auf die in der empirischen Untersuchung noch weiter eingegangen wird.

Auf der Basis von Zuchthausakten hat Rupieper den Versuch unternommen, die Sozialstruktur der Trägerschichten der Revolution 1848/49 in Bezug zu den wirtschaftlichen, sozialen und politischen Rahmenbedingungen der vormärzlichen Gesellschaft zu setzen und geht dabei von der Hypothese aus, daß es sich bei den infolge der Revolution Verurteilten ,,um die eigentlichen Anführer der revolutionären Bewegung oder doch zumindest um jenen Teil der Bevölkerung handelte, dessen Aktivitäten von den staatlichen Behörden als besondere Gefahr für den Bestand der alten staatlichen Ordnung angesehen wurden.“ [34]

Von den 6800 Revolutionsteilnehmern gegen die in Sachsen Anklage erhoben wurde, waren 727 (ca. 10%) zu Zuchthausstrafen verurteilt worden. Eine sektorale Gliederung der Verurteilten im Vergleich zur Gesamtbevölkerung zeigt einen überproportional hohen Anteil der Personen aus dem produzierenden Gewerbe, den Sektoren Staat/Kirche, sowie der Studenten und freien Berufe, wobei zur Interpretation des Samples die Fahndungs- und Überwachungspraxis zu berücksichtigen ist. Gegen Beamte, Studenten und Referendare, die im Staatsdienst waren oder aufgenommen werden wollten und durch ihre politische oder literarische Tätigkeit eine größere Öffentlichkeit erreichen konnten, wurde mit besonderer Schärfe vorgegangen.[35]

Aufschlußreicher als die sektorale Gliederung ist die Verteilung der Verurteilten nach ihrer Stellung im Beruf:[36]

Beamte höhere	11	1,5%
Beamte mittlere	29	4,0%
Beamte untere	9	1,2%
Selbständige	72	9,9%
Meister	139	19,1%
Gesellen	192	26,4%
Lehrlinge	1	0,1%
Handwerker	90	12,4%
Gehilfen	22	3,0%
Arbeiter	89	12,2%
Militär	52	7,2%
Auszubildende	13	1,8%
keine Angabe	8	1,1%

Wiederum kommt die Masse der Verurteilten aus dem Handwerk. Meister, Gesellen, Lehrlinge und andere Handwerker ergeben zusammen 58% der Verurteilten. ,,Die Masse der Verurteilten . . . kommt aus den krisenanfälligen Gewerben der Textil- und Baubranche, aus

34 Rupieper, Trägerschichten, 84.

35 Ebd. 90. Vgl. zur Fahndungs- und Überwachungspraxis: Hermann-Josef Rupieper, Die Polizei und die Fahndungen anläßlich der deutschen Revolution 1848/49, in: VSWG 64 (1977), 328-355. Rupieper hat das Sample der Verurteilten mit dem Sample von Ringel u. Schmidt verglichen, das 1 958 Personen umfaßt. Dabei zeigt sich, daß der Anteil aus dem produzierenden Gewerbe, der Landwirtschaft und der freien Berufe in der ,,Kartei der politisch Verfolgten“ höher liegt als im Sample der Verurteilten, während der Anteil der Sektoren Staat/Kirche, Handel/Verkehr und der Studenten niedriger liegt. Die Verschiebung läßt sich nur durch die bereits erläuterte Überwachungs-, Fahndungs- und Strafpraxis erklären. Vgl. Martin Ringel u. Gerhard Schmidt, Die Kartei der politisch Verfolgten 1830–1867 im Staatsarchiv Dresden, in: Beiträge zur Geschichte der Arbeiterbewegung 6 (1970), 967–974; zit. nach Rupieper, Trägerschichten, 85.

36 Rupieper, Trägerschichten, 93.

überbesetzten Gewerben wie Schuhmacher und Schneider, sowie aus dem von der Einführung von Maschinen besonders betroffenen Nagelschmiedehandwerk." [37]

Die 721 Berufsangaben (von 727) der Verurteilten verteilen sich auf die folgenden Berufsgruppen, wobei hier lediglich diejenigen aufgeführt sind, deren Anzahl über 1 % des Samples ausmacht: [38]

Beruf		Anzahl	%	Beruf	Anzahl	%
Weber		93	12,8 %	Maurer	14	1,9 %
Handarbeiter		66	9,1 %	Kaufleute	14	1,9 %
Nagelschmiede		59	8,1 %	Bergleute	13	1,8 %
Reservisten	33	49	6,7 %	Studenten	11	1,5 %
Soldaten	16			Handelsmänner	9	1,2 %
Strumpfwirker		33	4,5 %	Bäcker	8	1,1 %
Schneider		25	3,4 %	Ärzte	8	1,1 %
Schuhmacher		24	3,3 %	Drechsler	8	1,1 %
Schmiede		21	2,9 %	Knechte	8	1,1 %
Lehrer		20	2,8 %	Advokaten	7	1,0 %
Tuchmacher		17	2,3 %	Zigarrenmacher	7	1,0 %
Tischler		17	2,3 %	keine Angabe	6	0,8 %

Rupieper hat darauf hingewiesen, daß in vielen Fällen die Herkunft der Verurteilten aus bestimmten Gewerben kaum gesicherte Aussagen über Motive der Revolutionsteilnehmer erlaubt und anhand einer Fallstudie über das Nagelschmiedehandwerk den Zusammenhang zwischen ökonomischer Krise und „Bereitschaft zu gewalttätigen Aktionen" interpretiert.[39] Die Einführung gegossener und maschinell geschnittener Nägel hatte das Nagelschmiedehandwerk schon Ende der 30er Jahre in eine schwere Krise gebracht. Nachdem die Petitionen der Nagelschmiedemeister (1843) staatlicherseits keine Beachtung fanden, griffen die Nagelschmiede zur Selbsthilfe gegen die Maschinen bzw. die Fabrik, die sie als Ursache für die Stockung ihres Gewerbes ansahen.

Am 29. März 1848 kam es im Kreis Schwarzenberg in Sachsen zur Erstürmung einer Fabrik durch mit Stöcken bewaffnete Nagelschmiede. Mit den Worten: „Wir wollen die Maschinen zerstören, wir wollen die deutsche Freiheit" – stürmten sie die Fabrik, die wegen Pfuschung aufgehoben werden sollte. Da der Fabrikbesitzer nur durch die Beschäftigung von Kindern, Taglöhnern, unzünftigen Handwerkern und den Verkauf billiger und minderwertiger Nägel konkurrenzfähig war, lag im Rechtsverständnis der Nagelschmiede ein Verstoß gegen die alten Zunftgesetze vor und auch der Staat hatte es versäumt, die Einhaltung der Konzessionen zu überwachen.

Die hohe Repräsentanz der Nagelschmiede unter den Verurteilten läßt sich also letztlich auf einen Konflikt zwischen traditionellen und modernen Produktionsformen zurückführen und in diesem Sinne sozial verorten.

Im folgenden Kapitel soll nun an einem weiteren Beispiel, – dem Aprilaufstand 1848 in Konstanz – die Frage nach den Trägerschichten und insbesondere der handwerklichen Beteiligung untersucht werden. Zunächst soll anhand der Berichte der staatlichen Behörden der Aprilaufstand kurz rekonstruiert werden, – dann Fahndungspraxis und Wahrnehmung der staatlichen Behörden skizziert werden, um dann zur Analyse der sozialen Struktur der Beteiligung überzugehen.

37 Rupieper, Trägerschichten, 94.
38 Ebd. 95.
39 Ebd. 95ff.

II. VERLAUFSFORMEN DES APRILAUFSTANDES 1848 IN KONSTANZ

II. 1. Zur Ereignisgeschichte des Aprilaufstandes

Infolge der einsetzenden Fahndungen und der ,,Untersuchung gegen die Urheber und Gehilfen des in mehreren Landestheilen zum Ausbruch gekommenen hochverrätherischen Unternehmens" war das Bezirksamt Konstanz veranlaßt worden, einen Bericht über den Verlauf des Heckerzuges an das Justizministerium zu geben: [1]

,,Hecker und Struve trafen am 12. April dahier, auf verschiedenen Wegen kommend, im Gasthause zum badischen Hof zusammen. Von Struve kam schon am 11. April an. Mit Hecker zugleich trafen Willmann, Grüninger, Willich und Weishaar dahier ein. Ohne öffentlich aufzutreten, entfernte sich von Struve nach Überlingen, wo derselbe, soviel bekannt wurde, in einer Volksversammlung zur Gründung einer Republik aufforderte, u. einen Auszug von 8 oder 11 Bewaffneten nach Stockach bewirkte.

Hecker veranlaßte am 12. April dahier auf dem Stadthause eine Volksversammlung in der derselbe zwar keinen bestimmten Antrag stellte, jedoch auseinandersetzte, daß die bisherige Regierungsform unmöglich geworden, daß nur die Republik diejenige Staatsform sei, in der die Verwirklichung der Freiheit möglich sei, daß er es sich zum Lebensziele gesetzt eine republikanische Verfassung zu gründen, u. daß er für die Gründung der Republik Leib und Leben einsetzen würde. In der Versammlung traten den Absichten desselben nur Wenige bei.

Am 13. April früh lies Hecker, nachdem ein gedruckter Aufruf zur Gründung einer Republik dahier verbreitet worden, Generalmarsch schlagen u. nachdem sich ohngefähr 40–50 Leute bewaffnet aus der Zahl der hiesigen Einwohner versammelte, zog Hecker mit denselben von hier nach Stockach, unterwegs Bewaffnete aus den Dörfern mitnehmend.

Ob Hecker auf der Marktstätte dahier den Bewaffneten erklärte, daß er mittelst Waffen die Republik zu gründen versuche, darüber haben wir keine sichere Kunde.

Aus allem geht nun hervor, daß Hecker und von Struve schon *vor ihrer Ankunft dahier* verabredet haben mußten, von der äußersten Grenze des Landes, nemlich von Konstanz und Überlingen aus, in die Mitte des Seekreises zu ziehen, dessen Bevölkerung sie als ihrem Plan günstig glaubten, die Bevölkerung zum bewaffneten Zuzug aufzurufen, u. dann mit bewaffneter Macht nach Carlsruhe zu ziehen um dort die Regierung zu stürzen, was durch die öffentlichen Erklärungen der Advokaten Wirth von hier und Grüninger von Donaueschingen unterstützt wird, nach denen Hecker dieselben beschuldigt haben soll, ihm falschlicherweise in Frankfurt zur Zeit des Vorparlaments zugesichert zu haben, daß der größte Teil der Bewohner des Seekreises auf sein Erscheinen die Waffen zum Umsturz der Regierung u. Gründung einer Republik ergreifen würde.

Von Stockach aus erlies Hecker einen Befehl, wonach die Gr. Regierung dahier abzusetzen u. Regierungsdirektor Peter als Statthalter des Seekreises dahier einzusetzen sei und beauftragte darin Löwenwirth Rumpelhardt und den Notar Kratzer von Allensbach zum Vollzuge . . . worauf eine Volksversammlung stattfand, der Weisung Heckers jedoch . . . keine Folge gegeben wurde.

1 GLA 241/35; Bericht des Bezirksamtmanns Fieser vom 8. Mai 1848 an das Justizministerium. Auf die Vorgeschichte soll hier nicht weiter eingegangen werden. Eine ereignisgeschichtliche Darstellung der badischen Revolution unter Einbezug des Heckerzuges bzw. des Aprilaufstandes gibt Friedrich LAUTENSCHLAGER, Volksstaat und Einherrschaft. Dokumente zur badischen Revolution 1848/49. Weitgehend darauf basierend: Wolfgang DRESSEN (Hg.), 1848–1849: Bürgerkrieg in Baden. Chronik einer verlorenen Revolution, Berlin 1975. Eine Darstellung der lokalen Ereignisse geben Alfred DIESBACH, Konstanz im Revolutionsjahr 1848, in: Konstanzer Blätter für Hochschulfragen 11 (1973), H. 40, 93–109 und Klaus KERN, Konstanz und die politischen Ereignisse in Baden vom Ausbruch der Februarrevolution bis zum Beginn des Heckerzuges, Staatsarbeit, Weingarten 1974 (Ms.)

Nach öffentlichen Nachrichten sollen Hecker u. von Struve am 14. April mit bewaffneten Schaaren getrennt gegen Donaueschingen ausgegangen . . . auf Königl. Württemb. Truppen gestoßen sein, u. nachdem dieselbe zum Auseinandergehen von diesen aufgefordert wurden, ohne Gewalt entgegenzusetzen, sich über Bonndorf, Stühlingen, Säckingen bis Kandern gezogen haben, wo dieselbe *nach geleistetem Widerstande* von hessischem u. badischem Militair auseinandergesprengt wurden.“

Bereits kurze Zeit nach der Schlacht bei Kandern zwischen den Freischaren und den hessischen und badischen Truppen unter General von Gagern begannen die gerichtlichen Verfolgungen. Am 24. April rückten in Konstanz 1100 Mann bayrische Truppen ein, von denen 200–300 Mann auf die umliegenden Dörfer beordert wurden. Nachdem im Seekreis der Kriegszustand verhängt wurde, setzten die Untersuchungen und Verhaftungen wegen ‚Hochverrath und Aufruhr‘ ein. [2] Vom Bezirksamt wurde ein Verzeichnis ,,derjenigen Individuen, welche aus dem Amtsbezirke Konstanz den Heckerschen Freischarenzug mitgemacht haben“ angelegt, das 92 Personen aus der Stadt Konstanz aufführt. [3]

Über das Ausmaß der Beteiligung von Einwohnern der Stadt Konstanz oder Personen die sich zu diesem Zeitpunkt in Konstanz aufgehalten und sich dem Heckerzug angeschlossen haben gibt es jedoch insgesamt keine genauen Angaben.

Am 13. April sollen nach übereinstimmenden Berichten ungefähr 30 Mann mit Hecker ausmarschiert sein; am 14. April soll ebenfalls Generalmarsch geschlagen worden sein. Eine Abordnung, die dem Heckerschen Zug folgen wollte, forderte vor der Stadtkanzlei Geld, Munition und einen Munitionswagen. Bürgermeister Hüetlin soll daraufhin mit dem Ruf ,,Gute Bürger heraus“ einen Teil der Bürgerwehr vor dem Stadthaus versammelt haben. [4]

Der Maler Nikolaus Hug hat in seinen Manuskripten die Ereignisse am 14. April folgendermaßen beschrieben:

,,Am 14. April 1848 wurde ein Versuch zur Unordnung gemacht. Am Morgen ½9 Uhr wurde Generalmarsch geschlagen, ohne daß der Bürgermeister und die Bürgerwehr etwas davon wußten, für die Stadtkanzlei; der Bürgermeister fand sich bald ein, die bewaffneten Republikaner verlangten mit dem Hecker ins Feld zu ziehen.

Sie verlangten Geld, die 4 stättischen Kanonen und mehrer Wägen mit Munition und machten ein gewaltigen Lärm, – der Bürgermeister mahnte sie zu Ruhe und Ordnung, indem ihre verlangten Gegenstände nicht so bald bei handen habend, da brüllten viele wie wilde Tiere und ruften: Gond uffi i di Kanzlei, reißet de Kog abba uf Gaß und schlagget in Tod.”[5]

Am 15. April, nach dem Eintreffen des Heckerschen Dekretes, versammelten sich erneut Freiwillige auf der Marktstätte, denen sich die Freiwilligen von Allmansdorf, Litzelstetten und Dingelsdorf anschlossen, die mit ,,Trommelschlag und flatternden schwarz-roth-goldenen Fahnen“ in die Stadt einmarschiert waren. ,,Abends 4 Uhr verlassen sämtliche Freiwillige,

2 Vgl. A I 29; Johann Marmor, Fortsetzung der Bickelschen Chronik der Stadt Konstanz im 19. Jahrhundert; zit. Marmor, Chronik, 122.

3 GLA 241/35

4 Die Rekonstruktion des ereignisgeschichtlichen Ablaufs bezieht sich auf Marmor, Chronik, 116–122; die Berichterstattung der Seeblätter und der Konstanzer Zeitung und den Bericht des Bezirksamtes an das Justizministerium. Weiterhin wurden die Schilderungen von Hecker, Struve und Sigel herangezogen. Vgl. Friedrich Hecker, Die Erhebung des Volkes in Baden für die deutsche Republik im Frühjahr 1848, Basel 1848. Gustav v. Struve, Geschichte der drei Volkerhebungen in Baden, Bern 1849. Franz Sigel, Denkwürdigkeiten des Generals Franz Sigel aus den Jahren 1848 und 1849, Mannheim 1902.

5 A I 27; Nikolaus Hug, Versuch viel schlimme Begebenheiten für unser Stadt Konstanz und der Umgebung in den Jahren 1845 bis 1849 zusammen zu Schreiben. 116.

An die Bürger und Einwohner der Stadt Konstanz.

Wir geben anmit denselben zu ihrem Benehmen bezüglich der Einquartirung und Verpflegung des hier bis Morgen Mittags eintreffenden königl. baierischen Militärs einen Auszug aus dem Regierungsblatt vom Jahr 1844 Nr. 11:

I. Einquartirung.

a. Gebühr der Mannschaft.

Jeder Mann vom Oberfeldwebel und Oberwachtmeister abwärts und jeder Militärdiener dieses Grades hat nur den Aufenthalt in dem Wohnzimmer bei dem Licht und Feuer des Wirths anzusprechen, sodann ein frisch überzogenes Bett und in dessen Ermanglung frisches Stroh in hinreichender Menge.

b. Gebühr der Offiziere.

1) Ein Offizier vom Hauptmann (Rittmeister) einschließlich abwärts, und ein in deren Rang stehender Kriegsbeamter hat, wenn es die Ortsverhältnisse gestatten, zu fordern — ein Zimmer;

2) ein Stabsoffizier oder Kriegsbeamter dieses Ranges — zwei Zimmer;

3) ein General — drei Zimmer.

Jedem Offizier und Kriegsbeamten mit Offiziersrang gebührt eine seiner Dienstcharge und den Ortsverhältnissen angemessene Einrichtung mit Bett nebst der erforderlichen Heizung und Beleuchtung — außerdem dann noch die nöthige Unterkunft für dessen Diener und Stallung für die Pferde. — Für das Quartier wird keine Vergütung geleistet.

II. Verpflegung.

1) Gebühr des Soldaten bis zum Oberfeldwebel und Oberwachtmeister einschließlich.

Die volle Tagesverköstigung besteht aus dem Mittags- und Abendessen des einen und dem Morgenessen des darauf folgenden Tages — ohne Wein oder Bier und Branntwein.

Das Mittagessen muß bestehen:
in Suppe,
in ½ Pfund Fleisch,
in Gemüse und
in ½ Pfund Brod.

Das Abendessen besteht:
in Gemüse und
in ½ Pfund Brod

Das Morgenessen:
in Suppe und
in 1 Pfund Brod,

wofür für den Mann 18 kr. vergütet werden.

2) Für die volle Verköstigung der Offiziere und Offiziersrang habenden Militärbeamten zahlen:

a. der Hauptmann und Lieutenant täglich	1 fl
b. der Stabsoffizier	1 fl. 30 kr.
c. der General	2 fl.

Konstanz, den 23. April 1848.

Der Gemeinderath.

J. A. d. B.:

Poinsignon.

die Konstanzer unter Blasmusik voran, unter wehenden Fahnen die Stadt, begleitet von vielen Freunden und Bekannten. Um 6¾ Uhr folgten ihnen zwei Kanonen mit der nöthigen Mannschaft, begleitet von der Artelleriemusik, die wieder zurückkehrte."[6]

Am 16. April (Ostersonntag) sollen noch 17 Männer den Freischaren gefolgt sein. Gleichzeitig war es zu einem Zug der Bauern der umliegenden Landgemeinden in die Stadt gekommen. Nachdem bereits vormittags Bürgermeister und Gemeinderat sich mit den Bürgermeistern und Gemeinderäten der umliegenden Landgemeinden über das Heckersche Dekret beraten hatten, kam es zu einer öffentlichen Volksversammlung im Stadthaus, an der auch zahlreiche Frauen teilnahmen:

„Die Bauern entwarfen von den amtlichen und gesetzlichen Volksmißhandlungen, den zahlreichen Bedrückungen und unersättlichen Blutsaugereien ein schauerliches Bild, welches die Herrn Beamte nicht sonderlich erbaute . . ."[7]

Auf den Druck der Landleute hin erklärte sich der Regierungsdirektor Peter schließlich bereit, „daß er sowohl aus phüsischen als moralischen Gründen und aus Gewissenspflicht die Stelle eines Statthalters annehme", was das Volk mit unbeschreiblichem Jubel aufgenommen habe. Danach soll eine schwarz-rot-goldene Fahne auf dem Regierungsgebäude aufgepflanzt worden sein und abends sei das Volk mit der „türkischen Musik" durch die beleuchtete Stadt gezogen.

II. 2. Die Perspektive der Behörden und die Rädelsführertheorie

Aus dem ereignisgeschichtlichen Ablauf kann nun schwerlich auf die Zusammensetzung der Freischaren, – ihre Motive und Ziele geschlossen werden. Wir wissen wenig darüber, wer denn tatsächlich an den Aprilunruhen beteiligt war, und die Meinungen darüber, die von der Parteinahme für oder gegen die historische Legitimität geprägt sind, gehen auseinander.

Die staatlichen Behörden interpretierten im Sinne einer Rädelsführertheorie, die die Ursachen des Aufruhrs in der Agitation der Rädelsführer sah, „denen es ihrer Ansicht nach gelungen war, eine ansonsten friedliebende und zufriedene Bevölkerung zum Aufstand und zum Ungehorsam zu verleiten" und „tendierten dazu, Angriffe auf die Staatsgewalt nicht der einheimischen Bevölkerung, sondern durchreisenden Ausländern, . . . insbesondere französischen Agitatoren zuzuschreiben. Wenn man nicht generell auf Fremde als Anstifter der Exzesse zurückgriff, dann waren es der Pöbel oder auch Jugendliche, d. h. verantwortungslose Raufbolde."[8]

Der zitierte Bericht des Bezirksamtes weist eine ähnliche konspirationstheoretische Vorstellung auf. In einem Flugblatt, dessen Urheber offenbar das Bezirksamt war, ging man gleichermaßen davon aus, daß dem Rädelsführer Friedrich Hecker nur „40 junge Leute und Lumpen" gefolgt sind. In der Sichtweise der Behörden, die in ihrer Verschwörerangst grundsätzlich ein leitendes Prinzip vermutete, mußte sich denn auch die Fahndung vor allem auf die Staatsbeamten, die literarische Öffentlichkeit und Personen, die bei der Mobilisierung der politischen

6 Marmor, Chronik, 120.
7 Ebd. 121.
8 Rupieper, Trägerschichten, 87.

Öffentlichkeit eine führende Rolle spielten, konzentrieren.[9] Die Verleiteten waren in dieser Sicht Nachläufer, die sich selbst über ihr Tun im Unklaren waren und denen somit eine gemäßigte Zurechnungsfähigkeit bescheinigt wird. So liest man in der Akte des Justizministeriums über „Hochverrath und Aufruhr" über die Beteiligung des Buchbindergesellen Rogg folgende Bemerkung:

„24 Jahre alt, ledig, vermögenslos. Nach seiner Bildungsstufe unfähig die Bedeutsamkeit und die Folgen seines Anschlusses an Heckers Insurgentenzug beurteilen zu können. Lief ohne Auszeichnung den übrigen nach."[10]

In einem anderen Fall heißt es, der Lohndiener Lorenz Mößner sei ohnehin ein „excessiver, sehr schlecht beleumdeter Mensch", – und die Beteiligung des Kaufmanns Troisdorff sei „eine jener Übereilungen, welche in einem heftigen und höchst erregbaren Temperamente und Gemuthe ihren Ursprung und Erklärung finden."[11]

George Rudé hat gezeigt, daß der Versuch der Kriminalisierung ein häufig gebrauchtes Klischee darstellte, mit dem ‚Volksunruhen' pauschal Banditen, Sträflingen, Spitzbuben und Gesindel zugeschrieben wurden – und das den „Mob" als ideenlose Meute ohne eigene Motive, als passives Instrument äußerer Kräfte begriff, die getrieben von Beutegelüsten einen verborgenen kriminellen Instikt auslebt.[12]

Auch das badische Innenministerium bediente sich zur Erklärung des Klischees des Kriminellen und des Verfalls der Sitten. In einem Zirkular wurden „natürliche Leidenschaften" und „Liederlichkeit" schlechthin zur Ursache von „Hochverrath und Aufruhr":

„Eines der Hauptübel, an welchem die menschliche Gesellschaft gegenwärtig leidet, ist die gesteigerte Genußsucht und eine der allgemeinsten und nachtheiligsten Äußerungen dieser Genußsucht das übermäßige Trinken.

Vielfach ist und nicht mit Unrecht bemerkt worden, das die Verführung zum Trunke der Haupthebel war, durch welchen der letzte Aufruhr im Großherzogthum zum Ausbruch geführt wurde. Der Trunkene wie der Trunksüchtige ist eine leichte Beute aller sinnlichen Leidenschaften und aller derer, welche verwerfliche Pläne verfolgen.

Es ist für die Ruhe und Ordnung, für den religiösen, sittlichen und ökonomischen Zustand der Gesellschaft von der höchsten Wichtigkeit, daß der Hinneigung zum Trunke u. dem Laster der Trunkenheit mit unermüdlichem Eifer entgegengewirkt werde und daß soweit durch Belehrung und Stärkung des religiösen und moralischen Gefühls das Ziel nicht erreicht werden kann, – die Polizeigewalt ihr Amt handhabe."[13]

Auf die Tatsache, daß das Klischee von Mob und Rädelsführern mindestens bis ins 17. Jahrhundert zurückreicht und sich einer universellen Brauchbarkeit erfreut, hat Rudé hingewiesen.[14] Die Rädelsführertheorie hat jedoch auch Eingang in die „moderne" Sozialgeschichte gefunden. Rudolf Stadelmann betont in seiner Studie über soziale Ursachen der Revolution von 1848 die Rolle der proletarischen Intellektuellen, die durch ihre publizistische oder verschwörerische Tätigkeit Bedürfnisse geweckt hätten, die sich unter besonderen Umständen in revolutionäres Handeln hätten umsetzen können.

9 Vgl. Rupieper, Polizei, 348.
10 GLA 234/2059
11 GLA 234/2059
12 Rudé, Volksmassen, 13ff.
13 S II 18401
14 Rudé, Revolution, 13.

Zur Nachricht!

Mit der heutigen Morgenstunde ist der Nimbus, der den europäischen Namen **Hecker** umgab, hoffentlich auf immer verschwunden, es mag sein Treiben von heute an ausfallen wie es will!

Nachdem sein Aufruf zur Einführung der Republik mit bewaffneter Hand in der gestern hier stattgefundenen, sehr zahlreichen Volksversammlung am guten Sinne der hiesigen Bürgerschaft, ohne die geringste Unterstützung abprallte, und die allgemeine Entrüstung über sein Ansinnen so weit ging, daß es einer Mahnung bedurfte, seine Person gegen zu befürchtenden Angriff in Schutz zu nehmen, ging **Hecker** so weit, in Begleitung von **Willich** (gew. preuß. Artillerie-Lieutenant) und einem aus Frankreich gekommenen Arbeiter, an der Spitze von ungefähr 40 Bewaffneten jungen Leuten und Lumpen heute früh um 7 Uhr über die Rheinbrücke hinaus zu ziehen, um seine vaterlandverrätherische Zwecke auszuführen, er selbst im blauen Ueberhemde und bewaffnet. — In Wollmatingen (einem großen Dorfe, eine Stunde von Constanz), ging nicht ein Mann mit, und sind wir recht unterrichtet, so wird **Hecker** selbst bis über Donaueschingen hinaus, wenige oder gar keine Anhänger finden.

Struve operirte gestern in Ueberlingen in demselben Sinne, er wird sich heute von dort aus wohl mit **Hecker** vereinigen.

Eine gedruckte Proclamation der Republik circulirte gestern Nachmittag schon vor der Volksversammlung in wenigen Exemplaren, welche die Verbreiter wieder zu bekommen suchten. — Zu bemerken ist, daß sich bei dem heutigen Auszug nicht einer der Anführer der Bürgerwehr befindet. **Zogelmann**; Dr. **Vanotti** (Arzt); **Katzenmayer**; **Kaiser** 2c., sind alle zurückgeblieben.

Constanz, den 13. April 1848.

Quelle: Hans *Blum*, Die deutsche Revolution 1848-49, Leipzig 1898, 234.

Der Weg der Revolution gehe nicht über die ärgsten Nöte, sondern über die „spinitisierenden Gedanken und philosphische Programme". Vielmehr als die objektiven Zustände unterliege das subjektive Bewußtsein einem Wandel, der stärkere Antriebe für ein geschichtliches Handeln enthalte, als die realen Bedürfnisse. „Die ökonomisch gesellschaftliche Lage ist vergleichsweise die Konstante, die geistigen Strömungen sind die Variable in der Rechnung der Historie." [15]

II. 3. Ausmaß und Strukturen der Beteiligung

Das Sample der am Aprilaufstand Beteiligten, das aus dem Fahndungsverzeichnis des Justizministeriums, einer Fahndungsliste des Bezirksamtes, Einzelsignalements (Personenbeschreibungen) und Amnestieakten zusammengestellt wurde, umfaßt insgesamt 120 Personen. Es faßt somit selbstverständlich nur die durch die Fahndung erfaßten Personen, dürfte jedoch für die gesamte Teilnehmerschaft repräsentativ sein.[16]

Die Frage nach der sozioprofessionellen Struktur der Beteiligung ist in erster Linie auf die Zusammenhänge zwischen Berufszugehörigkeit und politischer Mobilisierbarkeit bzw. Affinität gerichtet. Haupt und Hausen haben zwar berechtigt davor gewarnt, *allein* aus der sozioprofessionellen Zusammensetzung der Protestpartei in direkter Ursache und Wirkung Beziehung auf den historischen Ort revolutionärer Aktionen zu schließen, doch sind die „im Sozialprofil zum Ausdruck kommenden Charakteristika der revolutionären Situation ein entscheidender Faktor." [17] Das Handeln oder die Aktionsbereitschaft bestimmter Berufsgruppen soll auch nicht mechanistisch aus strukturellen Zusammenhängen abgeleitet werden, doch bildet die Analyse der sozioprofessionellen Struktur einen Zugang zur Alltagswirklichkeit und zum Erfahrungshorizont der Beteiligten.

Während Veit Valentin davon ausging, daß von Konstanz nur Arbeiter und Handwerksgesellen und ein Teil der Bauern mitgezogen seien,[18] – und auch Schmidt u. a. in „Illustrierte Geschichte der deutschen Revolution 1848/49" diese Meinung übernommen haben,[19] zeigt sich aufgrund des folgenden Samples eine völlig andere Struktur.

15 Vgl. Stadelmann, Revolution, 5. Bei der Schilderung der Märzereignisse in Berlin verfällt er ebenfalls in dieses Klischee: „Daß polnische Regisseure, erkennbar durch verwegene Tschakos und andere Uniformstücke als Fachleute für Straßenaufstände mitgewirkt haben, ist kaum zu leugnen." (61)

16 Als außerordentlich hilfreich hat sich die von Heinz Raab angefertigte minütiöse Zusammenstellung der beim GLA aufbewahrten Akten über die Revolutionsteilnehmer für den heutigen Landkreis Konstanz erwiesen.
GLA 241/35; Die Fahndungsliste des Bezirksamtes, sowie die Einzelsignalements wurden im Großherzogl. Bad. Anzeigeblatt für den Seekreis veröffentlicht; vgl. StAK R 23/9, Jg. 1848, Nr. 39, S. 506 u. weitere Einzelsignalements in den folgenden Nummern.
GLA 234/2059 (Amnestie). Nicht in das Sample mitaufgenommen worden sind die Personen, die erst am 12. April gemeinsam mit Friedrich Hecker in Konstanz angekommen sind und am 13. April ausmarschiert sind.

17 Haupt/Hausen, Commune, 141.

18 Valentin, I, 493.

19 Walter Schmidt (Hg.), Illustrierte Geschichte der deutschen Revolution 1848/49, Berlin 1973, 125. „Nur Arbeiter und Handwerksgesellen, meist Mitglieder des Arbeitervereins, und ein Teil der Bauern zogen mit . . . Sie wollten die Republik, weil in ihr adlige Bedrückung, Willkür der Bürokratenperücken und soziale Not abgeschafft sein sollten. Dafür lohnten sich Mühen und bewaffneter Kampf."

Verteilung der Beteiligten nach ihrer Stellung im Beruf

Beamte (a)	höhere	–	–
	mittlere	–	–
	untere	5	4,2 %
Selbständige (b)		18	15,0 %
Meister		27	22,5 %
Gesellen		26	21,7 %
Handwerker (c)		16	13,3 %
Gehilfen		3	2,5 %
Arbeiter und Taglöhner		7	5,8 %
Auszubildende (d)		12	10,0 %
keine Angabe		6	5,0 %
		n = 120	100,0 %

Bemerkungen: Die Verteilungskriterien sind aus Gründen der Vergleichbarkeit von Rupieper übernommen; vgl. Rupieper, Trägerschichten, 93.

a) Zu höheren Beamten zählen Hochschullehrer, Gerichtsdirektoren, Justizräte und Assessoren; mittlere Beamte sind Gymnasiallehrer, Stadträte, Pfarrer; untere Beamte sind Volksschullehrer, Stadtschreiber, Postsekretäre und Ratsdiener.

b) Fabrikanten, Kaufleute, Handelsmänner und freie Berufe.

c) Diese Gruppe umfaßt alle handwerklichen Berufe ohne den Zusatz „Meister“, „Geselle“ oder „Lehrling“; in der Mehrzahl dürfte es sich jedoch um Gesellen gehandelt haben.

d) Schüler, Studenten, Akademisten, Praktikanten.

Gegenüber der These von Valentin und Schmidt zeigt sich eine hohe Repräsentanz der Handwerksmeister (22,5 %), vor den Gesellen (21,7 %) und den Selbständigen (15,0 %). Die Gruppe der Handwerker, bei denen der Status unbekannt ist und bei denen es sich entweder um Gesellen oder proletaroide Kleinmeister handelt, stellt 13,3 % der Gesamtbeteiligung – vor den Auszubildenden (10,0 %), den Arbeitern bzw. Taglöhnern (5,8 %), den unteren Beamten (4,2 %) und den Gehilfen (2,5 %). Bei der Gruppe der Auszubildenden handelt es sich meist um „Studenten“ bzw. Schüler. In der Gruppe der Arbeiter und Taglöhner findet sich lediglich ein Fabrikarbeiter (Cattundrucker), die übrigen sind Taglöhner im gewerblichen Bereich. Vergleichen wir mit den eingangs dargestellten Analysen der Trägerschichten, so fällt wiederum die signifikant hohe Repräsentanz der Handwerkerschaft (60 % der Gesamtbeteiligung) auf.

Die Analyse der Berufsstruktur, die sich auf 114 Berufsangaben stützt, die aus Justizakten, Adreßbüchern, Zunft- und Gewerbeakten, Armenakten und Kirchenbüchern ermittelt wurden, zeigt die Häufigkeit einzelner Berufe bzw. Berufsgruppen. Die größte Berufsgruppe stellen die Schuhmacher (11) vor den Handels- und Kaufleuten (9), den Schneidern (6), Schreinern (6), Schreibern (6), Studenten (5), Taglöhnern (5) und Malern (5).

Berufe der Beteiligten

Beruf	Anzahl	%
Schuhmacher	11	9,2%
Handelsmann	9	7,5%
Schneider	6	5,0%
Schreiner	6	5,0%
Schreiber	6	5,0%
Studenten	5	4,2%
Taglöhner	5	4,2%
Maler	5	4,2%
Metzger	3	2,5%
Glaser	3	2,5%
Maurer	3	2,5%
Vergolder	3	2,5%
Advokat	3	2,5%
Gürtler	2	1,7%
Bäcker	2	1,7%
Buchbinder	2	1,7%
Posamentier	2	1,7%
Wundarzneidiener	2	1,7%

Für sechs Beteiligte liegen keine Berufsangaben vor. Jeweils einmal vertreten sind folgende Berufe: Arzt, Lohndiener, Landwirt, Amtsaktuar, Postgehilfe, Wirt, Kunstmaler, Lehramtspraktikant, Kameralassistent, Lithograph, Zigarrenfabrikant, Rechtskandidat, Modellstecher, Cattundrucker, Zeichenlehrer, Amtsexequent, Kameralpraktikant, Sattler, Hutmacher, Pflästerer, Spanner, Tapezierer, Nagelschmied, Sesselmacher, Dreher, Uhrmacher, Drechsler, Schriftsetzer, Porzellanmaler, Steindrucker, Kappenmacher, Schmied, Seiler, Buchdrucker und Zimmermann.

Was die regionale Herkunft der Beteiligten betrifft, so handelt es sich in der Mehrzahl um Einheimische. Mindestens 74 der Beteiligten (ca. 62%) sind, wie die Kirchenbücher ausweisen, in Konstanz geboren. 35 Teilnehmer sind nicht in Konstanz geboren, waren jedoch zum Zeitpunkt teilweise schon länger in Konstanz ansässig; – für die übrigen 11 Teilnehmer liegen keine Angaben vor.

Von den 120 Teilnehmern liegen insgesamt 83 Altersangaben vor, die aus den Fahndungsakten, den Inventuren und Teilungen und v. a. aus den Kirchenbüchern erhoben wurden.[20]

20 Die Altersstruktur der Beteiligten weist eine erhebliche Breite auf. Die fehlenden Daten liegen allerdings im Bereich der Gesellen, so daß das „Durchschnittsalter" nicht voll aussagekräftig sein dürfte. Zur Analyse wurden v. a. die Heirats- und Taufbücher der folgenden Pfarreien verwandt: St. Johann, Münster, St. Jodok, St. Stephan, Augustiner u. Spitalpfarrei und Ev. Stadtpfarrei.

Altersstruktur der Beteiligten (n = 83)

Jahrgang	Verteilung	Anzahl
1797	+	1
1798		–
1799	+	1
1800	+	1
01	+	1
02	++	2
03		–
04	+	1
1805	+++	3
06	++	2
07		–
08	++++	4
09	++	2
1810	++++	4
11		–
12	++	2
13	++	2
14	++++++	6
1815	++	2
16	++	2
17	++	2
18	++++	4
19	+	1
1820	+++++	5
21	++	2
22	+++	3
23	+++	3
24	+++++	5
1825	++++	4
26	++++++	6
27	++++++	6
28	++	2
29	+	1
1830	++	2
31	+	1
		n = 83

II. 4. Struktur und Motivation bürgerlicher Beteiligung

Die Analyse der Berufsstruktur zeigt insgesamt eine sozial heterogene Struktur, die sich zumindest in zwei Blöcke auflösen läßt, – den Block der freien Berufe, der Kauf- und Handelsleute und – den Block der Handwerksberufe. Es handelt sich hierbei um eine Kluft in bezug auf die soziale Herkunft, die auch Rudé bei seinen Erhebungen zur Französischen Revolution vorfand und die die Unterschiedlichkeit der sozialen und politischen Ziele bestimmte.[21]

In unserem Zusammenhang ließe sich die Gruppe der freien Berufe, der Kauf- und Handelsleute (sowie auch ein Teil der wohlhabenden Handwerksmeister) durchaus im Sinne des „bürgerlichen Optimismus“ [22] charakterisieren. Diese Gruppe stellte die ‚politischen Führer‘, gegen die auch die härtesten Urteile verhängt wurden, wie aus dem Generalverzeichnis über Urteile und Begnadigungen von 1857 zu entnehmen ist.[23] Der Kaufmann und Gemeinderat Karl Zogelmann ist diesem Block ebenso zuzurechnen, wie der Arzt Eduard Vanotti, der Hofgerichtsadvokat Ignaz Vanotti, der Anwalt und Literat Karl Kaiser, der Kaufmann Nepomuk Katzenmayer, der Hofgerichtsadvokat Stephani und der Kaufmann Ferdinand Troisdorff. Gegen Kaiser war eine Zuchthausstrafe von 10 Jahren, gegen Ignaz Vanotti von 9 Jahren, gegen Zogelmann, Katzenmayer und den Rechtskandidaten Kibele (den Sohn des Obergerichtsadvokaten Friedrich Kibele) eine Zuchthausstrafe von 3 Jahren verhängt worden. Ludwig Stephani hatte sich der gerichtlichen Verfolgung entzogen und war auf der Überfahrt nach Amerika gestorben.[24]

Mindestens zwei weitere Strukturmerkmale deuten auf eine relativ homogene ökonomische, soziale und auch politische Einheit des Blockes hin.

Das jeweilige durchschnittliche Steueraufkommen der Teilnehmer der „bürgerlichen Fraktion“ liegt weit über dem der Handwerkerschaft. Zogelmann z. B. versteuerte im Jahr 1843 20 740 Gulden, Katzenmayer 8800 Gulden, Troisdorff 10 500 Gulden – und der Hofgerichtsadvokat Vanotti versteuerte allein einen Hausbesitz von 4200 Gulden. Bei der Handwerkerschaft lag vergleichsweise lediglich bei den Bierbrauern das durchschnittliche Steuerkapital bei ca. 5000 Gulden.[25]

Auch die Altersstruktur dieses Blockes deutet auf eine soziale Einheit hin. So ist z. B. Stephani 1805 geboren, Troisdorff 1806, Katzenmayer und Zogelmann beide 1808 und Eduard Vanotti 1809.

Das Sozialprofil dieser Gruppe ließe sich im Sinne des von Lipp und Kaschuba verwandten „bürgerlichen Optimismus“ durchaus auf den Begriff bringen. Es handelt sich hierbei zwar nicht um industriell unternehmende Bürger großen Stils, doch ist auch für sie eine bürgerliche Mentalität kennzeichnend, die an die Stelle des Leitmotivs kleinbürgerlichen Wirtschaftens, des Prinzips des „Auskommens“, das Prinzip des konsequenten, konkurrenzbereiten Voran-

21 Vgl. Rudé, Revolution, 235.

22 Vgl. Wolfgang Kaschuba u. Carola Lipp, Zur Organisation des bürgerlichen Optimisus – Regionale Formierungsprozesse des Bürgertums im Vormärz und in der Revolution 1848, in: SOWI 8 (1979), 74–82.

23 GLA 317/284

24 Marmor, Chronik, 120.

25 Die Steuerdaten sind nach den Generalsteuerkatastern von 1843, 1849 und 1851 erhoben und errechnet worden; (S II 6679, 6680, 6681). Vgl. die Tabelle der durchschnittlichen Steueraufkommen in den verschiedenen Handwerksberufen im Anhang.

kommens setzt und sich nicht mehr mit der historischen Logik von Tradition und Gewohnheit begnügte, sondern vor allem Rentabilität und Effektivität als Normen wirtschaftlicher Aktivität gelten ließ.[26]

Unter der Prämisse der Ausrichtung der Produktion auf überlokale Märkte und Massenwaren, die Verwendung von Maschinen und Energieressourcen mußte im Rahmen eines flexiblen Einsatzes ein Kapitalzusammenhang organisiert werden, der einer modernen Infrastruktur (Eisenbahn, Schiffahrt, Straßenbau, Gewerbegesetzgebung und Zollpolitik) bedurfte. Es würde nun allerdings den Rahmen dieser Arbeit sprengen, wollte man die Initiativen und Aktivitäten auf lokaler Basis darstellen, „die auf eine Beseitigung all jener institutionellen Hindernisse zielten, die einer neuen, im Bewußtsein der Handelnden nicht unbedingt industriellen Verwertung der Arbeitskraft im Wege standen",[27] es sollen zu diesem Zusammenhang lediglich einige biographische Anmerkungen gegeben werden.[28] So war z. B.der Hofgerichtsadvokat Ignaz Vanotti der Protagonist einer Eisenbahnlinie, die durch „Volksaktien" bestritten werden sollte; im Jahr 1840 verfolgte er ein Theaterprojekt und 1843 gründete er den Belle-Vue Verlag in Kreuzlingen in der Schweiz, wo u. a. die Schriften des „Jungen Deutschland" verlegt wurden und die „Deutsche Volkshalle" erschien.[29]

Nepomuk Katzenmayer war Spital- und Dampfschiffverwalter und projektierte eine Quaianlage in der Rauenegg. 1846 plante er eine allgemeine Leihanstalt, die zwar vom Bürgerausschuß mehrheitlich befürwortet, vom Ministerium des Inneren jedoch abgeleht wurde, „da ein Bedürfnis nicht nachgewiesen." [30]

Die organisatorische Basis des „bürgerlichen Blocks" bildete das 1834 gegründete Bürgermuseum, das als Gegenpol zur eher aristokratischen Museumsgesellschaft konzipiert war.[31] Formale Zielsetzung des Bürgermuseums war zwar lediglich „die Geselligkeit und Fortbildung in Bürgerkreisen" und die Unterstützung der „freisinnigen Stadtverwaltung" unter dem liberalen Bürgermeister Karl Hüetlin, doch forcierte die Gesellschaft maßgeblich die Ausbildung von Formen bürgerlicher Öffentlichkeit. Durch eine eigene Bibliothek, ein Lesezimmer (in dem die bekanntesten vormärzlichen Zeitschriften, wie z. B. die Augsburger Allgemeine Zeitung auslagen), Konzerte und Festfeiern, – namentlich der Rotteck-Feier 1841 – geriet die Gesellschaft in Konflikt mit den Organen des Metternichschen Systems.[32]

26 Lipp/Kaschuba, 75. Vgl. ausführlicher: Dies., Provinz und Revolution. Kultureller Wandel und soziale Bewegung im Königreich Württemberg, Tübingen 1979.

27 Vgl. Gert Zang, Die innerstaatliche ungleiche Entwicklung als Problem der historischen Forschung, in: Ders. (Hg.), Provinzialisierung einer Region. Regionale Unterentwicklung und liberale Politik in der Stadt und im Kreis Konstanz im 19. Jahrhundert. Untersuchungen zur Entstehung der bürgerlichen Gesellschaft in der Provinz, Frankfurt, 1978, 20.

28 Die Initiativen und Infrastrukturprojekte sind ausführlicher behandelt bei Heiner Siefken, Verkehrsentwicklung und Provinzialisierung. Die Verkehrspolitik der bürgerlichen Fraktionen in Konstanz, in: Zang, Provinzialisierung, 135–181.

29 Ausführlicher zum Belle Vue Verlag: Hermann Venedey, Belle Vue bei Konstanz. Gesicht eines politischen Verlages in Konstanz 1840–1848, Konstanz 1973. Laible nennt in seiner Stadtgeschichte weitere Projekte; vgl. Joseph Laible, Geschichte der Stadt Konstanz und ihrer nächsten Umgebung, Konstanz 1921, 180ff.

30 GLA 359/1906/20 Nr. 1124

31 Joseph Laible, Chronik des Bürgermuseums zu Konstanz von 1834–1884, Konstanz 1884.

32 Laible berichtet in seiner Chronik von der „Beschlagnahme von Zeitungen, Beschränkung in der Wahl der Lokalitäten und der Ausdehnung der Gesellschaftsabende, sowie Verbote, die Wirksamkeit der Gesellschaft auf das politische Gebiet auszudehnen." Polizeibedienstete seien mehrmals in das Lesezimmer eingedrungen und hätten Zeitschriften von den Brettern gerissen. Vgl. Laible, Bürgermuseum, 32f.

Auch die Märzbewegung des Jahres 1848 wurde personell weitgehend vom ,,bürgerlichen Block" getragen. Nach dem Eintreffen der Nachricht von der Februarrevolution in Frankreich hatte sich in Konstanz im Anschluß an eine Volksversammlung am 5. März der sog. ,,Ausschuß der Bürgerversammlung" zur ,,Berathung vaterländischer Angelegenheiten" konstituiert.[33]

Dem Ausschuß gehörten zunächst 8 Personen an, doch nach einer Initiative der Seeblätter, die den ,,Handwerks- und Landwirthschaftsstand" zu wenig vertreten sahen, wurde das Komitee auf insgesamt 26 Mitglieder erweitert und hatte folgende soziale Struktur:[34]

Sozial- bzw. Berufsstruktur des Ausschusses der Bürgerversammlung

Hermann Würth	Obergerichtsadvokat
Nepomuk Katzenmayer	Kaufmann
Dominikus Kuenzer	Dekan
Eduard Vanotti	Arzt
Julius Hager	Braumeister
Theodor Schmid	Kaffeetier
Friedrich Merk	Obergerichtsadvokat
Karl Zogelmann	Kaufmann
Joseph Fickler	Redakteur
Benedikt Früh	Pfarrer (deutsch kath.)
Gottlieb Häusler	Privatier
Karl Kaiser	Anwalt und Literat
Xaver Knaus	Zimmermeister
Wilhelm Mek	Buchhändler
Schroff	Kaufmann
Xaver v. Spinnhirn	Obergerichtsadvokat
Heinrich Voeglin	Tapetenfabrikant
Carl Volderauer	Handelsmann
Joseph Eschbacher	Flachmaler
Ludwig Stephani	Gerichtsadvokat
Xaver Hartmann	Schuster
Nepomuk Rauber	Schneider
Mathias Birsner	Schuster
Xaver Müller	Schreiner
Heinrich Poinsignon	Handelsmann
Rudolf Detrey	Konditor

Im Ausschuß waren somit v. a. Kauf- und Handelsleute, Advokaten, freie Berufe und Handwerker (im Vergleich zum Bevölkerungsanteil unterrepräsentiert) repräsentiert, d. h. die ,,politische Bewegung" bzw. die Märzbewegung war wesentlich stärker durch die Aktivitäten des ,,bürgerlichen Blocks" geprägt, als dies beim Aprilaufstand der Fall war. Was die im Ausschuß repräsentierten Handwerker betrifft, so handelt es sich ausnahmslos um wohlhabende Meister, deren Steuerkapital jeweils weit über dem Durchschnitt der jeweiligen Berufsgruppe liegt.

33 S II 8323; Verhandlungen des Ausschusses der Bürgerversammlung in Constanz, März – April 1848.
34 S II 8323

III. BETEILIGUNG DER HANDWERKERSCHAFT AM APRILAUFSTAND

III. 1. Strukturen handwerklicher Beteiligung

Die Analyse der Berufsstruktur der Teilnehmer am Aprilaufstand hat die hohe Repräsentanz der Handwerkerschaft verdeutlicht. Mindestens 71 Teilnehmer (59 %) waren Handwerker, wobei Taglöhner, die früher einen Handwerksberuf ausgeübt haben, nicht berücksichtigt sind. Im Vergleich zu den Samples von Hoppe/Kuczynski und Rupieper liegt der Anteil der Meister, der 22,5 % der Gesamtbeteiligung ausmacht, ziemlich hoch. Die Gesellen stellen ca. 22 % der Gesamtbeteiligung (26 Gesellen), während der Anteil der Handwerker, deren Status nicht zu ermitteln war (16 Handwerker), ca. 13 % der Beteiligung ausmacht.

Die bei weitem größte Berufsgruppe stellten die Schuster mit 11 Beteiligten (9 %) der Gesamtbeteiligung), denen die Schneider und Schreiner mit jeweils 6 Beteiligten (jeweils 5 % der Gesamtbeteiligung) folgen.

Berufe der Beteiligten aus dem Handwerk

Berufe	Anzahl	% Gesamtbet.
Schuhmacher	11	9,2 %
Schneider	6	5,0 %
Schreiner	6	5,0 %
Maler	5	4,2 %
Metzger	3	2,5 %
Glaser	3	2,5 %
Maurer	3	2,5 %
Vergolder	3	2,5 %
Gürtler	2	1,7 %
Posamentier	2	1,7 %
Drechsler	2	1,7 %
Buchbinder	2	1,7 %
Wundarzneidiener	2	1,7 %
Bäcker	2	1,7 %

Außerdem sind folgende Berufe je einmal vertreten: Buchdrucker, Hutmacher, Kappenmacher, Lithograph, Modelstecher, Nagelschmied, Porzellanmaler, Seiler, Spanner, Schriftsetzer, Schmied, Sattler, Sesselmacher, Steindrucker, Uhrmacher, Zimmermann, Tapezierer.

Ohne der Analyse vorgreifen zu wollen, können aus der sozioprofessionellen Struktur des Aufstandes bereits erste Schlüsse gezogen werden. Besonders die Berufsgruppen, die durch die Not- und Teuerungskrise 1846/47 starke Beeinträchtigungen erlitten haben und die Berufsgruppen, deren Tätigkeit langfristig durch den Industrialisierungsprozeß bedroht waren, zeigen eine hohe Repräsentanz. Der Vergleich mit den Samples von Hoppe/Kuczynski, Geisel und Rupieper ergibt denn auch Übereinstimmungen in der Repräsentanz bestimmter Berufsgruppen (z. B. Schuster, Schneider, Schreiner). Wenn wir in diesem Zusammenhang von einem Verständnis von sozialen Konflikten ausgehen, die auf „regelmäßig zugrundeliegende

Beziehungen und Prozesse" zurückzuführen sind, so kann die Analyse der beruflichen Struktur für den Zusammenhang zwischen beruflicher Zugehörigkeit und politischer Mobilisierbarkeit erste Anhaltspunkte geben.[1]

Auf die relativ höhere Anzahl der Meister im Vergleich zu den benannten Samples ist bereits verwiesen worden; – sie rekrutierten sich aus folgenden Berufsgruppen: (n = 27)

Schuster	4	Sattler	1
Schneider	4	Hutmacher	1
Schreiner	3	Glaser	1
Maler	3	Lithograph	1
Maurer	2	Gürtler	1
Metzger	2	Tapezierer	1
Bäcker	2	Pflästerer	1

Die Gesellen (n = 26) kamen aus folgenden Berufsgruppen:

Schuster	5	Seiler	1
Schreiner	3	Drechsler	1
Schneider	2	Gürtler	1
Glaser	2	Nagelschmied	1
Buchbinder	2	Wagner	1
Maler	2	Maurer	1
Steindrucker	1	Zimmermann	1
Schmied	1	Buchdrucker	1

Wahrend die beiden Lehrlinge aus dem Modellstecherhandwerk und dem Vergolderhandwerk kamen, verteilten sich die Handwerker, deren Status nicht zu ermitteln war, auf folgende Berufsgruppen: (n = 16)

Schuster	2	Kappenmacher	1
Vergolder	2	Spanner	1
Wundarzneidiener	2	Metzger	1
Posamentier	2	Porzellanmaler	1
Sesselmacher	1	Schriftsetzer	1
Drechsler	1	Uhrmacher	1

Während aus dem Nahrungsmittelhandwerk, der Baubranche und der Textil-, Bekleidungs- und Lederbranche überwiegend Meister beteiligt waren, so überwogen in der Metallbranche, der Papierverarbeitung und der Holzbranche die Gesellen.

1 Vgl. Volkmann, Strukturwandel, 551. In der Terminologie der Untersuchungskategorien orientiere ich mich weitgehend an den Kategorien, die Volkmann vorgeschlagen hat. Vgl. Heinrich VOLKMANN, Kategorien des sozialen Protests im Vormärz, in: GG 3 (1977), 164–189.

Branchenstruktur und berufliche Stellung der Handwerker

Branche	Meister	Gesellen	Handw.	Lehrl.	Gesamt	%
Nahrungsmittelbranche	4	–	1	–	5	7,0%
Metallbranche	1	3	–	–	4	5,6%
Baubranche	8	5	–	–	13	18,3%
Holzbranche	3	6	2	–	11	15,5%
Textil, Leder und Bekleidung	10	8	5	–	23	32,4%
Kunst- und Veredelungsbranche	–	–	4	1	5	7,0%
Papier-verarbeitungsbranche	1	4	1	–	6	8,5%
Sonstige	–	–	3	1	4	5,6%
	27	26	16	2	71	100,0%

Insgesamt kommen die meisten handwerklichen Protestteilnehmer aus der Textil-, Bekleidungs- und Lederbranche (32,4%), der Baubranche (18,3%) und der Holzverarbeitungsbranche (15,5%), wobei die unterschiedliche berufliche Herkunft der Meister und Gesellen erklärungsbedürftig bleibt.

III. 2. Prolegomena: Die Not- und Teuerungskrise 1846/47

Die Verteilung nach Branchen hat eine hohe Beteiligung von Handwerkern aus der Textil-, Bekleidungs- und Lederbranche, der Holz- und Papierbranche und der Baubranche ausgewiesen. Es handelt sich dabei vor allem um die Branchen, die durch die Krise 1846/47 am stärksten beeinträchtigt wurden.

Die Krise 1846/47, die letzte Krise vom „type ancien",[2] war durch Ernteausfälle sowohl beim Getreide, als auch bei den Kartoffeln ausgelöst worden. Die Fehlernten hatten durch die Verknappung des Angebots eine enorme Teuerung bewirkt. „Da der starke Anstieg der Agrarpreise . . . voll auf die Reallohngestaltung und die Massenkaufkraft durchschlug, war die Entwicklung der davon maßgeblich abhängigen Wirtschaftssektoren, wie besonders des Konsumgüter- aber auch des kleingewerblichen Sektors erheblich durch die Teuerung und die ihr zugrundeliegenden Ernteausfälle gefährdet." [3]

2 Vgl. Wilhelm Abel, Massenarmut und Hungerkrisen im vorindustriellen Deutschland, Göttingen 1972, 57. Abel hat anhand der Gegenschwingungen von Roggenpreisen und Eheschließungen nachgewiesen, daß es sich bei der Krise von 1846/47 weitgehend um eine Krise alten Typs handelt. Vgl. zur Ablösung des „vorindustriellen Erntezyklus" durch den „kapitalistischen Konjunkturzyklus": Dietrich Ebeling u. Franz Irsigler, Zur Entwicklung von Agrar- und Lebensmittelpreisen in der vorindustriellen und der industriellen Zeit. Beobachtungen am rheinischen Beispiel, in: ASG 19 (1979), 299–329.

3 Jürgen Bergmann, Ökonomische Voraussetzungen der Revolution von 1848: Zur Krise von 1845–1848 in Deutschland, in: GG, Sonderheft 2 (1976), 254–287, 273.

Die Verminderung der Liquidität durch vermehrte Ausgaben für Grundnahrungsmittel und der sinkenden Nachfrage nach gewerblichen und teilweise industriellen Konsumgütern brachte dem Agrarsektor, – zumindest den größeren, am Markt orientierten landwirtschaftlichen Betrieben, einen hohen Geldzufluß, weshalb auch im Sinne der agrarischen Konjunkturtheorie nicht von einer Agrarkrise als Ausdruck einer Notlage der Landwirtschaft ausgegangen werde kann.[4]

In der Folge soll die Entwicklung der Krise und ihre Auswirkungen vor allem am lokalen Beispiel verfolgt und präzisiert werden, um die Bedeutung der agrarkonjunkturellen Entwicklung und ihre Auswirkung auf den kleingewerblichen Sektor zu analysieren.

Nachdem die Getreide- und Brotpreise in den zwanziger Jahren des 19. Jahrhunderts relativ niedrig lagen und lediglich das Jahr 1832 eine Ausnahme darstellte, setzte gegen Ende der dreißiger Jahre ein anhaltendes Steigen der Getreidepreise ein.[5] Bereits das Jahr 1843 brachte eine ungünstige Getreideernte, Verknappungen und einen steilen Preisanstieg. Die Ernte des Jahres 1845 brachte durchschnittliche Erträge beim Getreide, doch verursachte die Kartoffel-

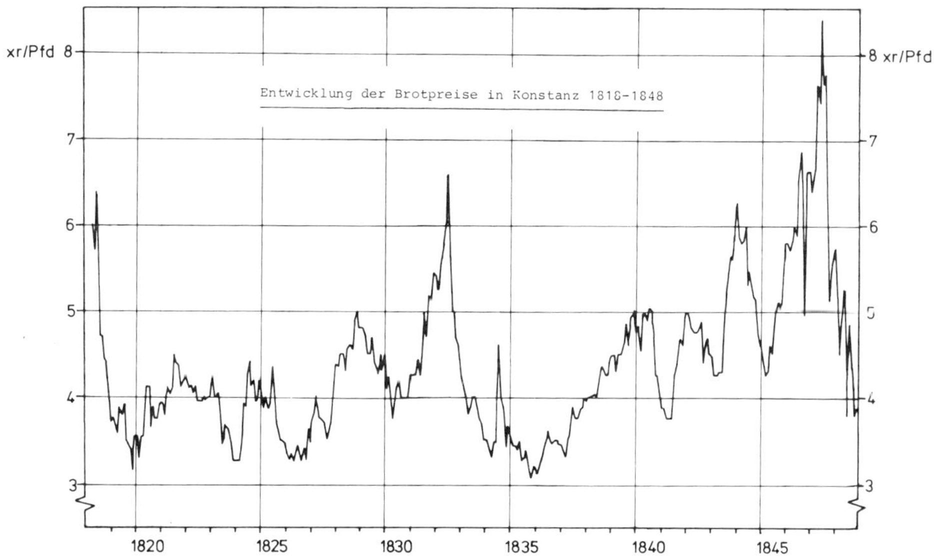

Quellen: StAK D V 110–112 für die Jahre 1818–1845; 1846ff. Großherzoglich Badisches Anzeigeblatt für den Seekreis (StAK R 23/6/7/8). Die monatlichen Preisangaben sind aus wöchentlichen (bis 1845) und zweiwöchigen (1846ff.) Angaben errechnet. Preisangaben in Kreuzer pro Pfund Hausbrot. (xr./Pfd.)

4 Bergmann, Ökonomische Voraussetzungen, 256.

5 Vgl. das Schaubild zur lokalen Preisentwicklung (Brotpreis 1818–1848).

krankheit, die über ganz Deutschland, die Schweiz, Frankreich, Belgien etc. verbreitet war, eine geringe Kartoffelernte.[6]

Schon zu Beginn der Ernte war es deshalb zu Aufkäufen für das Ausland gekommen, so daß der Kartoffelpreis stieg und damit den Getreide- und Brotpreis mit in die Höhe trieb.

Die hohe Korrelation des Brotpreises (bzw. des Getreidepreises) mit dem Kartoffelpreis und die gleichzeitige Konstanz des Fleischpreises unterstreichen die Bedeutung von Brot und Kartoffeln als Grundnahrungsmittel.

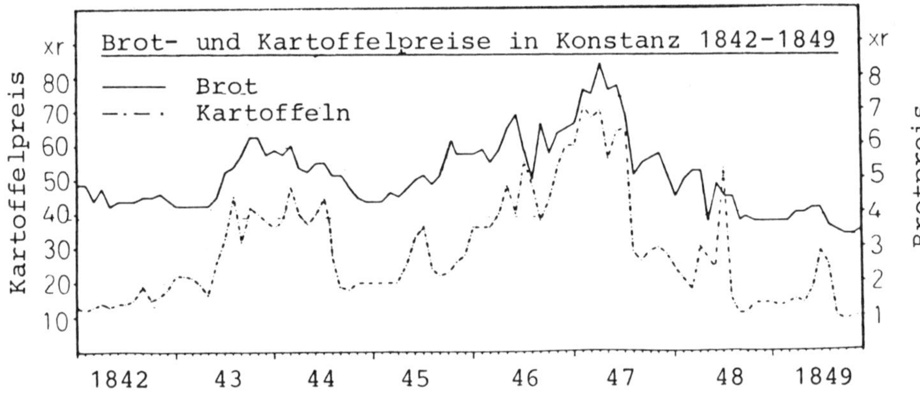

Bemerkungen: Alle Preise nach Großherzogl. Bad. Anzeigenblatt für den Seekreis 1842ff. Preise für Hausbrot in xr./Pfd.; für Kartoffeln in xr./Sester.

6 Vgl. für Frankreich: Ernest Labrousse, Panorama der Krise, in: H. Stuke u. W. Forstmann (Hg.), Die europäischen Revolutionen von 1848, Königstein 1979, 70–89. Für die Schweiz: Martin Salzmann, Die Wirtschaftskrise im Kanton Zürich 1845 bis 1848. Ihre Stellung und Wertung im Rahmen der wirtschaftlich-sozialen Entwicklung in der ersten Hälfte des 19. Jahrhunderts, Bern/Frankfurt 1978. Für Österreich: Julius Marx, Die wirtschaftlichen Ursachen der Revolution von 1848 in Österreich, Graz/Köln 1965. Für deutsche Territorien: Karl Obermann, Wirtschafts- und sozialpolitische Aspekte der Krise von 1845–1847 in Deutschland, insbesondere in Preußen, in: Jahrbuch für Geschichte 7 (1972), 269–309. Sigmund Fleischmann, Die Agrarkrise von 1845/55 mit besonderer Berücksichtigung von Baden. Diss. phil. Heidelberg 1902. Hubert Locher, Die wirtschaftliche und soziale Lage Badens am Vorabend der Revolution von 1848. Diss. Freiburg 1950. Auf lokaler Ebene lediglich: Alfred Diesbach, 1847 – ein Jahr wirtschaftlicher Zusammenbrüche, in: Hegau 21/22 (1966), 113–126.

Entwicklung des Brotpreises in Konstanz 1818–1848 (Preise monatlich, jährliche Durchschnittswerte und Indizes)

	Jan.	Febr.	März	April	Mai	Juni	Juli	Aug.	Sept.	Okt.	Nov.	Dez.	∅	Index 1820
1818				6,00	5,75	6,38	5,80	4,69	4,69	4,45	4,38	5.94	5,34	96
1819	3,70	3,75	3,69	3,55	3,88	3,81	3,88	3,50	3,44	3,40	3,13	3,55	3,61	142
1820	3,56	3,31	3,55	3,56	3,75	4,15	4,13	3,63	3,88	3,75	3,75	3,95	3,75	100
1821	3,95	3,81	4,00	4,13	4,03	4,10	4,50	4,40	4,38	4,13	4,19	4,25	4,16	111
1822	4,19	4,10	4,15	4,06	4,15	3,94	3,94	3,95	4,00	3,94	4,00	4,00	4,04	108
1823	4,25	4,00	4,00	4,06	3,80	3,44	3,69	3,65	3,50	3,45	3,25	3,25	3,70	99
1824	3,25	3,25	3,44	3,94	3,88	4,25	4,45	4,13	4,19	3,95	3,94	4,20	3,91	104
1825	4,00	3,88	4,00	3,85	3,95	4,38	4,05	3,75	3,60	3,50	3,50	3,45	3,83	102
1826	3,31	3,25	3,35	3,25	3,38	3,45	3,31	3,25	3,40	3,31	3,62	3,45	3,36	90
1827	3,75	3,81	4,05	3,75	3,75	3,75	3,69	3,50	3,62	3,69	4,10	4,38	3,82	102
1828	4,38	4,25	4,50	4,50	4,30	4,56	4,62	4,60	4,56	4,90	5,00	4,81	4,59	122
1829	4,80	4,81	4,69	4,50	4,50	4,69	4,45	4,38	4,25	4,50	4,31	4,50	4,53	121
1830	4,10	4,25	3,94	3,75	4,00	4,13	4,20	4,00	4,00	4,00	4,00	4,25	4,05	108
1831	4,25	4,25	4,25	4,25	4,25	4,56	5,00	4,69	5,20	5,13	5,44	5,38	4,74	126
1832	5,25	5,25	5,55	5,81	5,94	6,60	5,56	5,00	5,00	4,69	4,60	4,44	5,30	141
1833	4,19	4,06	4,00	3,81	3,90	4,00	4,00	3,90	3,75	3,69	3,50	3,50	3,86	103
1834	3,50	3,38	3,31	3,50	2,45	4,62	4,00	3,94	3,81	3,40	3,69	3,56	3,68	98
1835	3,45	3,44	3,38	3,50	3,25	3,31	3,40	3,25	3,13	3,05	3,19	3,19	3,30	88
1836	3,10	3,19	3,31	3,45	3,50	3,62	3,45	3,44	3,50	3,50	3,44	3,45	3,41	91
1837	3,38	3,31	3,50	3,56	3,75	3,90	3,75	3,75	3,85	3,88	4,00	3,95	3,72	99
1838	4,00	4,00	4,00	4,06	4,00	4,19	4,38	4,35	4,25	4,25	4,45	4,50	4,20	112
1839	4,50	4,31	4,50	4,50	4,50	4,62	4,88	4,60	4,94	4,94	5,05	4,75	4,67	125
1840	4,85	4,56	4,94	5,00	4,90	5,06	5,00	4,75	4,25	4,25	4,00	3,88	4,62	123
1841	3,88	3,75	3,75	3,75	3,88	4,25	4,35	4,56	4,69	4,60	4,88	5,00	4,28	114
1842	4,94	4,81	4,75	4,75	4,75	4,81	4,90	4,38	4,60	4,69	4,50	4,45	4,69	125
1843	4,25	4,25	4,25	4,31	4,31	4,95	5,25	5,44	5,65	6,00	6,25	5,85	5,06	135
1844	5,81	5,81	6,00	5,31	5,44	5,31	5,15	5,13	4,75	4,60	4,60	4,38	5,19	138
1845	4,25	4,31	4,62	4,50	4,70	5,00	5,13	5,03	5,13	5,80	5,81	5,69	5,00	133
1846	5,75	5,88	6,00	5,88	6,50	6,88	5,88	5,00	6,63	6,63	6,38	6,50	6,16	164
1847	6,63	7,63	7,38	8,38	7,63	7,78	6,34	5,13	5,50	5,63	5,75	5,13	6,57	175
1848	4,50	5,00	5,25	5,25	3,75	4,88	4,38	4,25	3,75	3,88	3,75	3,75	4,37	117

Bemerkungen: Die monatl. Preisangaben sind aus wöchentl. (1818–1845) und zweiwöchentl. (1846ff.) errechnet und in Dezimalwerte umgesetzt worden. (Preise in Kreuzer pro Pfd. Hausbrot; 1 Gulden entspricht 60 Kreuzer). Quellen: 1818–1845 StAK D V 110–112; 1846–1848 Preise nach StAK R 23.

Monatliche Preise für Fleisch und Kartoffeln in Konstanz 1842–50

Monat	1842		1843		1844		1845		1846		1847		1848		1849		1850	
	A	B	A	B	A	B	A	B	A	B	A	B	A	B	A	B	A	B
Januar	10	13	10	22	12	36	12	20	12	36	12	60	13	24	13	14	11	12
Februar	10	12	10	22	12	38	12	20	12	36	12	72	13	21	13	13	11	12
März	10	13	10	19	12	47	12	20	12	36	13	68	13	18	13	14	11	11
April	10	14	10	19	13	40	12	20	12	40	13	70	13	30	13	15	11	12
Mai	10	13	10	16	12	37	12	25	12	48	13	56	13	27	13	14	11	12
Juni	10	14	10	26	12	40	11	33	12	40	13	72	13	24	12	18	–	15
Juli	10	14	11	33	12	44	11	36	12	55	13	65	13	53	12	29	10	29
August	10	15	11	45	12	28	11	24	12	48	13	29	13	16	12	15	10	30
September	10	21	11	32	12	19	11	22	12	38	13	26	13	12	12	10	10	30
Oktober	10	15	12	40	12	18	11	23	12	44	13	29	13	12	12	9	10	22
November	10	16	13	38	12	20	11	26	12	54	13	30	13	14	11	10	10	27
Dezember	10	18	11	36	12	20	12	29	12	60	13	28	13	14	11	11	10	26

Bemerkungen: A = Schweinefleisch (xr/Pfd.); B = Kartoffeln (xr/Sstr) Preise nach Großherzogl. Anzeigenblatt f. d. Seekreis, 1842ff.

Wenn wir davon ausgehen, daß in der vor- und frühindustriellen Zeit mehr als die Hälfte der Haushaltseinkommen für Brot und andere Getreideprodukte aufgewendet werden mußte, so kann die Entwicklung der Preise der Grundnahrungsmittel durchaus als Indikator für die Soziallage der Mittel- und Unterschichten dienen.[7]

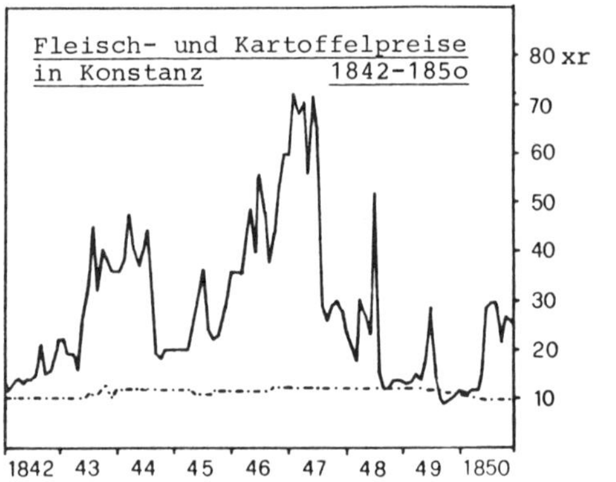

Bemerkungen: Schweinefleisch in xr/Pfd. (– –); Kartoffeln in xr/Sester (—).

7 Vgl. Dietrich Saalfeld, Handwerkereinkommen in Deutschland vom ausgehenden 18. bis zur Mitte des 19. Jahrhunderts, in: Wilhelm Abel (Hg.), Handwerksgeschichte in neuer Sicht, Göttingen 1972, 65–115, 78ff. u. Ders., Steigerung und Wandlung des Fleischverbrauchs in Deutschland 1800–1913, in Zeitschrift für Agrargeschichte und Agrarsoziologie, 25 (1977), 248.
Saalfeld hat anhand von Schlachtsteuererhebungen nachgewiesen, daß der Fleischverbrauch seit Beginn des 19. Jahrhunderts bis zur Krise 1857/59 rückläufig war, und dieser Rückgang vor allem im Bereich der Mittel- und Unterschichten stattfand.

Es ist im Rahmen dieser Arbeit zwar nicht möglich, die Entwicklung von Nominallöhnen zu dokumentieren bzw. Kornlöhne zu errechnen, doch zeigen vereinzelte Lohnangaben und Klagen über Arbeitslosigkeit und Arbeitsmangel, daß sich die Preissteigerungen auf der Basis stagnierender Nominallöhne vollzogen.[8]

Aufgrund der Preissteigerungen, die durch Spekulations- und Aufkäufe verschärft wurden, war durch ein provisorisches Gesetz vom 8. Oktober 1845 die Ausfuhr von Kartoffeln über die Zollvereinsgrenzen verboten worden, ebenso der Ankauf über den Hausbedarf hinaus.[9]

Die Getreideernte des Jahres 1846 war zwar im Seekreis im Gegensatz zu anderen badischen Gebieten gut ausgefallen, doch trieb der erneute Ausfall der Kartoffelernte die Preise wieder in die Höhe. Den Höhepunkt der Krise bildete das Jahr 1847, wobei nach der Ernte des Jahres 1847 die Preise bis im Jahr 1848 wieder auf ,,Normalniveau" sanken.

Im Februar 1847 war in Konstanz ein ,,Hülfsverein" gegründet worden, der die Armen der Stadt mit Brot und Holz unterstützen und ihnen Arbeit beschaffen sollte.[10]

Die Akten dieses Hilfsvereins geben ein Bild von den Auswirkungen und der Reichweite der Krise, da die Anträge und Petitionen, die an den Hilfsverein gestellt wurden, erhalten geblieben sind. Nach einer Auszählung der Anträge und Petitionen waren 395 Familien bzw. Haushalte derart verarmt, daß sie beim Hilfsverein um Brot oder Holz bitten mußten; [11] das bedeutet gleichzeitig, daß nahezu ein Drittel aller Familien bzw. Haushalte der Stadt in die Unterstützung des Hilfsvereins einbezogen war. Von den 395 Haushalten liegen für 171 Fälle Berufsangaben vor: die größte Gruppe bilden die Taglöhner (30), dann die Weber (21), Schuhmacher (12), Spulerinnen (10), Zimmerleute (9), Näherinnen (8) und Mägde, Schreiner, Schneider, Weberinnen, Rebleute (je 5).[12]

Sowohl die Löhne der Taglöhner von ca. 32 bis 36 Kreuzern täglich, wie auch die Löhne der Fabrikarbeiterschaft in den in Konstanz ansässigen Textilbetrieben konnten auf dem Höhe-

8 Vgl. zur Lohnentwicklung allgemein: Karl Heinrich Kaufhold, Grundzüge handwerklichen Lebensstandards in Deutschland im 19. Jahrhundert, in: W. Conze u. U. Engelhardt (Hg.), Arbeiter im Industrialisierungsprozeß, Stuttgart 1979, 136-162, 160.
Kuczynski hat folgende Reallöhne für die deutschen Territorien in den vierziger Jahren zugrundegelegt: (1900 = 100) 1844 = 83; 1845 = 77; 1846 = 65; 1847 = 57; 1848 = 79; 1849 = 86; 1850 = 88. Vgl. Jürgen Kuczynski, Die Geschichte der Lage der Arbeiter in Deutschland, Bd. 1, 1. Teil 1789–1870, Berlin 1954, 87 u. 201; zit. nach Jürgen Bergmann, Wirtschaftskonjunktur, Soziallage und sozialer Protest in der Revolution von 1848, Berlin 1980 (Ms.), 4.

9 Fleischmann, Agrarkrise, 9.

10 Vgl. Marmor, Chronik, 109.

11 Die Analyse stützt sich auf die Akten des Hilfsvereins; (S II 8312, 18334, 20578, 20579). Die Auswertung dieser Akten bei Krümmer ist sehr fragmentarisch und umfaßt nur 71 Bittsteller. Vgl. Heinz Krümmer, Die Wirtschafts- und Sozialstruktur der Stadt Konstanz in der Zeit von 1806–1850, Sigmaringen 1973, 110.

12 Die weiteren Berufsangaben verteilen sich auf: Hafner, Küfer, Metzger (je 3); Wettekarrer, Drucker, Tapetendrucker, Fabrikarbeiter, Buchbinder, Kornträger, Goldarbeiter, Siebmacher (je 2) und je einmal: Strickerin, Taglöhnerin, Druckerin, Säckler, Modelstecher, Uhrmacher, Instrumentenmacher, Maler, Seilermeister, Hutmacher, Knecht, Strumpfwirker, Messerschmied, Kübler, Schlossermeister, Polizeidiener, Ziegler, Barbier, Schiffmacher, Musikus, Glaser, Kunstpferdmacher, Landwirt, Tapezierer, Kunstmaler, Spuler, Maurer und Gärtner. Entscheidend für das sinkende Arbeitsangebot war auch der ,,Ruin vieler industrieller Anlagen wie: 1841 Hoggueurs Aktienzigelbrennerei; 1844 Egloffs Zuckerfabrik; 1846 Blöschs Schnellbleiche; 1846 Wippers Tapetenfabrik und die Gant des Hotels Delisle". Vgl. Laible, Stadtgeschichte 181.

punkt der Teuerungskrise bei weitem nicht mehr zur Subsistenz ausreichen; – umsomehr, als mit dem Auftragsrückgang in der Textilindustrtie ein Teil der Arbeiterschaft entlassen wurde.[13]

Das Bezirksamt Konstanz verfügte aus diesem Grunde am 8. Juli 1847 ,,alle verehelichten fremden Arbeiter, insbesondere Fabrikarbeiter, welche sich dahier mit ihrer Familie niedergelassen, u. den Besitz eines sicheren Vermögens nicht nachzuweisen vermögen, so schleunig als möglich aus der Stadt u. dem Bezirke auszuweisen und sich zu diesem Berufe Listen von allen Fabriken in der Stadt über die bei denselben beschäftigten Arbeiter vorlegen zu lassen, indem der bloße Verdienst in den Fabriken kein sicherer Nahrungszweig ist."[14]

Die Textilarbeiterschaft zählte also mit zu den Hauptbetroffenen der Teuerungskrise, da der Textilsektor von der Massenkaufkraft abhängig war und ,,mit den Konjunkturbewegungen des Agrarsektors schwang."[15] Die hohen Agrarpreise bewirkten Absatzschwierigkeiten und schlugen somit auf den industriellen Sektor durch.

Die Auswirkungen der Teuerungskrise auf das Handwerk sollen lediglich an einigen Beispielen dokumentiert werden. In einer Liste von Arbeitsuchenden, die vom Hilfsverein angelegt wurde, ist das hohe Arbeitsangebot der Handwerkerschaft konturiert: Der 50 Jahre alte Schuhmachermeister Ferdinand Fuchs ,,hat kein Leder mehr um Arbeiten fertigen zu können" und bittet um etwas Geld; – der 37jährige Schuhmacher Häfele beklagte sich, er ,,habe schwachen Verdienst und könne ohne Schulden unmöglich durchkommen" und bat um Holz und Brot; der Schuhmacher Joseph Böttlin (47 Jahre) klagte ebenfalls über zu wenig Verdienst, während sich der Schuhmachermeister Gebhard Martin anbot, jede Arbeit ,,wozu er stark genug sei um billigen Taglohn" zu verrichten.

Der Schneidermeister Lorenz Kreuzer bat ebenfalls um Holz und Brot: ,,sucht Arbeit auf der Profession, als Bedienter oder auch als Ausläufer." Ein Küfermeister arbeitete als Taglöhner bei einem Bierbrauer für einen Taglohn von 24 Kreuzern und erhielt vom Spital zusätzlich zwei Pfund Brot pro Tag.[16] Soweit zur ökonomischen und sozialen Dimension der Teuerungskrise, – doch inwieweit kann von einer politischen Dimension der Krise ausgegangen werden?

Vergleichen wir die drei von der Krise am härtesten betroffenen Gruppen, die Fabrikarbeiter, die Taglöhner und die Handwerker, so hat die Krise offenbar nur in Bezug auf die Handwerkerschaft (und nur zum Teil auf die Taglöhner) eine politische Dimension erlangt. Während ein agrarkonjunktureller Aufschwung den Taglöhnern und Fabrikarbeitern wieder Arbeit brachte,[17] zeigte sich das Handwerk bzw. einzelne Branchen des Handwerks schärfer beeinträchtigt. Für die handwerklichen Produzenten hatte die Krise nicht allein eine konjunkturelle Dimension, sondern ihre Bedeutung lag offenbar in der Überschneidung (und damit Verschärfung) konjunktureller Ursachen und struktureller Probleme der Handwerkerschaft.[18]

13 So beschäftigte z. B. die Indiennedruckerei Herosé im Februar 1847 noch 174 Arbeitskräfte, während sie im November 1848 nur noch 68 Arbeitskräfte beschäftigte. Vgl. Krümmer, Wirtschafts- und Sozialstruktur, 75.

14 S II 18397.

15 Bergmann, Wirtschaftskonjunktur, 12.

16 Alle Beispiele aus S II 8312.

17 Auch die Stadtverwaltung selbst machte Versuche, durch öffentliche Aufträge die Arbeitslosigkeit und Unterbeschäftigung einzudämmen. Am 20. März 1848 schrieb sie den Abbruch der Stadtmauer vom sog. Schnetztor bis zum Pulverturm aus. ,,Jeder hiesige Bürger und Einwohner, welcher Arbeit sucht, wird aufgefordert, sich bei dem Gemeinderath zu melden." Vgl. Konstanzer Ztg. Nr. 38 vom 24. 3. 1848.

18 Bergmann, Wirtschaftskonjunktur, 16f.

IV. DIE GESICHTER IN DER MENGE

Im folgenden Kapitel soll die ,,identification of the faces in the crowd" (Rudé) anhand von Einzelbiographien bzw. kollektiven Biographien versucht werden, um den Erfahrungshorizont der Beteiligten aus dem Handwerk in der historischen Dimension zu rekonstruieren, d.h. auch die Erfahrungen des zurückgelegten Lebensweges miteinzubeziehen, ,,da die gegenwärtige Arbeits- und Lebenssituation des Einzelnen nur gleichsam die letzte erreichte Station darstellt. Aber es wird dabei gleichzeitig unterstellt, daß die gegenwärtige Situation kein zufälliges Resultat dieses individuellen Lernprozesses ist, sondern sich gerade auch daran die gesellschaftliche, schicht- und klassenspezifische Bedingtheit lebensgeschichtlicher Abläufe zeigt und diese kollektive Seite des Lebensweges entsprechende Erfahrungen einschließt, welche bestimmte kollektive Deutungsmuster hervorbringen." [1]

IV. 1. Zur kollektiven Biographie der „aufrührerischen" Schuster

IV. 1.1. Biographien

Die größte am Aprilaufstand beteiligte Berufsgruppe bildeten die Schuster mit 11 Beteiligten und 9,2 % der Gesamtbeteiligung. Vier der elf Schuhmacher waren Meister, fünf Gesellen und zwei Handwerker. Ihre altersmäßige Streuung war relativ breit; der jüngste Geselle war 19 Jahre alt, der älteste Meister 38 Jahre alt.[2]

Für die beteiligten Schuhmacher ließen sich zwei ausführliche Lebensgeschichen rekonstruieren, die zunächst vorgestellt werden sollen. Für die übrigen Meister wie auch die Gesellen liegen lediglich biographische Anmerkungen vor. Zunächst zur Biographie des ältesten Schuhmachermeisters.

Jakob *Schäfer* wurde am 24. 7. 1809 als Sohn des Schusters und späteren Wettekarrers Mathias Schäfer und seiner Frau Klara in Konstanz geboren.[3] Sein Vater, von Beruf ursprünglich Schuster, war schon 1793 gezwungen seine Profession zu wechseln und übte die Tätigkeit eines Wettekarrers aus. Im Jahre 1823 begann Jakob Schäfer im Alter von knapp 14 Jahren seine Lehrzeit als Schuhmacher. Nach Beendigung der Probezeit bei Schustermeister Valentin Hartmann bat sein Vater bei der Spitalstiftung, dem lokalen Armenfonds, um einen Unterstützungsbeitrag zum Lehrgeld. Für die Dauer der Lehrzeit sollten jährlich zehn Gulden und auch das sog. Aufding- und Freisprechgeld bezahlt werden. Außerdem solle der Lehrling Kost und Kleidung von seinem Vater – und nicht vom Meister – erhalten.[4]

Auch der jüngere Bruder Namens Joseph begann seine Lehre als Glaser mit einer Unterstützung von fünf Gulden von der Spitalstiftung.

1 Martin Osterland, Lebensgeschichtliche Erfahrung und gesellschaftliches Bewußtsein. Anmerkungen zur sozio-biographischen Methode, in: Soziale Welt 24 (1973), 409–417, 413.

2 Meister: Jakob Schäfer (38 Jahre), Simpert Speer (35), Bernhard Brugger (32), Max Steiger (28); Handwerker: Jakob Fickler (30), Baptist Rogg (25); Gesellen: Joseph Wieland (26), Ferdinand Springhart (21), Heinrich Auer (19), Gustav Keppler und Mathias Sauter ohne Angabe.

3 Taufbuch St. Johann 1758–1813.

4 S II 20 540 Gewährung von Unterstützungen und Beihilfen.

Nachdem Jakob Schäfer seine Lehrzeit am 12. Mai 1829 beendet hatte und noch kurze Zeit bei seinem Meister als Geselle arbeitete, bat er bei der Spitalstiftung um ein Reisegeld, um seine Wanderschaft antreten zu können. Sein Vater sei aufgrund ,,zahlreicher Familie leider ganz außer Stand" ihn zu unterstützen, ,,denn er ist 75 Jahre alt und hat sechs noch unversorgte Kinder und unbedeutenden sauren Arbeitsverdienst als Wettekarrer mit einem Wagenpferd, das ihm zugrundegegangen ist." Neben einer Bitte des Vaters um einen Beitrag ,,zur Wiedererlangung eines zum Brodverdienste für ihn und seine Familie unentbehrlichen Wagenpferdes" liegt in den Akten der Spitalstiftung aus dem Jahr 1829 eine Bitte um Holz vor.[5]

Bis zur Heirat des Jakob Schäfer verliert sich seine Spur. Am 11. Mai 1837 heiratete er im Alter von 27 Jahren Louise Weltin, die Tochter eines Sattlers aus Thiengen.[6]

Gleichzeitig hat er sich in Konstanz offenbar als Meister niedergelassen, doch auf seiner ,,Profession" wenig Erfolg gehabt, denn im Jahr 1841 wurde gegen ihn Zwangsvollstreckung betrieben.[7] Daraufhin hat Schäfer vermutlich nicht mehr als selbständiger Meister gearbeitet, denn im Gewerbesteuerkataster von 1843 ist er nicht ausgewiesen.[8]

Auch sein Bruder, von Beruf Glaser, war im Jahr 1846 ,,vergantet" worden.[9]

Im Jahr 1847, auf dem Höhepunkt der Not- und Teuerungskrise, klagte Schäfer bei der Spitalstiftung, daß er seit Wochen keinen Verdienst habe, seine Frau meistens krank sei und die geringe Unterstützung der Spitalstiftung von einem Gulden nicht ausreiche.[10]

Der Schuhmachermeister Simpert *Speer* wurde am 14. 4. 1813 als zweiter Sohn des Schreinermeisters Simpert Speer und seiner Frau Agatha in Konstanz geboren.[11]

Im September 1827 bat Agatha Speer um eine wöchentliche Unterstützung an Lebensmittel für ihre vier Kinder, da ihr Ehemann wegen Krankheit ins Spital aufgenommen worden war, und im Februar 1828 beklagte sie sich über ihre Vermögenslosigkeit und bat um Holz, Kleidungsstücke und Bezahlung des Hauszinses.[12] Simpert Speer ist schließlich im gleichen Monat im Alter von 51 Jahren gestorben. Sein Vermögensverzeichnis in den ,,Inventuren und Teilungen" war eine reine Formsache, denn zu inventarisieren gab es hier genausowenig, wie zu teilen. Das Vermögen bestand lediglich aus einem Hemd, ein Paar Stiefeln, einem Hut und einem Gillet.[13] Nach dem Tod des Mannes bat Agatha Speer um die Aufnahme der Kinder Simpert und Agatha ins Bürgerspital, da sie aufgrund ihrer Vermögenslosigkeit und ihrem ,,armseligen unbedeutenden Verdienst durch Lohnarbeiten" die Kinder nicht ernähren könne.[14]

Simpert Speer begann im Jahr 1829 im Alter von 15 Jahren unter folgenden Bedingungen seine Lehrzeit: 20 Gulden Lehrgeld für vier Jahre Lehrzeit ohne Kost und Bett und ohne ,,Einrechnung der Kosten für Aufdingen und Freisprechen und für die Anschaffung der

5 Ebd.
6 Ehebuch Spitalpfarrei 1828–1879.
7 S II 746; 755
8 S II 6 679
9 S II 746
10 S II 8 312, 18 334, 20 579
11 Taufbuch Münsterpfarrei 1813–1833.
12 S II 20 539
13 J XII 330 Inventuren und Teilungen.
14 S II 20 539

benöthigten Handwerkszeuge." [15] Seine Mutter stellte zu diesem Zweck eine Bitte an die Spitalstiftung um ,,Zutheilung und Anweisung eines Lehrgelds und des Kostenbetrages zum benöthigten Werkzeug".

Die Tatsache, daß Simpert Speer während seiner Lehrzeit im Bürgerspital untergebracht und dort beköstigt wurde, zeigt nicht nur die Armut seiner Familie, sondern auch die Erosion des traditionellen Meisterhaushalts und seine Differenzierung. Während im ,,Alten Handwerk" sowohl Gesellen als auch Lehrlinge in den Meisterhaushalt miteinbezogen waren, so hatte sich schon im 18. Jahrhundert zumindest in den größeren deutschen Städten die ,,Ökonomie des ganzen Hauses" aufgelöst.[16]

Am Beispiel Berlins hat Bergmann gezeigt, daß zu Beginn des 19. Jahrhunderts bei den Schuhmachern, Schneidern, Schlossern und Tischlern die Gesellen weitgehend außer Haus wohnten und aßen.[17] Die Lehrverträge, die in den Unterstützungsakten enthalten sind, deuten darauf hin, daß v. a. Lehrlinge aus armen bzw. unterstützungsbedürftigen Famlien in benannten Gewerben gleichermaßen nicht mehr in den Meisterhaushalt integriert werden konnten.[18]

Während der Lehrzeit des Simpert Speer führte im Jahr 1830 der Spitalmeister über ihn Klage, daß er ,,die Kirche vernachlässiget und an Leib und Seel verdorben" und ,,es wäre Noth diesem Unfug zu begegnen". Sein Meister entgegnete darauf, nach seinem Vernehmen und Wissen besuche Simpert alle Sonntage in der Münsterpfarrkirche dahier gehörig und jederzeit die Messe und ,,sey bey der Arbeit unverdrossen fleißig". Auch von schlechten oder ,,verderbt werdenden Sitten" sei ihm nichts bekannt.[19]

Die Schwester Simpert, die mit ihm ins Spital aufgenommen worden war, war im Jahr 1831 acht Jahre alt, als ihre Mutter um die Entlassung des Kindes aus dem Spital bat, ,,da den armen Kindern aller Zutritt und Besuch der Eltern bei Strafe verbotten ist." Der Bittbrief der Witwe, der mit drei Kreuzen unterzeichnet ist, wurde jedoch mit der Bemerkung abgewiesen, ,,weil solches im Spital besser als außer demselben erzogen und besorgt wird."[20]

Im gleichen Jahr trat der älteste Bruder (Joseph), der Schreiner gelernt hatte, mit Unterstützung seine Wanderschaft an, scheint jedoch kaum Arbeit gefunden zu haben, denn 1832 wurde er ,,in seiner Noth Soldat und hatte manch unentbehrliches verkauft" [21] Seine Mutter ernährte sich zur gleichen Zeit ,,durch häuslichen Brodverdienst mit Spinnen und Nähen."

Im April 1833 ging die Lehrzeit des Simpert Speer ihrem Ende entgegen und kurz vor dem Freisprechen bat er beim Stiftungsvorstand um einige Kleidungsstücke. Nach seiner Lehrzeit hat er noch ein halbes Jahr bei seinem Meister gearbeitet, um dann im März 1834 seine Wanderschaft anzutreten, doch durch ,,armuthvolle Umstände" sei er nicht in der Lage, sich ,,ärmliche Kost, Kleider und Felleisen" selbst zu besorgen.[22]

15 Die Anschaffungskosten für Handwerkszeug betrug 10 Gulden und 24 Kreuzer; vgl. S II 20 539.

16 Vgl. Andreas Griesinger, Das symbolische Kapital der Ehre. Streikbewegungen und kollektives Bewußtsein deutscher Handwerksgesellen im 18. Jahrhundert, Berlin 1981, 95. ,,Das Schuhmacherhandwerk ist eines der ersten ‚alten' Handwerke, in dem die Einheit des ganzen Hauses durch den Übersetzungsprozeß aufbricht und die Gesellen sich um Wohnung und Kost selbst kümmern".

17 Vgl. Jürgen Bergmann, Das Berliner Handwerk in den Frühphasen der Industrialisierung, Berlin 1973, 10 u. 55.

18 Vgl. die Liste der Lehrverträge aus den Unterstützungsakten im Anhang.

19 S II 20 539

20 Ebd.

21 S II 20 539

22 Ebd.

Mit seiner Wanderschaft verliert sich seine Spur bis zum Jahr 1843. Am 28. September 1843 heiratete er laut Kirchenbuch Maria Elisabetha Stecher von Chur (Schweiz), die Tochter eines Schuhmachermeisters.[23]

Im Adreßkalender von 1845 ist Speer als selbständiger Schuhmachermeister verzeichnet, doch können wir davon ausgehen, daß Speer, wie der bereits erwähnte Jakob Schäfer, zu den ärmlichen Kleinmeistern gehörte.[24]

Nach seiner Beteiligung am Heckerzug 1848 ist er nach Nordamerika ausgewandert.[25] Seine zurückgebliebene Frau mußte daraufhin im Februar 1849 um die Bezahlung des Hauszinses (Miete) bitten [26] und ist später nach Chur, ihrer Heimatstadt zurückgekehrt, wie wir aus einem Brief des Pfarramts Chur schließen können: [27]

„Die im Jahre 1843 eingeheirathete Elisabeth Stecher, Gattin des nach Amerika ausgewanderten Schuster Speer kehrte letzten Herbst kränkelnd und wie es scheint von einer Art Heimweh geplagt, nachdem sie alle ihre Kinder durch den Tod verloren hatte in ihre ehemalige Heimatsstadt zurück."

Der dritte beteiligte Schuhmachermeister Bernhard *Brugger* ist im Jahre 1816 geboren und war der Sohn eines Rebmanns, der später als Nachtwächter und Taglöhner arbeitete.[28]

Wie die bereits erwähnten Meister begann auch er seine Lehrzeit mit Unterstützung des Armenfonds, da der „Vater ganz vermögenslos und außer Stande diesen Betrag aufzubringen." [29]

Auch seine Wanderschaft, die er 1838 antrat, begann er mit Unterstützung. Nach fünfjähriger Wanderschaft kehrte er zurück; – doch auch er scheint nicht genügend Arbeit gefunden zu haben, da er beim Spitalvorstand um 100 Gulden bat, um sich „etablieren" zu können. Nach seiner Niederlassung hat er am 3. Februar 1845 im Alter von 29 Jahren geheiratet.[30] Aus den fünfziger Jahren liegen einige Bitten und Klagen über „die bedrängte Zeit, wo der Verdienst so sehr klein ist und die Lebensmittel so theur." Er sei nicht mehr im Stande seine Familie mit vier Kindern zu ernähren; es sei jedoch kein Übermut und auch „nicht Folge des Müßigganges", da er vieles entbehren und für seine Haushaltung anschaffen müsse.[31] Auch er war ein Kleinmeister, dessen Steuerkapital weit unter dem durchschnittlichen der Schuhmacher lag.[32]

Der Schuhmachermeister Maximilian *Steiger* war 1819 als sechstes Kind des Uhrmachers Xaver Steiger und seiner Frau Barbara in Konstanz geboren worden.[33] Seine Lebensgeschichte läßt sich nur bruchstückhaft rekonstruieren. Als sein Vater im Jahr 1839 starb, hinterließ er eine Familie mit acht Kindern. Maximilian Steiger heiratete im Jahr 1844 und bat daraufhin beim Stiftungsvorstand um eine Anleihe von 100 Gulden „zum erforderlichen Einsatz um

23 Ehebuch Münsterpfarrei 1820–1870.
24 Adreßkalender der Stadtgemeinde Konstanz 1845 (StAK Pb 37).
25 Vgl. StAK 23/9 u. GLA 234/2059 u. 241/35.
26 S II 20 578
27 S II 20 539
28 Münster Taufbuch 1813–1833.
29 S II 20 525
30 Münster Ehebuch 1820–1870.
31 S II 20 525
32 S II 6 679 (Vgl. die Einzelbiographien im Anhang, in denen jeweils die Steuerkapitalien verzeichnet sind).
33 Taufbuch Münster 1813–1833, J XII 2 030.

Betrieb seiner Profession betreffend", doch zeigte sich bald, daß sein Kapitalstock und seine Aufträge zu gering waren, um die krisenhaften Jahre nach seiner Niederlassung zu überstehen.[34]

Im Jahr 1848 war er gegen Kost und ohne Lohn in der Spitalschusterei beschäftigt, „indem die Profession nicht geht und ich keine Mittel besitze, selbe fortschreiben zu können." Nach dem Jahr 1850 ist Steiger wieder aus dem Spital ausgetreten, um wieder selbständig zu arbeiten und ist schließlich nach der Scheidung von seiner Frau im Jahr 1853 nach Amerika ausgewandert.[35]

Kehren wir nun zur Frage nach der kollektiven Seite des Lebensweges bzw. des Erfahrungshorizontes zurück, so lassen sich zumindest folgende biographische Strukturmerkmale erkennen: Es handelt sich bei den beteiligten Schuhmachermeistern in allen Fällen um Kleinmeister, die meist aus verarmten bzw. armen Familien kamen und sowohl ihre Lehrzeit als auch ihre Wanderschaft mit Unterstützung des Armenfonds antreten mußten. Im gleichen Maße gilt dies für die beteiligten Gesellen und Handwerker, deren Status unklar ist:

So war der 26jährige Joseph Rudolf Wieland der Sohn eines Schuhmachers, der 1835 vergantet wurde und der im Jahr 1847 von den Almosen und Mietzinszahlungen des Hilfsvereins abhängig war; [36] – der 21jährige Ferdinand Springhart war das fünfte Kind eines Stadttagelöhners. Sein Vater starb bereits zwei Jahre nach seiner Geburt und hinterließ nichts außer einem „Commodkasten mit Kleidern". [37] Der 19jährige Heinrich Auer war der Sohn eines Tagelöhners. Nachdem er im Jahr 1847 seine Lehrzeit beendet hatte, konnte er sein zur Wanderschaft notwendiges Handwerkszeug nur mit Unterstützung anschaffen.[38] Auch der 30jährige Jakob Fickler trat als Waise seine Wanderzeit mit Unterstützung an und klagte beim Spitalstiftungsvorstand, er sei „von Kleidern ganz entblößt." [39]

Die biographischen Strukturmerkmale deuten darüber hinaus auf eine spezifische Problemlage des Schuhmacherhandwerks, die hier nur kurz skizziert werden soll.

34 Ehebuch Münster 1842–1875.

35 S II 20 541

36 Vgl. die ausführlichen Quellenbelege in der Kurzbiographie im Anhang; Biographie Nr. 116.

37 Biographie Nr. 84

38 Biographie Nr. 6

39 Biographie Nr. 24

IV. 1. 2. Sozioökonomische Situation des Schuhmacherhandwerks

Das Schuhmacherhandwerk war nahezu überall das quantitativ größte Gewerbe, ,,welches am meisten über eine zu große Zahl an Meistern klagte.“ [40] Aufgrund der vergleichsweise geringen Kapitalerfordernis zur Niederlassung hatte das Schuhmacherhandwerk starken Zustrom aus den ärmsten Bevölkerungsgruppen, die lediglich hier eine Chance hatten, eine handwerkliche Ausbildung zu ergreifen. Die erhaltenen Lehrverträge aus den Unterstützungsakten der Spitalstifung zeigen deutlich, daß den Kindern aus armen Familien, bzw. Waisen nur der Weg in die ärmeren Gewerbe offenblieb.[41] Durch den hohen Zustrom an Lehrlingen, der den Bedarf bei weitem überstieg, war ein hohes Arbeitsangeobt auf Seiten der Gesellen zu verzeichnen. Die Gesellenlöhne waren folglich sehr gering und die Position auf dem Arbeitsmarkt denkbar ungünstig. Hinzu kamen die saisonalen Schwankungen des Arbeitsbedarfs, die für die Bekleidungs- und Lederhandwerke die Situation verschärften.

Zunächst einige allgemeine Bemerkungen zum Arbeitsmarkt im handwerklichen Bereich in der ersten Hälfte des 19. Jahrunderts und besonders den vierziger Jahren. Während sich die Arbeitschancen wandernder Gesellen v. a. seit der langen Depression im letzten Drittel des 18. Jahrhunderts wesentlich verschlechtert hatten, so waren davon besonders Branchen mit hohem Arbeitsangebot seitens der Gesellen betroffen. Bergmann hat in seiner Studie über das Berliner Handwerk auf die branchenmäßige Differenzierung des Arbeitsangebots für wandernde Gesellen hingewiesen: ,,Neben Handwerkszweigen, bei denen 80% und in schlechteren Jahren wenigstens bis zu 40% der einwandernden Gesellen Arbeit bekamen, stehen solche, die im allgemeinen kaum 20-25% der Wandergesellen mit Arbeit versorgen konnten.“ [42] Bei den Nahrungsmittelhandwerken, den Bauhandwerken und den Bekleidungshand-

40 Gustav Schmoller, Zur Geschichte der deutschen Kleingewerbe im 19. Jahrhundert, Halle 1870, 622f. Die Skizze Schmollers über das Schuhmacherhandwerk kann als grundlegend für die folgenden Studien betrachtet werden. Die Literatur zur Entwicklung des Schuhmacherhandwerks im 19. Jahrhundert ist meist nationalökonomischer Provenienz und in erster Linie an der Entwicklung in der zweiten Hälfte des 19. Jahrhunderts, in der sich der Übergang von verlagsartigen Formen zur fabrikindustriellen Fertigung in Schuhzentren vollzog orientiert. Vgl. bes. Moritz Schöne, Die moderne Entwicklung des Schuhmachergewerbes in historischer, statistischer und technischer Hinsicht. Ein Beitrag zur Kenntnis unseres Gewerbewesens, Jena 1888. Ernst Franke, Die Schuhmacherei in Bayern. Ein Beitrag zur Kenntnis unserer gewerblichen Betriebsformen, Stuttgart 1893. Dionys Zinner, Geschichte der deutschen Schuhmacherbewegung, Gotha 1904. Carl Rehe, Die deutsche Schuhgroßindustrie, Jena 1908. Theodor Marquardt, Der Einfluß der industriellen Entwicklung auf das Schuhmacher-Handwerk Erfurts, Leipzig 1925. Einen kurzen historischen Abriß enthalten: Karl Wanner, Das deutsche Schuhgewerbe und seine Entwicklung zur Rationalisierung, Diss. Tübingen 1926 (gedr. Böblingen 1928), bes. 12–21. Richard Stade, Niedergang des Schuhmacherhandwerks als Produktionsgewerbe, Halle 1932. Josef Greber, Das Schuhmacherhandwerk in der fortgeschrittenen Industriegesellschaft, Diss. Köln 1963. Einen Einblick in die Entwicklung von Brauchtum und Arbeitsprozessen sowie der organisierten Arbeiterbewegung findet sich im Kapitel ,,Aus Lehr- und Wanderjahren“ in der Autobiographie von Belli. Vgl. Joseph Belli, Die rote Feldpost unterm Sozialistengesetz, Bonn 1978, 49–94 (1. Aufl. Leipzig 1912). Zur soziokulturellen Dimension der Transformation zur industriellen Fertigung: Paul Faler, Cultural Aspects of the Industrial Revolution: Lynn, Massachusetts, Shoemakers and Industrial Morality, 1826–1860, in: Milton Cantor (Hg.) American Working Class Culture, Westport/London, 1979, 121–168. Zur sozioökonomischen Entwicklung des Schuhmachergewerbes im 18. Jahrhundert und der Streikbewegung der Handwerksgesellen, vgl. Griesinger, Das symbolische Kapital der Ehre, 87–198.

41 Schmoller, Kleingewerbe, 342, Bergmann, Berliner Handwerk, 37ff, Eric J. Hobbsbawn, u. Joan W. Scott, Political Shoemakers, in P&P 89 (1981), 86–114, 99.

42 Bergmann, Berliner Handwerk, 250.

werken lag die Zahl der beschäftigten Gesellen überwiegend unter 50%. Die Wanderstatistik deckt jedoch durchaus unterschiedliche Formen der Übersetzung auf. Neben den Gewerben, die traditionell als übersetzt galten, zeigte sich auch in Gewerben, die im allgemeinen als bessergestellte Handwerke betrachtet werden (z. B. Bäcker, Fleischer, Glaser) eine besondere Form der Übersetzung, – die Übersetzung der Abhängigen gegenüber einer Übersetzung der Selbständigen bei den traditionell gefährdeten Berufen. Aufgrund des hohen Startkapitals war der Übergang zur Selbständigkeit in diesen Gewerben schwieriger als bei den Schuhmachern, Schneidern und ähnlichen Handwerken: „Hier lag für die Gesellen der realtiv leichte Übergang zur Selbständigkeit immer noch näher als ein ständiges beschäftigungsloses Umherziehen. Sie vermehrten dann aber nicht mehr die Zahl der unbeschäftigten Gesellen, sondern die Zahl der proletaroiden Kleinmeister, so daß sich diese Gewerbe durch die Übersetzung der Selbständigen und nicht der Gesellen auszeichneten.“ [43]

Für die vierziger Jahre kann auf eine systematische Rekonstruktion des Arbeitsmarktes im handwerklichen Bereich nicht zurückgegriffen werden, doch bestätigt auch die Analyse Köllmanns die problematische Verschärfung in den vierziger Jahren für den handwerklichen Bereich. [44]

Das folgende Beispiel aus dem lokalen bzw. regionalen Bereich demonstriert die vergeblichen Bemühungen eines Schuhmachergesellen im Jahr 1845 auf der Wanderschaft Arbeit zu finden. Der 19jährige Schuhmachergeselle Alois Jacob Kerker hatte am 20. Mai 1845 seine Wanderschaft in Konstanz begonnen und das Wanderbuch beschreibt die folgende Route: [45]

„20. Mai 1845 Konstanz; 23. Mai Radolfzell; 27. Mai Triberg; 2. Juni Basel; 9. Juni Schaffhausen; 12. Juni Zürich; 13. Juni Einsiedeln; 17. Juni Luzern; 25. Juni Basel; 28. Juni Waldkirch; 4. Juli Villingen; 5. Juli Donaueschingen – *Wird angewiesen sich unverzüglich um Arbeit umzusehen;* 8. Juli Überlingen; 10. Juli Lindau – *Inhaber wird wegen Mangels an Reisegeld über die Grenze gewiesen;* 13. Juli – *wird angewiesen sich um Arbeit umzusehen;* 14. Juli Stein a. Rhein; 18. Juli Zürich; 20. Juli Einsiedeln; 23. Juli Luzern; 28. Juli Basel; 31. Juli Waldkirch; 5. August Kehl – *Inhaber ist seit Ausstellung dieses Wanderbuches nie in Arbeit gestanden; derselbe wird angewiesen in der kürzesten Zeit in Arbeit zu treten, bei Vermeidung der Heimweisung.* Breisach 8. August 1845 – *Inhaber hat zwey Tage vom 12. bis 14. dahier am Eisenbahnbau zur Zufriedenheit gearbeitet*; 16. August Basel; 22. August Zürich; 25. August Einsiedeln (nach Glarus) – ändert Route nach Schaffhausen; 26. August Lachen; 31. August Schaffhausen (via Sigmaringen) *Inhaber wegen Arbeitslosigkeit bei Vermeidung des Schubs nach Hause gewiesen;* 2. September 1845 Radolfzell.“

Die vielfältigen Probleme, die sich den Gesellen auf der Wanderschaft stellten, haben in der Handwerkskultur ihren Ausdruck gefunden. Das folgende Gesellenlied aus den vierziger Jahren mag verdeutlichen, daß sich das Schicksal des Alois J. Kerker schwerlich als Einzelfall abtun lässt: [46]

43 Bergmann, Berliner Handwerk, 254.

44 Eine systematische Rekonstruktion des Arbeitsmarktes im handwerklichen Bereich wird durch die Tatsache erschwert, daß sich der „Arbeitskräfteüberschuß“ nicht nur in Arbeitslosigkeit umsetzte, sondern auch eine Abwertung des Stellenwertes des einzelnen Arbeitsplatzes bewirkte. Vgl. Wolfgang Köllmann, Bevölkerung und Arbeitskräftepotential. Ein Beitrag zur Analyse des Pauperismus, in: Ders., Bevölkerung in der industriellen Revolution, Göttingen 1977, 61–98, 79ff.

45 StAK K 27 (alte Signatur); Wanderbuch des A. J. Kerker.

46 Vgl. Oskar Schade, Deutsche Handwerkerlieder, Leipzig 1865, 187 f. Zit. nach Wolfgang Steinitz, Deutsche Volkslieder demokratischen Charakters aus sechs Jahrhunderten, Bd. 2, Berlin 1962, S. 58f Vgl. auch Wolfgang von Hippel, Politische Handwerkerlyrik aus der Zeit des Vormärz. Die „Gedichtsammlung“ des Mannheimer Gesellenvereins (1844/47) in: ZGO 86 (1977), 275–295, die einen hervorragenden Einblick in die Gesellenkultur der vierziger Jahre gibt.

„Fordre niemand, mein Schicksal zu hören
von euch allen, die ihr in Arbeit steht.
Ja wohl könnte ich Meister beschwören,
Es wär doch bis morgen schon zu spät.
Auf der Wanderschaft lustigen Tagen
Setzt ich Kleider und Reisegeld zu.
So hab ich denn nun weiter nichts zu tragen
Als mein'n Rock und mein'n Stock und die Schuh'!

Keine Hoffung ist Wahrheit geworden,
Selbst in Schlesien war alles besetzt.
Als ich reiste über Frankfurt nach Norden,
Ward ich stets von Gendarmen gehetzt.
Von Stettin aus nach Hause geschrieben,
Ging ich dennoch Berlin erst noch zu.
So ist mir denn nun weiter nichts geblieben
Als mein Rock und mein Stock und die Schuh'!

In der Heimat darf ich mich nicht zeigen,
Denn dahin ist das Geld und der Rock.
Laßt mich meinen Namen verschweigen,
Denn sonst droht mir ein knotiger Stock.
Statt in Betten in Wäldern gebettet,
O ich hatte nur wenig Ruh.
So hab ich denn in der Fremde nichts gerettet
Als die Hosen und zerissene Schuh'!"

In Gewerben, in denen die Niederlassung vergleichsweise wenig Startkapital erforderte wie im Schuhmacherhandwerk, lag unter diesen Umständen der Übergang zur Selbständigkeit näher als ein ständiges beschäftigungsloses Umherziehen.

Da das Schuhmacherhandwerk ohne Hilfskräfte betrieben werden konnte, so vermehrte sich somit die zahl der proletaroiden Kleinmeister, die einer spezifischen Konkurrenzsituation gegenüber größeren Betrieben ausgesetzt waren, die Rohstoffe billiger einkaufen, effektiver verwerten und arbeitsteilig im Stückakkord bearbeiten konnten.

Die Situation der Kleinmeister unterschied sich de facto kaum von der des Gesellen, waren doch beide durch konjunkturelle Auftragsschwankungen in ihrer gewerblichen Existenz bedroht und sahen sich im Konflikt mit der Schuhmacherei „im Großen" (Schmoller). Unter Bedingungen, wie sie die Not- und Teuerungskrise 1846/47 darstellte wurde ihre Konkurrenzfähigkeit entscheidend beeinträchtigt. Durch erhöhte Ausgaben für Nahrungsmittel einerseits und die Auswirkungen der Unterkonsumtion andererseits liefen sie in Gefahr, in die Abhängigkeit der großen Meistern bzw. der Kaufleute zu geraten. Waren die Kleinmeister unter den Bedingungen konstanter Agrarpreise und „normaler" Auftragslage bereits nur noch konkurrenzfähig, indem sie ihren Profit reduzierten, ihre Arbeitszeit erhöhten, oder die Qualität minderten, so war unter den Bedingungen einer Unterkonsumtionskrise die Konkurrenz nicht zu „unterhungern".

Es stellt sich nun die Frage, wie die soziale und ökonomische Position der am Aprilaufstand beteiligten Schuhmacher innerhalb ihrer Berufsgruppe einzuschätzen ist. Weiterhin ist die Frage der Position der Berufsgruppe selbst für den Status der Gewerbetreibenden von Bedeutung und soll anhand der Steuerkataster, die für Konstanz für die Jahre 1843, 1849 und 1851 vorliegen, untersucht werden.[47] Die Steuerkataster bieten den Vorzug, daß sie Aussagen über die sozioökonomische Situation einzelner Gewerbe vor und nach der Krise 1846/47 erlauben, wobei jeweils auch Steuerdaten aus dem Jahr 1815 herangezogen worden sind. Gleichfalls bietet sich die Möglichkeit der Überprüfung des Quellenwerts der Steuerkataster als Indikator des Pauperisierungsprozesses.

IV. 1.3. Analyse der Steuerkataster 1843, 1849 und 1851
Analyse des Steuerkatasters 1843

Mit 37 Meistern und 58 Gesellen war das Schuhmacherhandwerk im Jahr 1843 das größte Gewerbe der Stadt Konstanz. Das Verhältnis von Meistern zu Gesellen entsprach somit 100/157 und entspricht einem auffallend hohen Gesellenbesatz.

Bei einer Bevölkerung von 6 862 Personen [48] kamen somit 185 Einwohner auf einen Schuhmachermeister.

Mit einem durchschnittlichen Gesamtsteuerkapital von 1 960 fl (Gulden) gehörten die Schuhmacher zu den Berufsgruppen mit dem niedrigsten Steueraufkommen. Nur die Zimmerleute, Glaser, Uhrmacher, Wagner, Kupferschmiede und Buchbinder versteuerten ein geringeres Gesamtsteuerkapital.

Das durchschnittliche Gesamtsteuerkapital der Schuhmacher von 1960 Gulden setzt sich aus einem durchschnittlichen Häusersteuerkapital von 440 Gulden und einem durchschnittlichen Gewerbesteuerkapital von 1 520 Gulden zusammen.

Berufsgruppe	durchschnittl. Steuerkapital
Bierbrauer	10 880 fl (Gulden)
Metzger	4 830 fl
Bäcker	4 090 fl
Schmied	3 587 fl
Zuckerbäcker	3 390 fl
Maler	3 110 fl
Küfer	3 090 fl
Sattler	3 050 fl
Maurer	2 840 fl
Schreiner	2 590 fl
Schlosser	2 502 fl
Hafner	2 130 fl
Schneider	2 020 fl
Baumwollweber	1 980 fl
Schuhmacher	1 960 fl
Glaser	1 841 fl
Zimmermann	1 790 fl
Wagner	1 620 fl
Kupferschmied	1 526 fl
Buchbinder	1 496 fl
Uhrmacher	1 420 fl

47 Vgl. S II 6679, 6680 und 6681. Die Zusammenstellung der durchschnittlichen Gewerbesteuerkapitalien im Anhang ist nach den Generalgewerbekatastern errechnet.

48 Krümmer, Wirtschafts- und Sozialstruktur, 17.

Die Durchschnittswerte sind jedoch wenig aussagekräftig in bezug auf die sozioökonomische Position der einzelnen Meister im jeweiligen Gewerbe. So bewegen sich im Schuhmacherhandwerk die zu versteuernden Gesamtkapitalien innerhalb einer Bandbreite von 330 Gulden bis 5 050 Gulden (wobei ein Meister ganz steuerfrei ist) und weisen auf erhebliche Differenzen in der Steuerfähigkeit innerhalb ein und derselben Branche hin, die durch eine Häufigkeitsverteilung der Steuerbeträge veranschaulicht wird:

Gesamtsteurkapital der Schuhmacher	Anzahl der Meister
0 – 1 000	3
1 000 – 2 000	17
2 000 – 3 000	13
3 000 – 4 000	3
4 000 – 5 000	–
5 000 – 6 000	1
	37

Die Einkommensteuerverhältnisse werden jedoch deutlicher durch das zu versteuerende Gewerbesteuerkapital reflektiert, in das das Häusersteurkapital nicht eingeht. Die Häufigkeitsverteilung des Gewerbesteuerkapitals zeigt folgende Struktur:

Gewerbesteuerkapital	Anzahl der Meister
steuerfrei	4
1 000 – 2 000	29
2 000 – 3 000	2
3 000 – 4 000	2
	37

Aus der Betriebsgrößenstruktur lassen sich gegenüber der Gewerbesteuerstruktur nicht nur Schlüsse auf die Einkommensverhältnisse, sondern auch auf die Organisation des Betriebes und der Arbeit ziehen. Die Polarisierung die die Gewerbesteuerstruktur offengelegt hat, findet hier ihre Entsprechung. Die 58 Gesellen des Schuhmacherhandwerks verteilen sich wie folgt auf 37 Meister:

11 Meister (29,7 %) ohne Gesellen
12 Meister (32,4 %) mit 1 Gesellen
3 Meister (8,1 %) mit 2 Gesellen
7 Meister (18,8 %) mit 3 Gesellen
1 Meister (2,7 %) mit 4 Gesellen
3 Meister (8,1 %) mit 5 Gesellen

Wenn wir wie die zeitgenössischen Nationalökonomen davon ausgehen, daß ein Handwerker erst mit „zwei Gesellen und einem Lehrling imstande ist, etwas zu erübrigen und einigen, wenn auch noch so geringen Wohlstand zu begründen," [49] so besteht die Mehrzahl der Schuhmacherschaft aus ärmlichen Kleinmeistern, denen eine Gruppe wohlhabender Meister gegenübersteht.

Die polare Betriebsgrößenstruktur ist jedoch nicht nur Ausdruck unterschiedlicher Einkommensverhältnisse, sondern v. a. Ausdruck der Veränderung der herkömlichen kleinbetrieblichen Produktionsweise. Die Arbeit des Schuhmachers war zwar grundsätzlich Einzelarbeit, doch bot auch sie geeignete Voraussetzungen, um im Rahmen eines nichtmechanisierten Handwerksbetriebes Ansätze einer Arbeitsteilung zu verwirklichen.[50]

Die Polarisierung ist demgemäß nicht Ausdruck industrieller Konkurrenz oder technologischer Innovationen, sondern Ausdruck der Ausbreitung des innerhandwerklichen Wettbewerbs.[51]

In diesem Zusammenhang läßt sich der vergleichsweise hohe Gesellenbesatz nach Schmoller dahingehend interpretieren, „daß neben den zahlreichen kleinen Meistern, deren Klagen in dieser Zeit lauter als je ertönen sich einzelne größere Geschäfte bilden." [52] Gerade im Schuhmacherhandwerk (wie auch im Schneider- und Schreinerhandwerk) hatte sich das „moderne Magazin" zusehends durchgesetzt. Gegenüber dem traditionellen handwerklichen Kleinbetrieb, der auf Bestellung nach Maß für den lokalen Bedarf produzierte (sieht man von der sog. „Marktschuhmacherei" ab), war das Magazin „ein glänzendes Verkaufsgeschäft, ein Laden mit großer Auswahl. . . Die Produktion des Magazins ist eine andere als die des kleinen Handwerkers, aber in der Regel doch nicht die einer großen Fabrik. Das Magazin bezieht die einzelnen Teile, die halbfertigen Waren da und dort her, läßt da und dort arbeiten, wendet Maschinen an wenn es notwendig ist, aber der lokale Absatz bleibt die Hauptsache." [53]

Die Frage nach den ökonomischen und sozialen Konsequenzen dieses Prozesses läßt sich empirisch nur in einer Längsschnittanalyse verfolgen, zu der auf lokaler Basis die folgenden Steuerkataster herangezogen werden sollen.

49 Bruno Hildebrand, Die Nationalökonomie der Gegenwart und der Zukunft, 1848; zit. nach Abel, Massenarmut, 11.

50 Vgl. zu den Arbeitsprozessen im Schuhmacherhandwerk: Schöne, Entwicklung des Schuhmachergewerbes, 50ff. und Wilhelm Heinz Schröder, Arbeitergeschichte und Arbeiterbewegung. Industriearbeit und Organisationsverhalten im 19. und frühen 20. Jahrhundert, Frankfurt 1978, 91ff. Hobsbawm u. Scott, Political Shoemakers, 100.

51 Vgl. Bergmann, Berliner Handwerk, 194. Die Maschinisierung des Arbeitsprozesses im Schuhmacherhandwerk setzte erst gegen Ende der sechziger Jahre des 19. Jahrhunderts ein. Erste technologische Veränderungen zeigten sich in der Technik, die Sohlen mit Holzstiften zu nageln, anstatt zu nähen und schließlich durch die Verwendung der Nähmaschine. Vgl. Schmoller, Kleingewerbe, 627f. u. Schöne, Entwicklung des Schuhmachergewerbes, 50ff.
Gessner hat für das Mittelrhein und Untermaingebiet gezeigt, daß die Entwicklung großbetrieblicher Formen in den Lederhandwerken nicht durch technologische Neuerungen bedingt war, da die meisten Lederhandwerke erst in der Hochindustrialisierung „industrialisiert" wurden. Analytische Kenntnisse der Gerbchemie wurden erst in der zweiten Hälfte des 19. Jahrhunderts mit der Gewinnung synthetischer Gerbstoffe für die Lederverarbeitung von Bedeutung. Vgl. Dieter Gessner, Die Industrialisierung des Lederhandwerks am Mittelrhein und Untermain (1790–1860/65), in: Archiv für Frankfurts Geschichte und Kunst 57 (1980), 57–85.

52 Schmoller, Kleingewerbe, 624.

53 Schmoller, Kleingewerbe, 617.

Analyse des Steuerkatasters 1849

Gegenüber dem Jahr 1843 zeigt das Steuerkataster für die Schuhmacher folgende Veränderungen:

- die Zahl der Meister ist von 37 auf 34 zurückgegangen
- das durchschnittliche Häusersteuerkapital leicht angestiegen
- bei gleichzeitiger minimaler Abnahme des durchschnittlichen Gewerbesteuerkapitals
- somit ist das durchschnittliche Gesamtsteuerkapital von 1960 fl auf 1998 Gulden angestiegen.

Der Anstieg des durchschnittlichen Steuerkapitals ist also lediglich auf den Anstieg des durchschnittlichen Häusersteuerkapitals zurückzuführen, wobei grundsätzlich die Schatzungspraxis berücksichtigt werden muß, da aufgrund des engen finanzwirtschaftlichen Spielraums der Stadt der Steuerdruck relativ hoch war, denn die Pro-Kopf-Verschuldung der Stadt Konstanz übertraf die alle anderen badischen Städte.[54] Das Steuerkataster von 1849 erlaubt allerdings keinen Einblick in die Betriebsstrukturen, weshalb auf das Kataster von 1851 zurückgegriffen wird.

Analyse des Steuerkatasters 1851

Das Steuerkataster von 1851 verzeichnet 35 Meister und 50 Gesellen. Gegenüber dem Ausgangsjahr ist somit der Gesellenbesatz abgesunken. Während 1843 insgesamt 37 Meister noch 58 Gesellen beschäftigten, so entfielen im Jahr 1851 auf 35 Meister lediglich 50 Gesellen, was einem Verhältnis von 100/143 (gegenüber 100/157 im Jahr 1843) entspricht. Das Gesamtsteuerkapital ist gegenüber 1849 auf 1966 fl gesunken und entspricht etwa dem Stand von 1843.

	Anzahl Meister	Anzahl Gesellen	Ø Häusersteuer-kapital	Ø Gewerbesteuer-kapital	Ø Gesamt-kapital
1843	37	58	440 fl	1520 fl	1960 fl
1849	34		483 fl	1515 fl	1998 fl
1851	35	50	459 fl	1507 fl	1966 fl

54 Vgl. Wolfram Fischer, Der Staat und die Anfänge der Industrialisierung in Baden 1800–1850, Bd. 1, Die staatliche Gewerbepolitik, Berlin 1962, 104.
Die Pro-Kopf-Verschuldung der Stadtgemeinde Konstanz betrug im Jahr 1850 ca. 39 Gulden und der Gesamtschuldbetrag belief sich auf 250 000 Gulden; vgl. Winfried Küchler, Konstanz a. B. – Beispiel einer finanzschwachen Stadt. Zur Geschichte der kommunalen Finanzen im Bodenseeraum, in: E. Maschke (Hg.), Städtisches Haushalts- und Rechnungswesen, Sigmaringen 1977, 142.
Dies betrifft gleichermaßen die Schatzung des Gewerbesteuerkapitals, über die zahlreiche Klagen laut wurden: „Bürger ohne Haus und Grundeigenthum, deren Gewerbe sehr mittelmäßig betrieben werden, und solche die zwar verschuldete alte Häuslein haben, deren Gewerbe aber auf dem Nullpunkt sind, befinden sich in der ersten, jene aber die gute Häuser und vorzügliche Gewerbe haben, in der mittleren Steuerklasse." Vgl. Konst. Wb. Nr. 6 (13. 11. 1832)

Das durchschnittliche Steueraufkommen läßt im zeitlichen Längsschnitt kaum Veränderungen erkennen, während die Aufschlüsselung der Gewerbesteuerstruktur nach der Höhe des Steuerbetrages gegenüber 1843 Verschiebungen erkennen läßt.

Gewerbesteuerkapital	Anzahl der Meister
steuerfrei	2
- 1 000	5
1 000 - 2 000	24
2 000 - 3 000	3
3 000 - 4 000	1
	35

Der Vergleich zeigt, daß zwar die Anzahl der steuerfreien Meister abgenommen hat, jedoch auch die Anzahl der Meister, die über 3 000 fl versteuerte, abgenommen hat. Die Abnahme der untersten Gruppe, die keineswegs als zunehmende Prosperität zu interpretieren ist, resultiert wesentlich aus zwei Faktoren, die aus dem Gewerbesteuerkataster nicht zu erschließen sind:

- Die Schuhmacher waren eine der Berufsgruppen, die die Krise 1846/47 am stärksten beeinträchtigt und die mit die höchste Gantquote hatte. Das bedeutet, daß ein Teil der proletaroiden Meister der Krise zum Opfer gefallen war, was auch die Abnahme der selbständigen Meister erklärt.
- Wie bereits die Biographien gezeigt haben, ist für einen Teil der Kleinmeister die Auswanderung eine letzte Möglichkeit gewesen, ihre Selbständigkeit und die Ausübung der „Profession zu erhalten.[55] Die Abnahme der untersten Gruppe läßt sich also nicht auf ein zunehmend ausgeglichenes Steuerverhältnis aufgrund besserer Arbeitslage zurückführen, sondern muß als Dezimierung infolge der Krise 1846/47 und der der daduch verschärften Strukturprobleme interpretiert werden.

Wieweit die Krise 1846/47 den Trend zur Polarisierung verstärkt hat, läßt sich an der Entwicklung der Betriebsgrößenstruktur überprüfen. Bei gleichzeitiger Abnahme der Meister und der Gesellen [56] hat sich die Polarisierung in bezug auf die Betriebsgrößen fortgesetzt, bzw. verschärft. Die 50 Gesellen verteilen sich wie folgt auf 35 Meister:

55 Vgl. zur Auswanderung aus Baden: Locher, Wirtschaftliche u. soziale Lage Badens, 109–120. Aus dem Großherzogtum Baden sind im Zeitraum 1840–1855 allein 86 500 Personen ausgewandert, wobei auf den Zeitraum 1840–1849 ca. 24 000 Personen entfallen und die Auswanderungswelle 1854 mit 21 600 Auswanderern den Höhepunkt erreicht. Vgl. Peter Marschalck, Deutsche Überseewanderung im 19. Jahrhundert. Ein Beitrag zur soziologischen Theorie der Bevölkerung, Stuttgart 1973, 74.

56 Während unter Bedingungen der Gewerbefreiheit die Krise die Übersetzungstendenzen verschärfte, indem arbeitslosen Gesellen nur die Flucht in eine ökonomisch unsichere Selbständigkeit blieb und sich damit die Zahl der Meister erhöhte, so zeigt sich in unserem Zusammenhang eine Abnahme sowohl der Meister, als auch der Gesellen.

14 Meister (40,0%) ohne Gesellen
10 Meister (28,6%) mit 1 Gesellen
2 Meister (5,7%) mit 2 Gesellen
4 Meister (11,4%) mit 3 Gesellen
1 Meister (2,4%) mit 4 Gesellen
4 Meister (11,4%) mit 5 Gesellen

Die Polarisierung läßt sich durch eine kumulierte Häufigkeitsverteilung, eine sog. Lorenzkurve verdeutlichen, die gleichzeitig einen Vergleich zwischen der Betriebsgrößenstruktur im Jahr 1843 und 1851 erlaubt.

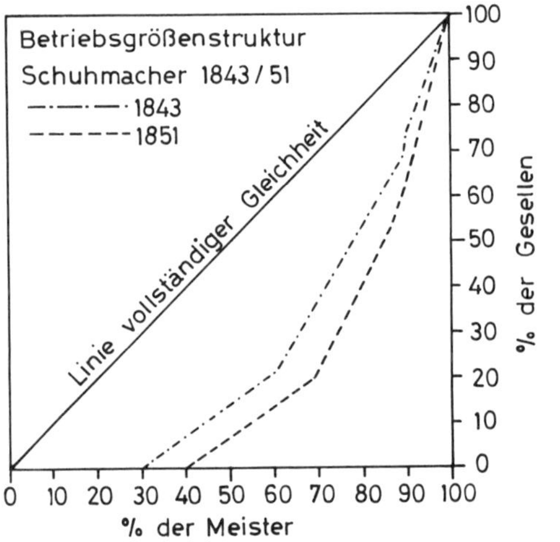

Während 1843 ca. 30% aller Meister ohne Gesellen arbeiteten, so waren es 1851 bereits 40% und während 1843 lediglich ein Meister fünf Gesellen beschäftigte, waren es 1851 vier Meister. Bei einem insgesamt sinkenden Gesellenbesatz hat sich der Polarisierungseffekt bei einer Schrumpfung der Betriebsgrößen im unteren und mittleren Bereich vollzogen. Der Zusammenhang zwischen polarer Betriebsgrößenstruktur und der Erosion der kleinbetrieblichen Produktionsweise, der seinen Ausdruck im Entstehen der Verkaufsgeschäfte und Magazine auf der einen und der prekären Situation der Kleinmeister auf der anderen Seite findet, bedeutet allerdings auch eine Differenzierung des Arbeitsprozesses selbst. Angesichts der innerhandwerklichen Konkurrenz [57] der die Kleinmeister ausgesetzt waren, mußten sie sich zunehmend auf Kleinarbeiten und Reperaturen verlegen; – es vollzog sich also eine Differen-

57 Zur Problematik der innerhandwerklichen Konkurrenz kam schließlich noch die Konkurrenz auswärtiger Schuhverkäufer. Die Auseinandersetzung im Jahr 1832 um den sog. Thomasmarkt (Weihnachtsmarkt) in Konstanz dokumentiert das Eindringen von Handwerksprodukten (besonders Schuhen) in den lokalen Markt. Während der Handel sich für die ‚Marktfreiheit' aussprach, forderte die Handwerkerschaft weiterhin die Beschränkung des Marktes in der Form paternalistischer Kontrolle zur Erhaltung der lokalen „sittlichen Ökonomie" (Thompson), nach der nur Krämer zugelassen werden sollten, die Waren verkauften, die von „hiesigen verbürgerten Handwerkern" nicht angeboten wurden, wobei sich besonders die Schuster von den Schuhverkäufern bedroht sahen. Vgl. Konst. Wochenbl. Nr. 7 vom 23. 11. 1832 (u. Nr. 16).

zierung in Produktions- und Reperaturgewerbe.[58] Es ist allerdings nicht sinnvoll, eine scharfe Trennungslinie zwischen die, die produzierten und die die reparierten (Flickschuster) ziehen zu wollen, da es sicherlich nur einigen wenigen möglich war, ausschließlich von der Schuhherstellung zu leben.[58]

Schmoller hat in seiner Analyse über die Kleingewerbe aufgezeigt, daß ein Teil der Meister, der die Mittel um Leder zu kaufen nicht mehr aufbrachte, in Abhängigkeit von den Großmeistern geriet und sich daraus verlagsartige Formen bis hin zur Hausindustrie [60] – analog der Entwicklung vom Kauf- und Verlagssystem bis hin zur geschlossenen Fabrikindustrie entwikkelten. Die ,,Noth der kleinen Meister" bildete schließlich den Kontrast gegenüber ,,dem Glanz der Entwicklung der großen Geschäfte." [61]

Kehren wir nun zur Frage nach der sozialen und ökonomischen Position der am Aprilaufstand beteiligten Schuhmacher zurück. Bei den beteiligten Meistern handelt es sich durchweg um Kleinmeister, deren Steuerkapital weit unter dem Durchschnitt lag und die durch die Krise stark beeinträchtigt wurden, – d. h. deren gewerbliche Existenz bedroht war. Der Begriff der Selbständigkeit darf in diesem Zusammenhang allerdings nur idealtypisch verstanden werden, da die ,,Autonomie" oder ,,Unabhängigkeit" für viele nie weit von der bloßen Subsistenz entfernt war, – ,,aber vielen war es möglich, sich eine Subsistenz mit Allmende, Ernteverdienst und gelegentlichen Handlangerdiensten . . . mit Töchtern, die in Dienst gingen, mit Armenunterstützungen oder milden Gaben zusammenzuknüpfen." [62]

IV. 2. Zur kollektiven Biographie der „aufrührerischen" Schneider

IV. 2.1. Biographien

Zu den größten beteiligten Berufsgruppen gehören neben den Schuhmachern mit 11 Beteiligten die Schneider mit 6 Beteiligten. Auffallend bei den Schneidern gegenüber anderen Berufsgruppen ist der hohe Anteil der Meister gegenüber dem Anteil der Gesellen. Den vier Meistern steht ein Geselle und ein Handwerker gegenüber. Ihre altersmäßige Streuung ist wie bei den Schuhmachern relativ breit. Der älteste Meister ist 42 Jahre alt, der Geselle 21 Jahre alt.[63]

Die Lebensgeschichten der beteiligten Schneider sind vergleichsweise ausführlich rekonstruierbar und sind in bezug auf die Strukturprobleme der Grundhandwerke im Transformationsprozeß aussagekräftig. Zum einen sind die Biographien quellenmäßig besser dokumentiert als die Biographien aus anderen Berufsgruppen, zum andern zeichnen sich bestimmte Strukturprobleme im Schneiderhandwerk besonders stark ab.

58 Bergmann, Berliner Handwerk, 77. Schöne, Entwicklung des Schuhmachergewerbes, 60ff. Schmoller, Kleingewerbe, 196ff.

59 Hobsbawm u. Scott, Political Shoemakers, 101f.

60 Vgl. Peter Kriedte, Hans Medick und Jürgen Sschlumbohm, Indusrialisierung vor der Industrialisierung. Gewerbliche Warenproduktion auf dem Lande in der Formationsperiode des Kapitalismus, Göttingen 1977, 202ff.

61 Schmoller, Kleingewerbe, 625 u. 647.

62 Edward P. Thompson, Patrizische Gesellschaft, plebeische Kultur, in: Ders., Plebeische Kultur und moralische Ökonomie, 174.

63 Meister: Jakob Springer (42), Ignaz Hirber (40), Nepomuk Sulger (37), Konrad Betsch (33); Handwerker: Philipp Sulger (34); Geselle: Joseph Branner (21).

Der Schneidermeister Nepomuk *Sulger* wurde ca. 1810 als unehelicher Sohn der Aloisia Kolb in Konstanz geboren. Seine Biographie verdeutlicht zusätzlich die Sozialisationsprobleme unehelicher Kinder in der ersten Hälfte des 19. Jahrhunderts in der Verschränkung der Illegitimitätsproblematik mit dem Pauperisierungsprozeß.[64]

Nepomuk Sulger war das dritte uneheliche Kind der Aloisia Kolb. Im Jahr 1824 wandte sich die Mutter derselben mit der folgenden Bitte an den Spitalstiftungsvorstand:

„Meine Tochter Aloisia . . . welche wirklich noch 2 lebende Kinder bei mir zur Verpflegung hat, will durchaus ihren zügellosen Lebenswandel nicht ändern, alle angeordneten Maßregeln, die sowohl von meiner Seite, als wie auch im polizeilichen Wege geschehen, blieben wie immer fruchtlos. Seit ungefähr vier Jahren wird dieselbe wegen angemaßter Geistesverwirrung in keinem Dienste geduldet . . . da nun dieselbe für immer meiner Haushaltung zur Last fallen würde . . . die Bitte, ob es nicht möglich wäre, daß meine Tochter in daß hiesige Bürgerspital untergebracht werden könne. Zudem habe ich von derselben, sobald sie mein Haus betreten wird, alle Mißhandlungen zu erwarten, die ich ohne das, als alte kränkliche Witwe nicht zu ertragen im Stande bin, oder ob es nicht möglich wäre, daß diese in ein Landesherrliches Arbeitshaus gebracht werden könne.“ [65]

Das daraufhin angeforderte amtsärztliche Zeugnis attestierte jedoch, daß „diese Person gesund und stark sei“ und durch Handarbeit ihren Unterhalt sehr wohl verdienen könne. Trotzdem war eine Einweisung wegen Geisteskrankheit ins Bürgerspital erfolgt, aus dem Aloisia Kolb im Juni 1824 wieder entlassen werden sollte. Daraufhin bat ihre Schwester beim Stiftungsvorstand: „Dem Vernehmen nach soll diese wieder entlassen werden. Allein wenn dieses geschieht, so fällt sie mir und meiner alten Mutter, welche durch besondere Unglücksfälle verarmt ist zur Last. Jene Schwester nun, die wegen ihrem frühreren elenden Betragen nirgends mehr im Dienste angenommen wird, soll nun auch wieder mir zur Last fallen.“ [66]

Nepomuk Sulger ist während dieser Zeit offenbar bei seiner Großmutter aufgewachsen. Seine Lehrzeit war den Akten zufolge am 10. Januar 1826 beendet und seine Großmutter bat beim Stiftungsvorstand um einen Unterstützungsbeitrag zum Freisprechen und um Kleidungsstücke für die bevorstehende Wanderschaft: [67]

„. . . sollte auch derselbe durch mehrere Monate sich als junger Schneidergesell etwas verdienen können, so reicht dieses kaum dahin, daß er sich mit den nöthigen Schuhen versehen kann, besonders da jeder junge Geselle dieses Gewerbes einen sehr geringen Wochenlohn zu stehen kommt.“

64 Die Unehelichenquote lag in Konstanz in den Jahren 1821–1850 bei durchschnittlich 14,7%. Im Zeitraum 1821–30 betrug der Durchschnittswert 17,0%, 1831–40 bei 12,6% und 1841–50 bei 14,1%, wobei die Quote beim katholischen Teil der Bevölkerung im Durchschnitt weit höher lag als beim protestantischen Teil der Bevölkerung. Vgl. Krümmer, Sozial- und Wirtschaftsstruktur, 28. Während für den agrarischen Bereich fundierte Untersuchungen über den Anstieg der Unehelichenquote vorliegen, liegen für den städtischen und handwerklichen Bereich kaum vergleichbare Untersuchungen vor, die den Anstieg in Bezug zum sozialen und ökonomischen Strukturwandel setzen können. Mitterauer hat an österreichischen Beispielen empirisch nachgewiesen, daß die Annahme von Shorter, daß ein kultureller Verhaltenswandel der Unterschichten („sexuelle Revolution“) für den Anstieg der unehelichen Geburten ausschlaggebend war unzutreffend ist. Vgl. Edward Shorter, „La vie intime“. Beiträge zu seiner Geschichte am Beispiel des kulturellen Wandels in den bayrischen Unterschichten im 19. Jahrhundert, in: KZSS Sonderheft 16 (1972), 530–549. Ders., Die Geburt der modernen Familie, Reinbek, 1977. Michael Mitterauer, Familienformen und Illegitimität in ländlichen Gebieten Österreichs, in: Archiv für Sozialgeschichte 19 (1979), 123–188.

65 S II 20 527.

66 Ebd.

67 Ebd.

Sulgers Mutter starb im Jahr 1830. Nepomuk Sulger ist offenbar bis zum Jahr 1837 gewandert und stellte 1837 einen Antrag auf Reisegeld nach Pest, da er von seinem Onkel Nepomuk Kolb (Bäckermeister) ,,den Ruf dorthin erhalten habe, wo er ihn zeitlebens zu versorgen gedenke."

Seine Schwester Josepha blieb in Konstanz und wandte sich im Jahr 1843 mit einer Bitte um die Begleichung der Bäcker- und Schuhmacherrechnung an den Stiftungsvorstand: [68]

,,Als Waise stehe ich verlassen auf der Welt, mit eigener Handarbeit mein Brod verdienen reicht nicht so weit, um Nahrung, Kleidung und Wohnung zu bestreiten."

Nach langer Wanderschaft scheint sich Sulger schließlich in Konstanz niedergelassen zu haben. 1841 heiratete er Magdalena Stierle aus Schaffhausen.[69] Im Gewerbekataster von 1843 ist Sulger mit einem Steuerkapital von insgesamt 2000 Gulden verzeichnet, was dem durchschnittlichen Steuerkapital der Schneider im Jahr 1843 entspricht.[70]

Während er im Jahr 1843 drei Gesellen beschäftigte, zeugen sowohl die folgenden Steuerkataster, als auch seine Petitionen an die Spitalstiftung von der Reichweite der Krise 1846/47 und der strukturellen Problematik im Schneiderhandwerk. In hoffnungsloser Lage klagte Sulger 1854 bei der Spitalstiftung über die ,,teure Zeit" und daß er ,,von allen eigenen Mitteln entblöst sei."

,,. . . sollten sie meine Bitte nicht gewähren, so wäre ich gezwungen meine Haushaltung aufzulösen und wieder an fremdem Orte wenigstens für meine Person eine Existenz zu suchen, in welchem Fall ich mir das fehlende Reisegeld von Ihnen erbitten, sowie meine Familie hier zurücklassen müßte und dieselbe ebenfalls auf ihre Unterstützung angewiesen wäre." [71]

Sulger arbeitete zu dieser Zeit nicht mehr als selbständiger Meister, sondern fertigte für einen Großmeister stückweise im Akkord. Seine Bitten wurden abgelehnt, da er jung sei und genügend Arbeit finden könne, worauf er sich beklagte, daß er wisse, ,,daß vielen von meinesgleichen auch größere Unterstützungen gegeben werden, wie z. B. dem Schneider Hirber, der auch bei Herrn Herter arbeitet". Seine Bitten, die er immer wieder mit der Drohung unterstrich, daß er sich im Falle der Nichterfüllung nach ,,Auswärz" begeben müsse und seine Haushaltung auflösen würde, da kein weiteres Vermögen vorhanden sei, zogen sich bis ins Jahr 1862 hin.[72]

Der Schneidermeister Konrad *Betsch* wurde als drittes Kind des Weinziehers Fidel Betsch und seiner Frau Crescentia am 25. 11. 1814 geboren.[73] Bereits im Jahr 1820 starb der Vater und die Familie war weitgehend auf Unterstützungen und Almosen angewiesen. Im Dezember 1823 bat Crescentia Betsch um Kleidung für den ältesten Sohn Jakob, der eine Lehre als Schuster absolvierte, denn sie selbst sei ,,brodlos und verlassen". Ihre Tochter Agnes erlernte das Nähen und für das noch ausstehende Lehrgeld erbat sich die Mutter vom Spital vier Gulden, da ihr eigener Verdienst nicht einmal hinreiche, Holz zu kaufen. Im Januar 1826 bat sie um eine Vermehrung des wöchentlichen Almosens und im Jahr 1827 um Holz. Konrad Betsch begann seine Lehrzeit als Schneider im März 1829 und war während seiner Lehrzeit im Bürgerspital untergebracht, wo er auch nach den Bedingungen des Lehrvertrages verköstigt

68 S II 20 527
69 J XII 2563
70 S II 6679
71 S II 20 527
73 Ehebuch Münsterpfarrei 1842–1875.

werden und auch seine Kleider erhalten sollte. Es muß für einen Schneiderlehrling eine eigenartig deprimierende Erfahrung gewesen sein, beim Stiftungsvorstand mit der folgenden Begründung um Kleider zu bitten: [74]

„Er hat also sein Halstuch, Nastuch, Schille (Gillet) noch Strümpfe erhalten und ich jez bey so harter Zeit nicht mehr im Stand bin ihn in diesem zu unterhalten. Der Meister beschwert sich selbst bey mir das er den Knaben in kein ordentliches Haus schiken könne ohne Beschämung seines. Nicht die Schuld des Knaben das er Nachlässig in seiner Kleider Ordnung sey."

Aus einem Brief der Mutter an den Stiftungsvorstand vom März 1832 geht hervor, daß Betsch für kurze Zeit „wegen eines unüberlegten Bubenstreiches" seinem Meister entlaufen war, worauf sie bat, „daß man mich bei einer so drükenden und verdienstlosen Zeit verschone meinen Knaben auf Kost nach Hause zu geben, indem ich nicht im Stand bin ihn länger damit zu versehen, weil meine älteste Tochter, die mir hin und wieder etwas verdient wirklich auch kränklich ist." [75]

Nach seiner Lehrzeit erhielt Betsch von seinem Meister bestätigt, daß er sich während seiner Lehrzeit „fleißig, treu, sittsam und gut betragen habe".[76]

Bevor er im August 1835 seine Wanderschaft antrat, mußte er noch ein weiteres Mal um „ein Rok, ein Hempt und ein paar Strümpf" und das nötige Reisegeld bitten. Ein Jahr später kehrte er bereits zurück, da er der Verordnung gemäß „die innere Schweiz zu durchwandern unterlassen" und keine Arbeit erhielt. „So war ich genöthigt nach Hause zu gehn, wo ich bis jetzt in Arbeit stand. Da ich aber jetzt gesonnen bin meine Profession zu vervollkommnen, so will ich meine Wanderschaft bald wieder antreten." [77]

Das Verbot des Wanderns in die Schweiz war durch den Bundesbeschluß vom 15. Januar 1835 durchgesetzt worden, der das Wandern in Länder und Orte untersagte, in denen die Bildung von Assoziationen oder Versammlungen zugelassen war und „wodurch die öffentliche Ruhe im In- und Auslande gestört werden könnte." [78]

Das Verbot, in der Schweiz zu wandern, traf die Gesellen hart, da aufgrund der durchgängig kleingewerblichen und kleinbetrieblichen Struktur der Schweiz das Arbeitsangebot für die wandernden Gesellen höher lag als in den benachbarten Ländern. Schieder hat darauf hingewiesen, daß v. a. Schneider, Schuhmacher, Schreiner und Schlosser in die Schweiz gewandert sind, da in diesen Gewerben die traditionell kleinbetriebliche Struktur kaum beeinträchtigt war und im übrigen die Löhne in den Schweizer Kantonen möglicherweise höher lagen als z. B. in deutschen Territorien oder in Frankreich.[79]

Während der Zeit der Wanderschaft war die Mutter Betschs, die mit der Tochter Agnes zusammenlebte, laufend auf Unterstützung angewiesen. Immer wieder petitionierten sie an den Stiftungsvorstand um Holz, da „die Kälte sehr überhandgenommen habe", um Bezahlung der Medizin etc., „weil jetzt auch alles so theuer ist".[80]

74 S II 20 524
75 S II 20 524
76 Ebd.
77 Ebd.
78 Vgl. Wolfgang Schieder, Anfänge der deutschen Arbeiterbewegung. Die Auslandsvereine im Jahrzehnt nach der Julirevolution von 1830, Stuttgart 1963, 87. Zur polizeilichen Überwachung der Gesellen im Vormärz: Rupieper, Polizei, 334 ff. und Bopp, Handwerksgesellen, 77.
79 Schieder, Arbeiterbewegung, 102 ff.
80 S II 20 524

Bis zum Jahr 1846 verliert sich dann die Spur des Konrad Betsch. Am 15. 10. 1846 heiratete er Elisabeth Akerat, die Tochter einer Zimmermannsfamilie aus dem Kanton Thurgau.[81]

Der ,,fleissige, häusliche und arbeitsame Mensch", mittlerweile Schneidermeister, bat im Februar 1847 (auf dem Höhepunkt der Krise) um eine Anleihe aus der Spitalkasse, ,,wogegen er sein in der Zofingergasse (Niederburg) No. 890 in der Brandversicherung mit 300 Gulden eingetragenes Haus als Unterpfand stellen will." Die Genehmigung wurde jedoch nicht erteilt, da das Haus bereits mit 50 Gulden belastet war.[82]

Im Steuerkataster von 1849 ist Betsch nicht mehr als Hausbesitzer ausgewiesen; er versteuerte ein Gewerbesteuerkapital von 1280 Gulden und lag damit weit unter dem durchschnittlichen Steueraufkommen der Schneider im Jahr 1849.[83] Im Jahr 1850 ist Betsch nach kurzer Krankheit gestorben.

Seine Frau und das Kind waren wiederum von Almosen und Unterstützung abhängig und vom Verdienst der Frau, die ihren Lebensunterhalt ,,trotz kränklicher Umstände mit Waschen" verdienen mußte.[84]

Der Schneidermeister Ignaz *Hirber* wurde am 28. 4. 1818 in Konstanz als Sohn des Modelstechers Joseph Hirber und seiner Frau Katharina geboren.[85] Im Jahr 1829 haben sich die Eltern Hirbers getrennt und Katharina Hirber bat, den Knaben ins Spital aufzunehmen.

,,Durch zerrüthete häusliche Verhältnisse und sich dadurch ergebene traurige Umstände gezwungen habe ich seit ca. 14 Tagen von meinem Ehemann Joseph Hirber, Modelstecher, dahier entfernt, und unser einziges Kind Ignaz, ein Knabe von 11 Jahren, gleichfalls bey mir . . . ohne Arbeitsverdienst, und mein Mann, welcher als Modelstecher in der Fabrik des H. Macaire dahier arbeitet, hat zu dieser dringendst nothwendigen Erziehung und Bildung . . . keine Zeit und ist bekanntlich auch keineswegs hierzu im Stande." [86]

Auf diese Bitte hin wurde Hirber ins Spital aufgenommen und vom Lohn des Vaters, der einen Tageslohn von einem Gulden hatte, sollte pro Zahltag ein Gulden dafür einbehalten werden. Der Vater ist kurz darauf, am 16. Februar 1831, gestorben und bei der sog. Verlassenschaftsverhandlung wurde sein Vermögen, das aus einem ,,kleinen Schifflein, einigen Kleidern und Professionszeug" bestand, auf ungefähr 50 Gulden geschätzt.[87]

Im gleichen Jahr begann Ignaz Hirber seine Lehre als Schneider im ,,Armenweg". Während die Spitalstiftung für Lehrgeld (55 fl) und Nähzeug aufkam, der Meister Kost und Wohnung übernahm, mußte die Mutter für das Waschen und Nähen der Kleidung sorgen.[88]

Nach der dreijährigen Lehrzeit stellte Hirbers Mutter mehrere Unterstützungsanträge und Hirber ging im August 1835 mit einer Unterstützung von drei Gulden auf Wanderschaft. Bereits im Jahr 1837 muß sich Hirber wieder in Konstanz aufgehalten haben, denn laut Polizeiprotokoll beteiligte er sich betrunken an einem Raufhändel im Bierhaus des Carl Barxel, worauf er zu einer 12stündigen Gefängnisstrafe verurteilt wurde.[89] Nach der Wieder-

81 Ehebuch Münsterpfarrei 1842–1875
82 S II 20 524
83 S II 6680
84 S II 20 524
85 Taufbuch Münsterpfarrei 1813–1833
86 S II 20 525
87 J XII 17
88 S II 20 525
89 S II 18397

aufnahme der Wanderschaft erschien Hirber 1839 zur Conscription in Konstanz und hat sich bald darauf als selbständiger Meister in Konstanz niedergelassen. Am 11. Mai 1842 heiratete Hirber in Konstanz Katharina Rösch, mit der er bereits ein Kind hatte.[90]

Nach seiner Niederlassung hat er als Meister mit einem Gesellen gearbeitet und im Jahre 1843 versteuerte er insgesamt 1500 Gulden.[91]

Seine Profession scheint leidlich gegangen zu sein, doch unter den Bedingungen der Not- und Teuerungskrise mußte er seinen Gesellen entlassen und er selbst war nach einer Zwangsvollstreckung im Jahr 1847 [92] von den Almosen des Hilfsvereins abhängig.[93] Auch die Mutter Hirbers, die sich in den vierziger Jahren von einem „elenden Spinn-Taglohnverdienst" ernährte und zahlreiche Unterstützungsanträge stellte, erhielt auf dem Höhepunkt der Krise ein sog. wöchentliches Almosen.[94]

Im Januar 1848 kam zu Hirbers bisher „mäßigen Beschäftigung" noch „strenge Kälte und Verringerung der Arbeit",[95] und im Jahr 1849 ist Hirber im Steuerkataster nur noch mit 1250 Gulden verzeichnet, was dem niedrigsten Steuersatz im Schneiderhandwerk entspricht.[96] In den Jahren nach 1852 klagt Hirber, daß er nur kärglich Arbeit habe, um das Essen aufzubringen und außerdem verschuldet sei. Wie der Schneidermeister Nepomuk Sulger arbeitete auch er für den Großmeister Michael Herter, der 1849 ein Gesamtkapital von 7050 Gulden versteuerte und sein Gewerbe verlags- und magazinartig betrieb.[97]

Die Biographie Hirbers zeigt deutlich die zeitliche Dimension der Pauperisierung, die Bergmann am Beispiel verschiedener Indikatoren (Reallöhne, Klassensteuer, Ausgaben für Armenwesen, Konkursquoten) entwickelt hat. Trotz des Sinkens der Agrarpreise ab Herbst 1847 war der erreichte hohe Grad der Armut im Jahr 1848 keineswegs wieder beigelegt, sondern es kann von einer ausgeprägten Kontinuität der sozialen Krisenerscheinungen zwischen den Jahren 1847 und 1848 und noch darüber hinaus ausgegangen werden.[98]

Vor allem im Bereich der Kleinhandwerkerschaft hatte die Krise einen „Entsparungsprozeß" ausgelöst, der durch den Verlust aller Subsistenzmittel die an sich schon problematische Lage der kleinen Gewerbetreibenden, auch unter Bedingungen normaler Nahrungsmittelpreise, verschärfte.[99]

Im Jahr 1855 klagte Hirber erneut: „Bei der allgemeinen Verdienstlosigkeit und der Übersetzung der meisten Gewerbe verdiene ich mit allem Fleiße kaum so viel, daß ich für meine Familie das nothwendigste zum Leben aufbringe. Ohne Aussicht, daß sich meine unglückliche Lage in den nächsten Jahren verbessere, habe ich mich entschlossen nach

90 Ehebuch Münsterpfarrei 1842–1875

91 S II 6679. Das durchschnittliche Gesamtsteuerkapital der Schneider lag im Jahr 1843 bei 2020 Gulden.

92 S II 746, 753, 754

93 S II 8312 und 18 334

94 S II 20 525, 18 334, 20 579

95 S II 20 525

96 S II 6680. Der Durchschnittswert lag bei 1731 Gulden.

97 S II 6680, 6681. Bei seinem Tod im Jahr 1857 hinterließ Herter nach Ausweis der Inventuren und Teilungen allein ein Warenlager im Wert von 16 119 Gulden. Vgl. J XIII 3216.

98 Bergmann, Wirtschaftskonjunktur, 4 ff.

99 „Die meisten Handwerker brauchten eben ein Minimum an Kapital und Kredit, um zumindest die von ihnen benötigten Rohstoffe und immer wieder auch einzelne Werkzeuge zu kaufen und dazu fehlten den meisten aufgrund der anhaltenden Vernichtung aller Reserven jegliche finanzielle Mittel wodurch eine Fortführung der handwerklichen Existenz unmöglich gemacht wurde." zit. Bergmann, Wirtschaftskonjunktur, 23.

Nordamerika auszuwandern, wo sich schon mehrere meiner Bekannten vom gleichen Gewerbe befinden, denen es allen gut geht. Jetzt noch fühle ich die Kraft . . . und die Stiftung wäre entledigt." [100] 1859 befand sich Hirber jedoch immer noch in Konstanz und bat um die Bezahlung des Lehrgeldes für seinen Sohn, der Schuster werden sollte, – ging jedoch bei seinem Vater in die Lehre, erlernte das Schneiderhandwerk und trat 1862 mit Unterstützung seine Wanderschaft an.[101]

Die Biographie des vierten und zugleich ältesten Schneidermeisters soll hier nicht in extenso ausgeführt werden, sondern es sollen lediglich aus Gründen der Vergleichbarkeit einige biographische Anmerkungen dargestellt werden.[102]

Der im Jahr 1806 in Konstanz geborene Jakob *Springer* beschäftigte laut Steuerkataster im Jahr 1843 fünf Gesellen und einen Lehrling und kann bei einem überdurchschnittlichen Steuerkapital von 2600 Gulden als wohlhabender Meister betrachtet werden.[103]

Seine Niederlassung fiel noch in die für das Kleingewerbe konjunkturell günstigen dreißiger Jahre (1834),[104] doch scheint die Krise der zweiten Hälfte der vierziger Jahre auch seinen Betrieb in Mitleidenschaft gezogen zu haben. Nach seiner Beteiligung am Aprilaufstand bat seine Frau am 20. Juli 1848 um 40 Gulden Reisegeld, da ,,durch Verschulden meines Mannes . . . in gedrückten Familienverhältnissen fühle mich durch die neusten Zeitbegebenheiten gedrängt unser Vaterland zu verlassen und in Amerika eine neue Heimath und so Gott will ein besseres Fortkommen zu suchen. Hat meine Tochter vor 14 Tagen unehelich geboren, bei unserer gänzlichen Vermögenslosigkeit würde dieses Kind dem Spitale zur Last fallen." [105]

Gegenüber den Biographien aus dem Schuhmacherhandwerk, die sich schwerpunktmäßig auf Meister bezogen, ist es möglich, für die beiden beteiligten Gesellen aus dem Schneiderhandwerk ausführliche Biographien zu rekonstruieren.

Der Schwerpunkt bei der Biographie des jungen Schneidergesellen Joseph *Branner* liegt in der vormärzlichen Zeit, während der Schwerpunkt bei der Biographie des Philipp *Sulger,* der für den Typ des ,,ewigen Gesellen" charakteristisch ist, auf der Zeit nach 1848 liegt, da seine Lebensgeschichte zugleich aufschlußreich für die strukturelle Entwicklung des Schneiderhandwerks in dieser Zeit ist.[106]

Der Schneidergeselle Joseph *Branner* wurde am 19. 3. 1827 als siebtes uneheliches Kind der Renata Branner geboren.[107] Als Vater der ersten vier Kinder ist Jakob Schwarz im Kirchenbuch angegeben, die anderen drei Kinder tragen den Namen der Mutter.

Im Jahr 1824 sind die Kinder Franziska (12), Maria (5) und Elisabetha (20 Monate) wegen ,,Vagabundheit der Mutter und Vernachlässigung des Unterrichts in das Bürgerspital eingelie-

100 S II 20 525
101 Ebd.
102 Vgl. Anhang B 83.
103 S II 6679
104 Vgl. Schmoller, Kleingewerbe, 333.
105 S II 20 525
106 Biographie Nr. 12 u. Biographie Nr. 88.
107 Vgl. Taufbuch Augustinerpfarrei 1796–1828. Friedrich Schwarz (1810), Franziska (1812), Maria (1819), Elisabetha (1822), Jakob Branner (1824), Georg Ludwig (1825). Der älteste Bruder Friedrich Schwarz war ebenfalls am Aprilaufstand beteiligt (B 98). Der Malergeselle Xaver Schwarz (B 97) ist wiederum ein unehelicher Sohn der 1812 geborenen Franziska Schwarz und war ebenfalls am Aprilaufstand beteiligt.

fert worden. Die Mutter selbst ist kurze Zeit darauf in ein Correctionshaus eingeliefert worden, aus dem sie 1827 entlassen wurde: [108]

„Die nach erstandener Strafe aus dem Correctionshaus entlassene Reinharta Branner ist auf einige Wochen ins Spital aufzunehmen, bis sie sich um einen Dienst oder um eine Arbeit umgesehen haben wird."

Kurze Zeit später wurde Sohn Joseph geboren und sie selbst am 5. Juni 1827 aus dem Spital entlassen. Der Sohn Joseph sollte nach Anweisung des Bezirksamtes „in das Kinderhaus gebracht werden und dort verpflegt werden. Allein die Mutternahrung gewöhnt will sich das Kind durchaus nicht an andere Nahrung gewöhnen, es ist also durchaus erforderlich, demselben . . . die natürliche Nahrung der Mutter zukommen zu lassen." [109]

Aufgrund der Quartierlisten können wir allerdings annehmen, daß Joseph Branner entweder im Bürgerspital oder bei Pflegeeltern auf der Basis der sog. Verpflegungsakkorde als Kostkind aufgewachsen ist.[110] Vom Jahre 1829 an bis zum Jahr 1835 liegen immer wieder Unterstützungsgesuche der Mutter vor; – 1829 bittet sie um Unterstützung an Lebensmitteln, da sie kränklich sei; im Jahr 1830 um Holz und eine Aufbesserung des Almosens. Das letzte Gesuch aus dem Jahr 1835 wurde mit der Bemerkung abgewiesen, daß ihr der Eintritt ins Bürgerspital jederzeit offenstehe.

Joseph Branner und seine Schwester Elisabetha waren im Jahr 1834 in Markelfingen nahe Konstanz „in Kost", – der Sohn Ludwig bei einem Glaser in Villingen, der an den Gemeinderat der Stadt Konstanz folgenden Bericht gab:

„G. L. Branner war anfangs, als ich ihn in Verpflegung erhielt so verwahrlost und in allen Schuftigkeiten geübt, daß ich mich über diesen Knaben oft entsetzte, insbesondere hatte er einen Hang zu Diebereien. Durch Strenge habe ich ihm letzteres abgewöhnt, und glaube auch, obwohl er gegenwärtig noch ziemlich unartig ist, ihn nach und nach dahin zu bringen, daß er ein rechtschaffener Mensch wird. Was seine geistigen Anlagen betrifft, so sind dieselben sehr gut indem er sehr leicht lernt und besonders auch Liebe und Anlage zum Zeichnen und zur Musik äußert." [111]

Georg Ludwig Branner hat im Jahr 1839, – wie im Einschreibbuch der Zunft zum Schmidhaus zu lesen ist – seine Lehrzeit als Büchsenmacher begonnen. Eine Einschreibung als Geselle ist jedoch nicht erfolgt,[112] wir wissen lediglich aus den Polizeiakten, daß er am 30. 12. 1845 aus dem Zuchthaus entlassen und angewiesen wurde, in ständige Arbeit zu treten.[113]

Der Schneidergeselle Joseph Branner hat im Jahr 1841 im Alter von 14 Jahren seine Lehre begonnen, das Lehrgeld von 66 Gulden wurde vom Distriktfonds bewilligt.[114] Nach Abschluß der Lehrzeit ist Branner gewandert und zur Conscription wieder in Konstanz erschienen. Um seine Wanderschaft wieder fortsetzen zu können, bat er am 11. April 1846 beim Stiftungsvorstand um einige Kleidungsstücke, „da ich gesonnen bin meine Wanderschaft wieder anzutreten."

Seine Mutter geriet zur gleichen Zeit zusehends mehr in Schulden. Neben zahlreichen Bitten um Holz stellte sie im April 1845 eine Bitte um eine Anleihe von 25 Gulden aus der Spitalkasse, die jedoch mit dem Verweis auf die 750 Gulden Pfandlasten auf ihrem Haus nicht

108 S II 20 525
109 S II 20 525
110 A V 21–25; Quartierlisten.
111 S II 7744
112 D I 123 Einschreibbuch der Zunft zum Schmidhaus.
113 S II 18 392
114 S II 20 525

gewährt wurden. Im Jahr 1847 war sie von den Almosen des Hilfsvereins abhängig und im April 1848 wurde ein Zahlungsbefehl wegen einer Forderung von 10 Gulden gegen sie erlassen.[115]

Der Schneidergeselle Philipp *Sulger* wurde 1814 als Sohn des gleichnamigen Büchsenmachers und seiner Frau Luzia in Konstanz geboren. Da sein Vater im gleichen Jahr starb, war die Witwe Luzia Sulger gezwungen, beim Armenfonds um Lehrgeldbeiträge für ihre drei Söhne zu bitten.[116]

Philipp Sulger hatte im Jahr 1832 seine Lehrzeit als Schneider beendet und trat im selben Jahr mit Unterstützung des Armenfonds seine Wanderschaft an.

Nach seiner Beteiligung am Aprilaufstand war Philipp Sulger vom 20. März bis zu seiner Entlassung im Oktober 1850 als Schneider beschäftigt. Danach hat er vermutlich als Geselle gearbeitet und im August 1853 folgenden Antrag gestellt:

„. . . bin 39 Jahre alt und als Geselle längst aufgenommen, aber ohne Vermögen und zur Zeit ohne jeglichen Verdienst oder Subsistenzmittel. Meine Mutter ist nothorisch arm . . . die Arbeiten in Konstanz stoken, je länger je mehr und die Schneidermeister müssen sich wegen Mangel an Arbeit mit immer weniger Gesellen begnügen. Ich habe mich daher entschlossen nach Wien zu reisen und dort in Condition zu tretten.“ [117]

Seine Bitte um ein Reisegeld wurde jedoch abgewiesen, und folgen wir den Akten der Spitalstiftung, so war Sulger im Jahr 1857 immer noch in Konstanz.[118]

Die folgende Bitte, die auch ein Licht auf die technologische Entwicklung im Schneiderhandwerk wirft, unterzeichnete Sulger im Alter von 44 Jahren noch immer als Geselle:

„In Markelfingen diesseitigem Amtsbezirk wäre eine Nähmaschine um den sehr billigen Preis von 175 fl anzukaufen, welche mir ein hinlängliches gesichertes Auskommen verschaffen würde, da diese Maschine vorzüglich zu Stepparbeiten für Schneider und Schuster verwendet werden kann – und zwar besonders für Schuster, weil ihre Stepparbeiten an den Stiefelchen hier nicht gefertiget werden können, daher genöthiget sind diese Arbeiten auswärts fertigen zu lassen. Somit wenn ich im Besitz dieser Maschine wäre – mir diese Arbeiten alle zufließen würden – allein da ich wie bekannt gänzlich vermögenslos bin . . . so erlaube ich mir an einen wohllöblichen Stiftungsvorstand die gehorsamste Bitte einzureichen, mir die nachgesuchte Anleihe von 175 fl gütigst zu bewilligen.“ [119]

Konstanz, 21. November 1858

Im März 1863 bat Sulger beim Stiftungsvorstand um ein paar Hosen und um seinen Verbleib im Spital, „weil es immer Arbeit genug gibt, hingegen draußen in der Stadt nichts habe als die Margtarbeit (Marktarbeit) auszubessern und da verdient man nicht so fül (viel) das man sich erhalten kann.“ [120]

115 S II 20 539; Der Bruder Joseph absolvierte eine Lehre als Wundarzneidiener und war ebenfalls am Aprilaufstand beteiligt. Vgl. Biographie 86.

116 S II 20 539

117 S II 20 539

118 Ebd.

119 Das Gesuch wurde mit der Bemerkung abgelehnt, daß er „auf seiner Profession wie bisher arbeiten und damit sein Fortkommen suchen solle.“ (S II 20 539)

120 S II 20 539

IV. 2. 2. Sozioökonomische Situation des Schneiderhandwerks

Die sechs Biographien aus dem Schneiderhandwerk zeigen im wesentlichen ähnliche Strukturmerkmale, wie sie die Biographien aus dem Schuhmacherhandwerk gezeigt haben. Auch das Schneiderhandwerk war ein von Übersetzung bedrohtes Massenhandwerk, das leicht zu erlernen war und einen hohen Zustrom gerade aus den ärmsten Bevölkerungsschichten zu verzeichnen hatte. Auffallend ist in unserem Fall der hohe Anteil der Waisen (bzw. Halbwaisen) der allerdings auch im Zusammenhang mit der lokalen Armenpolitik zu sehen ist. Im Sinne praktischer Sozialpolitik versuchte die Spitalstiftung unter dem Aspekt der Versorgung, den Armen und Waisen durch Lehrgeldbeiträge und Unterstützungen Zugang zum Handwerk zu verschaffen, wobei v. a. zwei Momente wirksam wurden: [121] Mit einem Blick auf die Höhe des Lehrgeldes forcierte die Spitalstiftung in erster Linie den Eintritt in die unteren Gewerbe. Ein weiteres Moment liegt darin, daß es den wohlhabenderen Gewerben offenbar gelang sich „abzuschotten" – Ausdruck davon war die Auseinandersetzung im Jahr 1834 um die Streitfrage, „ob jeder bürgerliche Professionist verbunden sei, einen armen Knaben in die Lehre zu nehmen." [122]

Auch im Schneiderhandwerk stieg in der ersten Hälfte des 19. Jahrhunderts das Arbeitsangebot seitens der abhängig Beschäftigten wie auch der selbständigen Meister stark an. Die Übersetzungstendenz zeigt sich daran, daß die Zunahme der Meister im Schneiderhandwerk die Zunahme der Bevölkerung überwog.[123]

Die niedrigen Arbeitschancen und vergleichsweise niedrigen Arbeitslöhne der Schneidergesellen verwiesen wie im Schuhmacherhandwerk auf eine frühe Niederlassung als Allein- oder Kleinmeister [124], sofern nicht auf erblichen Besitz oder größere Einnahmen aus Hausbesitz etc. zurückgegriffen werden konnte.[125]

Dabei muß jedoch bezüglich der Differenzierung der Gesellenschaft bemerkt werden, daß es auch im Schneiderhandwerk (wie auch bei den Schuhmachern und Schreinern), – wenn auch in geringerer Anzahl als bei den Schriftsetzern, Schmieden, Schlossern etc., sogenannte „Elitegesellen" gab, die über besonders entwickelte Fertigkeiten und überdurchschnittliche Kenntnisse verfügten.[126] Da an hochqualifzierten Gesellen im Vormärz ein knappes Angebot bestand, so hatten diese meist regelmäßig Arbeit und gute Bezahlung. Die Masse der gewöhnlichen Gesellen sah sich auf dem Arbeitsmarkt jedoch prekäreren Bedingungen ausgesetzt, die

121 Zur lokalen Armenpolitik grundlegend: Gert Zang, Die Auseinanderesetzung um die Stiftungsvertung in Konstanz (1830–1870) und deren Bedeutung für die ökonomische und gesellschaftliche Entwicklung der lokalen Gesellschaft. Konstanz 1975 (Ms.).

122 S II 20 523. Der Frage nach dem Zusammenhang zwischen Bevölkerungswachstum und Bevölkerungsdruck auf das Kleingewerbe kann hier nicht weiter nachgegangen werden. Vgl. dazu: Klaus Jürgen Matz, Pauperismus und Bevölkerung. Die gesetzlichen Ehebeschränkungen in den süddeutschen Staaten während des 19. Jahrhunderts, Stuttgart 1980.

123 Schmoller, Kleingewerbe, 644.

124 „Der Versuch ein eigenes Geschäft zu gründen kann fast ohne Kapital gemacht werden, der Zudrang ist bedeutend." Schmoller, Kleingewerbe, 647.

125 Ein eindrückliches Beispiel dafür stellt das Reisetagebuch eines relativ wohlhabenden Schneidergesellen dar: F. Beumer, Die Wanderjahre des hamburgischen Schneidergesellen Friedrich R. Michaelsen, 1834–1839, in: Hamburgische Geschicht- und Heimatblätter 1929/31, 38–43, 95–97, 111–112, 190–192, 209–212, 226–231.

126 Vgl. Frederick D. Marquadt, Sozialer Aufstieg, sozialer Abstieg und die Entstehung der Berliner Arbeiterklasse, 1806–1848, in: GG 1 (1975), 43–77, bes. 49f.

lediglich am folgenden Beispiel aus den vierziger Jahren demonstriert werden sollen. Der Schneidergeselle Joseph Weber von Konstanz schrieb aus Heidelberg am 08.10.1840 den folgenden Brief an den Gemeinderat der Stadt Konstanz: [127]

,,Unterzeichneter erlaubt sich Anzeige zu machen, daß ich Willens bin, mich an das badische Militair engagieren zu lassen.

Der Grund warum ich solches vorhabe, ist weil ich mein Leben in einer so kummerhaften Lage nicht mehr länger ertragen kann. Der Verdienst ist nicht hinreichend, nur um meine Lebensbedürfnisse bestreiten zu können, namentlich zu einer so ziemlich arbeitslosen Zeit, wo man kaum verdient um seine nöthigen Nahrungsmittel anschaffen zu können. Meinen Kleiderzustand ist auch nicht in der Lage mich nur unter Leuten sehen lassen zu dürfen. Diesen Sommer habe ich nicht einmal so viel verdient, um meine Kost und Logis damit bezahlen zu können, so daß ich wirklich in Schulden gerathen bin. Mein Kostgeber will befriedigt sein und ich weis keine andere Ausflucht zu nehmen, als mich unter das Militair zu begeben, um mich schuldenfrei machen zu können.“

Zu den bereits benannten Problemen kam das zunehmende Problem der handwerklichen Qualifikation [128], die starke Konkurrenz des Landhandwerks [129] und Strukturveränderungen im Schneiderhandwerk, da schon seit dem Ende des 18. Jahrhunderts die Anfertigung von Frauenkleider in steigendem Maße Berufsarbeit von Frauen wurde. [130]

Marquard hat bezüglich der handwerklichen Qualifikation in seiner Studie über die Entstehung der Berliner Arbeiterklasse auf den direkten Zusammenhang zwischen der Lehre und der anschließenden Laufbahn als Geselle oder Gewerbetreibender verwiesen. Die Erlernung durchschnittlicher Fähigkeiten (oder gar überdurchschnittlicher) hingen von einer guten Handwerkslehre ab, die durch die finanzielle Lage der Familie des Lehrlings bedingt war. Bereits bei den Lehrlingen setzte deshalb schon die Differenzierung in Elitelehrlinge und gewöhnliche Lehrlinge ein. [131]

Eduard Bernstein hat die daraus folgende hohe Anzahl der Kleinmeister sowie der ,,Störer und Pfuscher“ als entscheidende ökonomische Voraussetzung für ,,die Heimarbeit der Magazinhalter“ betrachtet. [132] Wie im Schuhmacherhandwerk, so beruhte auch im Schneiderhandwerk das Entstehen der Magazine und die Erosion der kleinbetrieblichen Produktionsweise nicht auf technologischen Veränderungen [133], sondern auf Veränderungen der betrieblichen

127 S II 18 400

128 Bergmann, Berliner Handwerk. Vgl. ,,Gewerbskritik“ im Konstanzer Wochenblatt Nr. 69 vom 27. 6. 1833: ,,Es ist eine traurige Erscheinung unserer Zeit, wenn es Lehrherren gibt, die Lehrlinge aus Spekulation aufnehmen, um entweder ein starkes Lehrgeld von ihnen zu erhalten, oder um die halbe Lehrzeit zu Geschäften zu verwenden, die von Mägden und anderen Dienstleuten verrichtet werden sollten“.

129 Vgl. Eduard Bernstein, Geschichte der deutschen Schneiderbewegung in Deutschland, Bd. 1, Berlin 1913, 34f. Hussong hat auf die hohe Besteuerung der Stadtmeister gegenüber der Landmeister und damit ihre sinkende Konkurrenzfähigkeit hingewiesen. Vgl. Walter Hussong, Das Schneiderhandwerk in Frankfurt am Main und das Schneiderhandwerk in Heilbronn. Ein Vergleich. Diss. Heidelberg 1936, bes. 54 und 79.

130 Bernstein, Schneiderbewegung, 44. Hussonng, Schneiderhandwerk, 78.

131 Marquardt, Sozialer Aufstieg, sozialer Abstieg, 57ff.

132 Bernstein, Schneiderbewegung, 34.

133 Vgl. Christopher H. Johnson, Economic Change and Artisan Disconent: The Tailor‘s History 1800–48, in: Roger Price (Hg.), Revolution and Reaction, London 1975, 87–114. Der Übergang vom Hand- zum Maschinennähen hat sich durch die Anwendung der Nähmaschine erst in der zweiten Hälfte des 19. Jahrhunderts vollzogen. Vgl. auch Karin Hausen, Technischer Fortschritt und Frauenarbeit im 19. Jahrhundert. Zur Sozialgeschichte der Nähmaschine, in: GG 4 (1978), 148–169.

Organisation und des Absatzes. Im Schneiderhandwerk war der Polarisierungseffekt, wie für unseren Zusammenhang noch zu zeigen sein wird, gegenüber den übrigen Grundhandwerken am stärksten.

Die florierenden Magazine im Zusammenhang mit der Zunahme des Handels an fertigen Kleidern (der ,,Konfektion") war denn auch meist Ursache und Objekt der ,,Schneiderkrawalle" in der ersten Hälfte des 19. Jahrhunderts. So kam es im September 1830 in Breslau und Berlin zu ,,lärmenden Ansammlungen" vor Kleider- und Möbelmagazinen, die schließlich demoliert wurden.[134]

Nachdem es schon im Jahr 1834 in Kalrsruhe einen Auszug der Schneiderzunft aus der Stadt gegeben hatte [136], kam es in den Jahren 1845 [1356] und 1846 [137] zur Arbeitseinstellungen von Gesellen und der Forderung höherer Löhne gegenüber Großmeistern bzw. Magazinhaltern. Auch in Frankfurt kam es im Jahr 1844 zu Arbeitseinstellungen mit der Forderung der Beibehaltung der alten Gesellenrechte.[138]

Den Höhepunkt bildeten nach Aktionen gegen ein jüdisches Kleidermagazin in Heidelberg [139] und zahlreichen Gesellenstreiks im März 1848 in Stettin [140] Berlin, Hamburg, München, Breslau, Münster und Leipzig [141] der ,,Kongreß der deutschen Schneider" in Frankfurt im Rahmen des Handwerker- und Gewerbekongresses. Auf dem Kongreß wurden bei den Schneidern Forderungen nach Verbot der Einfuhr fertiger Kleider, der Aufhebung der Magazine und dem Verbot der Anfertigung von Kleidern in Waisenhäusern laut.[142]

Alle die genannten Aktionen und Forderungen scheinen sowohl zeitlich als auch inhaltlich mit dem Prozeß der Polarisierung im Schneiderhandwerk verknüpft.

Für unseren Zusammenhang haben die Biographien den Übergang von der selbständigen kleinbetrieblichen Produktion zum verlegten Gewerbe zwar vereinzelt gezeigt, doch soll auch für das Schneiderhandwerk am Beispiel der Gewerbesteuer- und Betriebsgrößenstruktur die zeitliche Dimension und das Ausmaß der Polarisierung am lokalen Beispiel verfolgt werden.

134 Bernstein, Schneiderbewegung, 68f.

135 Vgl. Wirtz, Widersetzlichkeiten, 247. Mit einer Petition an die II. Kammer beklagte sich die Heidelberger Schneiderzunft gegen einen Seifensieder wegen ,,1. Anfertigung der Kleidung durch nichtzünftige Gehilfen oder Bezug aus dem Ausland, 2. die Schneiderzunft darf über die ,,Kleiderfertigungsfabrik" keine Aufsicht führen, 3. führt Bestellungen nach Maß durch seine Gehilfen aus, nimmt sich daher Rechte wie ein Schneidermeister heraus und hausiert in Privatwohnungen, 4. besitzt ein Mustersortiment nach dem bestellt werden kann und wird somit zum ,,Langwarenhändler", 5. beansprucht daher widerrechtlich die Rechte eines Schneidermeisters und Kaufmanns, zahlt aber weder für seine Leute noch für sein Warenlager Steuern". Beil. Nr. 4 zum Protokollheft der 33. Sitzung der II. Kammer vom 26. Febr. 1844, S. 229; zit. nach Wirtz, Widersetzlichkeiten, 234.

136 Vgl. Locher, Wirtschaftliche und soziale Lage Badens, 40.

137 Elisabeth Todt, Die gewerkschaftliche Entwicklung in Deutschland vor 1848, in: Elisabeth Todt und Hans Radandt, Zur Frühgeschichte der deutschen Gewerkschaftsbewegung 1800–1849, Berlin 1950, 78f.

138 Ebd.

139 Manfred Gailus, Sozialer Protest und Politikbildung ,,von unten", Kollektive Aktionen der unteren Volksschichten in Deutschland 1847–1849, Berlin 1980 (Ms.), 24.

140 Manfred Gailus, Die Märzbewegung in Deutschland. Träger, Formen und regionale Schwerpunkte, Berlin 1978 (Ms.)

141 Alle nachgewiesen bei Hans Radandt, Arbeiterbewegungen und Gewerkschaften in der Revolution 1848/49, in: Todt u. Radant, Zur Frühgeschichte der Gewerkschaftsbewegung, 200f.

142 Vgl. Bernstein, Schneiderbewegung, 46. Hussong, Schneiderhandwerk, 56. Bopp, Handwerksgesellen im 19. Jahrhundert, 231ff. Wernet, Handwerkerbewegung 1848/49, 55.

IV. 2. 3. Analyse der Steuerkataster 1843, 1849 und 1851

Analyse des Steuerkatasters 1843

Mit 27 Meistern und 41 Gesellen war das Schneiderhandwerk nach dem Schuhmacherhandwerk das zweitgrößte Handwerk der Stadt. Auch beim Schneiderhandwerk liegt der Gesellenbesatz relativ hoch; – das Verhältnis von Meistern zu Gesellen entspricht 100/152. Mit einem durchschnittlichen Gesamtsteuerkapital von 2020 Gulden gehören die Schneider ebenfalls zu den unteren Gewerben (Vgl. die Zusammenstellung der durchschnittlichen Gesamtsteuerkapitalien für die einzelnen Gewerbe im zeitlichen Längsschnitt im Anhang).

Das durchschnittliche Gesamtsteuerkapital von 2020 fl setzt sich aus einem durchschnittlichen Häusersteuerkapital von 419 fl und einem durchschnittlichen Gewerbesteuerkapital von 1597 fl zusammen. Da allein 15 Meister keinen Hausbesitz versteuerten, so stellt auch hier der Durchschnittswert eine erhebliche Verzerrung dar. Auch das durchschnittliche Gewerbesteuerkapital ist wenig aussagekräftig, da sich die Einzelkapitalien (von einem steuerfreien Meister abgesehen) innerhalb einer Bandbreite von 500 fl bis 4500 fl bewegen. Die Häufigkeitsverteilung der Gesamtsteuerkapitalien zeigt folgende Struktur:

Gesamtsteuerkapital der Schneider	Anzahl der Meister
0 – 1 000	3
– 2 000	14
– 3 000	7
– 4 000	2
– 5 000	1
	27

Ihre Entsprechung findet die Steuerstruktur in der Betriebsgrößenstruktur. Die 41 Gesellen des Schneiderhandwerks verteilen sich wie folgt auf die 27 Meister:

9 Meister (33,3 %) ohne Gesellen
9 Meister (33,3 %) mit 1 Gesellen
3 Meister (11,1 %) mit 2 Gesellen
1 Meister (3,7 %) mit 3 Gesellen
2 Meister (7,4 %) mit 4 Gesellen
3 Meister (11,1 %) mit 5 Gesellen

Die Polarität in bezug auf die Betriebsgrößen war im Schneiderhandwerk demzufolge noch ausgeprägter als im Schuhmacherhandwerk. Unter Einbeziehung der Lehrlinge, die leider aufgrund des Datenmaterials der Steuerkataster nicht möglich ist, würde sich vermutlich eine noch stärkere Polarisierung abzeichnen; – so arbeitete z. B. ein Meister (Michael Herter) der fünf Gesellen beschäftigte, gleichzeitig mit 10 Lehrlingen.

Im Gewerbesteuerkataster von 1849 ist zwar auf Seiten der Meister eine Zunahme gegenüber 1843 zu verzeichnen, doch zeigt sowohl das Absinken des durchschnittlichen Häusersteuerkapitals wie auch das enorme Absinken des Gesellenbesatzes, daß die Krise die Strukurprobleme im Schneiderhandwerk mit am nachhaltigsten verschärft hatte.

Analyse des Steuerkatasters 1851

Das Gewerbekataster von 1851 verzeichnet 28 Meister und 20 Gesellen. Während sich das Verhältnis von Meistern zu Gesellen im Jahr 1843 wie 100/152 gestaltete, so kehrte es sich bis zum Jahr 1851 geradezu um zu einem Verhältnis von 100/71 und läßt die dahinter verborgene Problematik, in die die Biographien teilweise einen Einblick gegeben haben, nur erahnen.

Bezogen auf das Ausgangsjahr 1843 ist das durchschnittliche Gesamtsteuerkapital von 2020 fl auf 1655 fl abgesunken. Im Vergleich zu den übrigen Handwerken liegen die Schneider damit im Jahr 1851 in der untersten Gruppe. Nur die Zimmerleute, die Glaser und Uhrmacher haben ein niedrigeres durchschnittliches Gesamtsteuerkapital.

Die folgende Tabelle zeigt die Entwicklung des durchschnittlichen Gesamtsteuerkapitals sowie des Häusersteuer- und Gewerbesteuerkapitals für die Jahre 1843, 1849 und 1851:

	Anzahl Meister	Anzahl Gesellen	Ø Häusersteuer-kapital	Ø Gewerbesteuer-kapital	Ø Gesamt-kapital
1843	27	41	419 fl	1597 fl	2020 fl
1849	30		392 fl	1339 fl	1731 fl
1851	28	20	344 fl	1311 fl	1655 fl

Die Häufigkeitsverteilung der Gesamsteuerkapitalien zeigt für das Jahr 1851 folgende Struktur:

Gesamtsteuerkapital der Schneider	Anzahl der Meister
0 – 1 000	7
– 2 000	16
– 3 000	4
8 650	1
	28

Die Steuerstruktur der Schneider zeigt also in der zeitlichen Dimension eine starke Zunahme der gering besteuerten Meister und gleichzeitig eine Abnahme der wohlhabenden Meister. Während 1843 noch 10 Meister (37%) über 3000 fl versteuerten, so versteuerten 1851 nur noch 5 Meister ein Steuerkapital über 3000 fl (18%), wobei das Steuerkapital des Großmeisters Michael Herter (5 Gesellen und 7 Lehrlinge) von 8650 fl bedeutende Verzerrungen im Bereich der Durchschnittswerte verursacht und als Konzentrationstendenz begriffen werden kann.

An der Betriebsgrößenstruktur kann wiederum verfolgt werden, inwieweit der polaren Steuerstruktur Veränderungen in der betrieblichen Organisation zugrundeliegen. Die

Betriebsgrößenstruktur des Jahres 1851 zeigt schließlich das volle Ausmaß des Polarisierungsprozesses. Die 20 Gesellen verteilten sich wie folgt auf die 28 Meister:

20 Meister (71,4%) ohne Gesellen
5 Meister (17,9%) mit 1 Gesellen
3 Meister (10,7%) mit 5 Gesellen

Erstaunlich hoch ist die Zunahme der Alleinmeister, deren prozentualer Anteil sich von 33,3% auf 71,4% erhöht hat. Betriebe mit zwei, drei oder vier Gesellen, die im Jahr 1843 noch 22,2% aller Betriebe ausmachten, gab es im Jahr 1851 überhaupt keine mehr. Der sinkende Gesellenbesatz ist also vor allem in diesem Bereich sowie im untersten Bereich zu verorten.

Die Lorenzkurve, die die Verteilung der Gesellen auf die Meister graphisch darstellt, bringt das zunehmende Ungleichgewicht zwischen 1843 und 1851 deutlich zum Ausdruck:

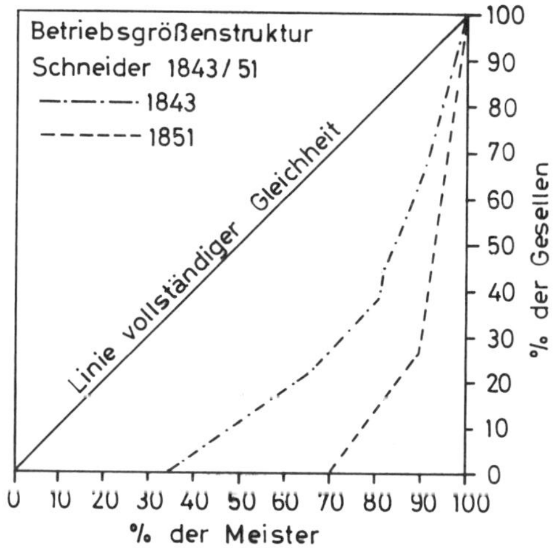

Den 20 Meistern (71,4%) die keine Gesellen beschäftigten standen somit acht Meister gegenüber (28,6%), die die gesamte Gesellenschaft beschäftigten. Beziehen wir nun die Ergebnisse der Steueranalyse auf die Biographien der beteiligten Schneider, so lassen sich diese vor allem im untersten und mittleren Bereich verorten. Der Schneidermeister Jakob Betsch versteuerte 1849 ein unterdurchschnittliches Steuerkapital von 1280 fl; Ignaz Hirber, der 1843 noch einen Gesellen beschäftigte, arbeitete 1849 und 1851 als Alleinmeister und fertigte für einen Großmeister, wobei auch sein Steuerkapital weit unter dem Durchschnitt lag (1843: 1500; und 1849 und 1851: 1250 fl). Der Schneidermeister Springer, der 1843 fünf Gesellen beschäftigte, war 1849 gänzlich verarmt und im Kataster nicht mehr verzeichnet; – ebenso der Meister Nepomuk Sulger, der 1843 noch drei Gesellen beschäftigte. In allen Fällen stehen die Meister, die am Aprilaufstand beteiligt waren, sozusagen auf der Verlustliste des Polarisierungsprozesses im Schneiderhandwerk, und ihre gewerbliche Existenz war durch die Krise 1846/47 wenn nicht untergraben, so doch zumindest langfristig bedroht.

IV. 3. Zur kollektiven Biographie der „aufrüherischen" Schreiner

IV. 3.1. Biographien

Das Schreinergewerbe gehörte mit sechs Teilnehmern am Aprilaufstand zu den hoch repräsentierten Berufsgruppen. Meister und Gesellen waren in gleicher Anzahl beteiligt.

Für die Meister lassen sich lediglich zwei Biographien rekonstruieren. Bei den Gesellen handelt es sich in allen Fällen um wandernde Gesellen, die im 1848 gegründeten „Arbeiterverein" organisiert waren, dessen Gründung und Zielsetzung im Anschluß kurz skizziert werden soll.

Der Schreinermeister Xaver *Allensbacher* wurde am 3. 12. 1814 als fünftes von sechs Kindern des Kanzlisten Johann Georg Allensbacher und seiner Frau Crescentia geboren.[143]

Im Jahr 1828 starb der Vater, – und zwei Jahre darauf die Mutter. Das geschätzte Vermögen belief sich nach den Inventuren und Teilungen auf 1056 Gulden.[144]

Im Alter von 13 Jahren begann Xaver Allensbacher 1828 seine Lehrzeit von vier Jahren mit Unterstützung der Spitalstiftung. Auch sein jüngerer Bruder Ludwig trat seine Buchdruckerlehre mit Unterstützung des Armenfonds an.[145]

Nach Beendigung der Lehrzeit bat Xaver Allensbacher um einen Beitrag zum Antritt seiner Wanderschaft. Er ist daraufhin mindestens bis zum Jahr 1838 gewandert und dann zur Militairverhandlung (Conscription) in Konstanz erschienen. Danach ist er erneut auf die Wanderschaft gegangen, da er „nothorisch arm" sei.[146]

Dem Ehebuch der Pfarrei St. Stephan zufolge hat Allensbacher 1841 geheiratet und sich als selbständiger Schreinermeister niedergelassen.[147]

Das Gewerbekataster von 1843 weist ihn als Kleinmeister mit einem Gesellen und unterdurchschnittlichem Steuerkapital aus.[148] Ohne ausreichendes Startkapital zeigte er sich jedoch der krisenhaften Entwicklung in den vierziger Jahren nicht gewachsen, und das folgende Verhörprotokoll vom 18. Januar 1845 dokumentiert die Problematik und ihre Auswirkungen:

„Schon vor geraumer Zeit hat man den Schreiner X. A. von hier theils wegen Beschwerden seiner Ehefrau, theils wegen Stadtkundigkeit vorgerufen und ihm wegen seines ungeordneten und müßigen Lebenswandels die geeigneten Vorstellungen gemacht. Nachdem die Beschwerden sich erneuert haben, so hat man den X. A. abermals vorgerufen und in Gegenwart seiner Frau zur Rede gestellt.

Man hat denselben insbesondere nachdrücklich aufgefordert, mit seiner Ehefrau in Frieden zu leben, auf die Erziehung seiner Kinder sorgfältig zu wachen, Haus Betriebe seines Handwerks alle seine Kräfte aufzubieten, und das Wirthshaussitzen und den Besuch leichtsinniger Gesellschaften zu unterlassen.

Derselbe erklärt hierauf, daß er öfters bloß aus Mißmuth über die Zerrüthung seiner Vermögensverhältnisse und Mangel an Arbeit sich dem Trunke ergebe und daß es ihm eben gänzlich an Fond fehle um sein Handwerk mit einigem Erfolg zu betreiben.

Man hat demselben zuvörderst eröffnet, daß wenn er auf seinem leichtsinnigen Lebenswandel beharre, man seine Mundtoterklärung, Bestrafung und am Ende Verbringung ins Arbeitshaus bewirken werde.

143 Taufbuch Münsterpfarrei 1813–1843
144 J XII 473, 282.
145 S II 20 523
146 Ebd.
147 St. Stephan, Ehebuch 1818–1861; Adreßkalender 1843 (Pb 37).
148 S II 6679. Allensbacher versteuerte 1500 fl, während der Durchschnittswert 2590 fl betrug.

Wenn er dagegen sich bessern und einen arbeitsamen Lebenswandel beginnen werde, so würde man auch diesseits nicht abgeneigt sein, ihm Hilfe zu leisten. Man hat sofort demselben auf Rechnung der Distriktstiftungen einen Kredit von 33 f zur Anschaffung von Handwerksmaterial gegeben, worauf er das Versprechen abgibt sich zu bessern und einen arbeitsamen und eingezogenen Lebenswandel zu beginnen." [149]

Im Jahr 1846 wurde Allensbacher erneut auf Beschwerde seiner Ehefrau vorgerufen und sein Antrag auf Unterstützung abgelehnt.[150] Gemeinsam mit seinem Bruder Nepomuk Allensbacher, von dem das Ministerium des Innern annahm, er sei ein „rother Republikaner und Schreier" [151], war er am Aprilaufstand beteiligt und soll sich gerühmt haben, General Gagern im Gefecht bei Kandern erschossen zu haben.[152] Nach seiner Beteiligung am Septemberaufstand 1849 ist Allensbacher nach den Angaben des Chronisten Marmor längere Zeit im Zuchthaus Bruchsal gesessen [153] und von seinem Bruder Nepomuk liegt aus dem Jahr 1854 ein Auswanderungsgesuch vor.[154]

Der Schreinermeister Joseph *Haaf* wurde am 8. Juli 1820 in St. Gallen in der Schweiz geboren.[155] Im Jahr 1845, nach seiner Heirat mit Veronika Schultheis von Owingen, scheint Haaf sich in Konstanz als Meister niedergelassen zu haben.[156] Bereits zwei Jahre darauf, im Januar 1847, wurde wegen Zahlungsunfähigkeit gegen ihn Zwangsvollstreckung betrieben:

„18. Februar wird im Wege der Vollstreckung dessen an der Hofhalde gelegenes Haus Nr. 844 bezeichnetes Wohnhaus samt zweistöckigem Anbau, Waschküche und Hausgarten auf diesseitiger Kanzlei versteigert." [157]

Daraufhin wurde auch Haaf von der Unterstützung des Hilfsvereins abhängig, „da seine dürftigen Verhältnisse stadtbekannt seien und er den Unterhalt als Schreinermeister nicht bestreiten könne . . . und ebenso wenig würde er es können, wenn er als Arbeitsgehülfe bey einem hiesigen Schreinermeister eintretten würde." [158]

Er bat schließlich um ein Reisegeld, um in der Nähe von Biberach in einer Fabrik als Modellschreiner arbeiten zu können; kurze Zeit später bat er um die Bezahlung seines Hauszinses aufgrund der „gänzlich zerrütheten Vermögensverhältnisse und Dürftigkeit." [159]

Nachdem Haaf im August 1847 nach kurzer Krankheit aus dem Spital wieder entlassen wurde, hat er einen täglichen Verdienst von 30 Kreuzern gehabt, der allerdings unter dem eines Taglöhners lag und kein Auskommen bot. Die Akten des Hilfsvereins vermerken wiederum, er sei krank, habe kein Geld für Brot und zum Heizen.[160]

Im Februar 1848 wollte Haaf erneut auf Wanderschaft gehen und erhielt zu diesem Zweck zwei Gulden Reisegeld, doch scheint er keine Arbeit gefunden zu haben, denn zumindest im April 1848 war Haaf wieder in Konstanz und am Aprilaufstand beteiligt.

149 S II 18 392
150 S II 18 334
151 GLA 236/8535
152 GLA 234/2059 und 241/35
153 A I 29.
154 GLA 359/Zug. 1906/20 Nr. 1246
155 Ehebuch Münsterpfarrei 1842–1875
156 Ebd.
157 S II 746 und Großherzogl. Bad. Anzeigenblatt für den Seekreis 1847 (R 23/8).
158 S II 20 531
159 S II 20 531
160 S II 8312? 18 334

Im Jahr 1850 ist Haaf mit einer Unterstützung von 35 Gulden nach Nordamerika ausgewandert. Seine Frau blieb mittellos zurück und wandte sich in ihrer Verzweiflung an den Landesvater, den Großherzog: [161]

„S. Königlichen Hoheit Großherzogliche Maiestätt Leopold von Baden.
Unterthänigste Bitte
Da ich mich von allen verlassen und verwaißt sehe, die mich Unterstützen könnten, so nehme ich die Zuflucht zu meinem Hochherzigen edeln Landesvater der keines seiner geringsten Unterthanen unerhört laßt, ja das süße Wort Vater gibt mir Trost, daß ich keine Fehlbitte thue, schon als Kind hörte ich aus dem Munde meiner Eltern die edele Herzengüte unseres Landesvaters rühmen. . .
Ich Arm verlassen habe mich vor 6 Jahren unglicklich verheurathet, kam um all mein Vermögen, um alle was mein war durch Leichtsinn meines Mannes und zuletzt mußten wir uns trennen und ich und mein Knabe von bald fünf Jahren leben seit drei Jahren in der dürftigsten Lage und bringe mich mit Noth und Jammer so weit durch das ich kaum die Nahrung und dürftige Kleidung aufbringe, aber mein einziger Kram der stehts an meinem Herzen nagt, ich habe kein eigenes Bett, was das Nothwendigste für einen Menschen ist, ich muß alle Monath einen Gulden Zins dafür bezahlen und am Ende des Jahres ist das Bett wieder nicht mein. Der Verdienst ist zu gering um sich soviel vorzusparen, auf Unterstützung von Seiten meines Mannes kann ich nicht rechnen – im Gegenteil. Er hat mir mein letztes Bett, welches mir als Kompetenz blieb heimlich verkauft und ist nach Amerika ausgewandert, meine Eltern haben für sich zu thun, da mein Bruder seit 4 Jahr geisteskranck ist und ohnehin mehrere Geschwister sind, – ich bin unmöglich im Stande trotz meiner Bemühungen mir soviel vorzusparen, darum bitte ich meinen Theuren Landesvater um eine kleine Unterstützung dazu, – ich werde stets mein Herz mit dankbarer Ehrfurcht zum Himmel erheben, der liebe Gott um Erhaltung meines Edlen. . . Wohlthäters meines Theuren Vaters bitten, gemeine Menschen kann ich nicht um Hilfe anflehen weil ihre Herzen für edle Gefühle für Wohltathen stumm und kalt sind und sie die Seligkeit nicht empfinden wollen, die das Herz eines Wohlthäters empfindet – darum nahm ich Zuflucht zum Edelsten. . . .
Mit aller Ehrfurcht und Untergebung unterzeichne ich mein Name
Frau Veronika Haaf geb. Schultheis No. 474 in der Vorstadt"

IV. 3. 2. Sozioökonomische Situation und Steueranalyse des Schreinerhandwerks

Beide Biographien sind wiederum für die Kleinmeister im Schreinerhandwerk charakteristisch und ließen sich durch weitere Beispiele aus den Armenakten wie das folgende noch erweitern:

Der Schreinermeister Nepomuk Klemm reichte am 7. Mai 1844 eine Klage beim Spitalvorstand ein, in der er anführte, „In meinen Verhältnissen so weit zurückgekommen, daß ich nun ohne eigenes Obdach und der größten Anzahl Handwerkszeuge beraubt bin, die mir noch Aussicht auf die Bedienung einer größeren Kundschaft geben könnte und . . . bin ich um Ansuchen genöthigt meine Kinder in Spital aufnehmen zu wollen. . ." [162]

Auch für das Schreinerhandwerk zeigt die Steueranalyse eine polare Steuer- und Betriebsgrößenstruktur, die auf ähnliche strukturelle Prozesse wie im Schneider- und Schusterhandwerk hinweist. Die Schreiner sahen sich jedoch außer den Problemen der Konkurrenz des

161 GLA 359/Zug. 1906/20 Nr. 1308 Auswanderungsgesuch. Der Brief der Veronika Haaf vom 13. Aug. 1851 befindet sich in den Akten zur Armenunterstützung in S II 20 531.

162 S II 20 526

Landhandwerks, der Konkurrenz durch den Handwerkshandel und der Ausbildung der Magazine [163], der Konkurrenz verwandter Gewerbe wie Zimmerleute und Wagner ausgesetzt. Aus dem Jahr 1831 liegen z. B. zwei Beschwerden der Schreiner der Stadt Konstanz an das Bezirksamt vor, nach denen den Zimmerleuten untersagt wurde, Böden mit verleimten Tafeln und Türen herzustellen. Den Wagnern wurde ebenfalls bei Strafandrohung untersagt, Möbel anzufertigen. [164]

Das Steuerkataster von 1843 verzeichnet 14 Meister und 34 Gesellen, was einem Verhältnis von 100/243 entspricht und einen hohen Gesellenbesatz ausdrückt, wobei sich die Gesellen wie folgt auf die Meister verteilen:

2 Meister ohne Gesellen
3 Meister mit 1 Gesellen
1 Meister mit 2 Gesellen
5 Meister mit 3 Gesellen
1 Meister mit 4 Gesellen
2 Meister mit 5 Gesellen

Gegenüber dem Jahr 1843 fällt für das Jahr 1851 zunächst die enorme Abnahme der Gesellen wie auch die Abnahme der Meister auf:

	Anzahl Meister	Anzahl Gesellen	∅ Häusersteuer-kapital	∅ Gewerbesteuer-kapital	∅ Gesamt-kapital
1843	14	34	736 fl	1850 fl	2590 fl
1849	11		904 fl	1832 fl	2736 fl
1851	10	14	975 fl	1556 fl	2501 fl

Das Verhältnis von Meistern zu Gesellen betrug im Jahr 1851 nur noch 100/140. Die Zunahme des durchschnittlichen Häusersteuerkapitals kann jedoch die Abnahme des durchschnittlichen Gewerbesteuerkapitals nicht verdecken, umsomehr als das Zustandekommen des höheren Durchschnittswertes des Häusersteuerkapitals in erster Linie auf die Reduzierung der Meister ohne Hausbesitz (bzw. mit stark unterdurchschnittl. Hausbesitz) zurückzuführen ist.

Die Betriebsgrößenstruktur des Jahres 1851 zeigt gegenüber 1843 folgendes Bild. Danach sind

4 Meister (40%) ohne Gesellen (0%)
1 Meister (10%) mit 1 Gesellen (7%)
2 Meister (20%) mit 2 Gesellen (29%)
3 Meister (30%) mit 3 Gesellen (64%)

163 Vgl. Fritz HELLWAG, Die Geschichte des deutschen Tischlerhandwerks vom 12. bis zum 20. Jahrhundert, Berlin 1924, bes. 399ff, sowie Schmoller, Kleingewerbe, 178f. Hartmut ZWAHR, Zur Konstituierung des Proletariats als Klasse. Strukturuntersuchungen über das Leipziger Proletariat während der industriellen Revolution, Berlin (DDR) 1978, 31.
164 Krümmer, Wirtschafts- und Sozialstruktur, 56f.

Die Verschiebungen gegenüber 1843 lassen sich wiederum graphisch mit einer kumulierten Häufigkeitsverteilung, einer Lorenzkurve verdeutlichen:

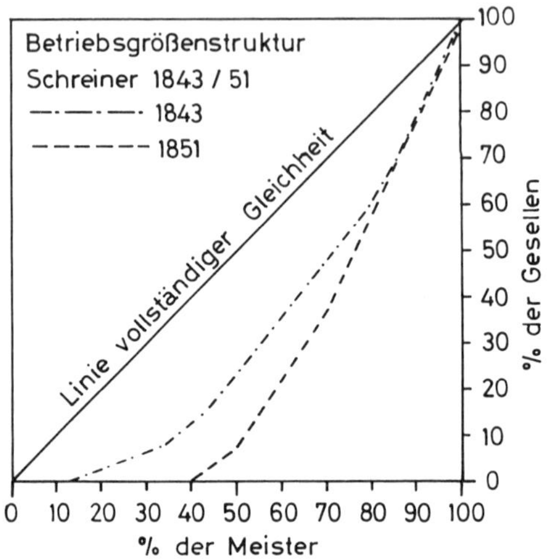

Im Vergleich zu 1843 zeigt sich neben dem zunehmenden Ungleichgewicht in der Betriebsgrößenstruktur, der gleichermaßen eine polare Steuer- bzw. Sozialstruktur zugrundeliegt, eine grundsätzliche Beeinträchtigung des Schreinerhandwerks. Der Rückgang der durchschnittlichen Betriebsgröße im Schreinerhandwerk im Untersuchungszeitraum (kein Meister beschäftigt 1851 mehr als drei Gesellen) deutet auf eine durchgehend schlechte Arbeitslage hin. Auch im Bereich der Meister, die mehrere Gesellen beschäftigten, war es infolge der Krise, die die Nachfrage nach den Produkten des Schreinerhandwerks entscheidend minderte, zu Beeinträchtigungen gekommen. Der Schreinermeister Julius Sebikoh, der 1843 noch fünf Gesellen beschäftigte, (und 1848 am Aprilaufstand beteiligt war) beschäftigte 1851 nur noch drei Gesellen.

Die beiden Biographien haben den Pauperisierungsprozeß auf Seiten der Kleinmeister dokumentiert, für die die Krise ein Endpunkt in ihrer gewerblichen Existenz bedeutete. Das Schreinerhandwerk gehörte jedoch zugleich zu den Gewerben, die den stärksten Rückgang der Zahl der Gesellen zu verzeichnen hatten. Die Abnahme der Gesellenzahl von 34 auf 14, die einer prozentualen Abnahme von 59% (1843 = 100%) entspricht, war lediglich im Schlosser-, Baumwollweber- und Malerhandwerk noch erheblicher.

Bezeichnenderweise kam der Großteil der am Aprilaufstand beteiligten Gesellen gerade aus den Gewerben, die einen hohen ,,Gesellenschwund" zu verzeichnen hatten, während aus den Gewerben mit nahezu konstanter Gesellenzahl (z. B. Nahrungsmittelgewerbe) nur Meister bzw. Handwerker und keine Gesellen beteiligt waren.

IV. 3.3. Der Arbeiterverein

Die beteiligten Gesellen aus dem Schreinerhandwerk gehörten allesamt dem Arbeiterverein an, der am 2. April 1848 in Konstanz gegründet worden war. Dem Protokoll zufolge sollte der Arbeiterverein, dem überwiegend Handwerksgesellen angehörten, ,,nicht nur die politische, sondern auch die gesellschaftliche (sociale) Verbesserung der Arbeiter bezwecken". [165] Als Vorstand wählte die Gründungsversammlung den Tischlergesellen Mittag [166] und als seinen Vertreter den Studenten Franz Xaver Lender.[167] Dem sogenannten engeren Ausschuß gehörten u. a. der Pozellanmaler August Ludwig Fischer,[168] der Glasergeselle Kraft, der Schustergeselle Sauter [169] und der Buchdruckergeselle Ludwig Allensbacher [170] an.

Die Gründungsversammlung ernannte den ,,Bürger Dr. Hecker" aus Mannheim zum Ehrenmitglied der Gesellschaft und beschloß an ihn eine Eingabe zur Klärung der Frage, was in Zukunft mit den Zunftgeldern geschehen sollte.[171]

Wieweit nun aus dieser Tatsache auf eine Politisierung bzw. grundsätzliche Affinität zu den radikaldemokratischen und republikanischen Anschauungen Heckers geschlossen werden kann, ist unklar. Am Beispiel des Mannheimer Gesellenvereins, der ebenfalls Kontakt zu Friedrich Hecker und zu Gustav Struve hatte, hat v. Hippel demonstriert, daß die Vereinsgründer kaum explizit ,,radikalen" Ideen anhingen.[172] Auch der Konstanzer Arbeiterverein betonte, daß ,,außer der Politik, d. h. außer der tatkräftigen Theilnahme an den Angelegenheiten des großen deutschen Vaterlandes auch die geistige und moralische Bildung des Arbeiterstandes berücksichtigt, gepflegt und gehoben werden" solle und er sich an der ,,Aufrechterhaltung der öffentlichen Ruhe und Sicherheit des Eigentums" beteiligen wolle.[173]

165 S II 8323; Versammlungsprotokoll vom 2. 4. 1848.

166 Biographie Nr. 63

167 Biographie Nr. 53

168 Biographie Nr. 26

169 Biographie Nr. 78

170 Der Buchdruckergeselle Allensbacher war der jüngste Bruder von Nepomuk und Xaver Allensbacher; vgl. Biographie 2 u. 3.

171 S II 8323

172 Wolfgang v. HIPPEL, Der Mannheimer Gesellenverein und seine Auflösung (1844/47). Ein Beitrag zum Vereinswesen in der Zeit des Vormärz, in: Historia Integra. Fs. f. Erich Hassinger zum 70. Geburtstag, Berlin 1977, 219–244, 224. Der Verein, der weitgehend aus Schneidergesellen bestand, hatte sich die ,,Erhöhung der Moralität und der wissenschaftlichen Bildung" als Ziel gesetzt, und in einer Silvesterrede, bei der auch Hecker und Struve anwesend waren, wurde betont, ,,daß wir später als Bürger und Meister eine selbständige und dem Handwerksstande angemessene Stellung einnehmen". (229)

173 Konst. Ztg. Nr. 47 vom 4. 4. 1848; Vgl. den Bericht über die Gründung des Arbeitervereins.

Arbeiterverein Konstanz.

Den heiligen Ernst und die hohe Wichtigkeit der jetzigen Zeit erfassend haben wir, eine größere Anzahl hiesiger Arbeiter, uns vereint, um gemeinsam mit sämmtlichen deutschen Brüdern nach dem einen erhabenen Ziele, der Einheit unseres deutschen Vaterlandes, zu streben und, um diese Einheit zu erringen, zugleich mit denselben unser Gut, Blut und Leben auf den Altar des Vaterlandes als Opfer zu legen. Wir wollen daher ein bewaffnetes, aber freies Korps bilden, keineswegs jedoch um etwa Spaltung den übrigen Bürgern gegenüber zu bewerkstelligen, sondern um unsere Pflicht, die Arbeit, die allein nur unsere Ehrlichkeit und unsere Vaterlandsliebe nähren und erhalten kann, nicht zu vernachläßigen. Sollte jedoch der Ruf zu den Waffen ertönen und Deutschlands Söhne auffordern, für ihre Freiheit sogar in den Tod zu gehen, so beschwören wir die hiesigen Bürger, Ihnen thatkräftig unter dem gleichen Oberkommando, nur mit freier Wahl unserer Unteranführer beizustehen und vereint mit ihnen bis zum letzten Lebenshauche auf dem Kampffelde zu verharren. Es soll aber außer der Politik d. h. außer der thatkräftigen Theilnahme an den Angelegenheiten des großen deutschen Vaterlandes auch die geistige und moralische Bildung des Arbeiterstandes berücksichtigt, gepflegt und gehoben werden. Deßhalb anerkennen wir durchaus keine Gewaltthätigkeit, sondern bloß Recht, Vernunft und Gerechtigkeit als unsere Waffen und schwören bloß auf dem Wege der Ueberzeugung, der Vernunft und Wahrheit unserm großen Ziele entgegenzustreben. Um aber auf diesem Wege unserm Ziele entgegenzustreben zu können sei in unserer Mitte Mäßigkeit in dem Genusse der geistigen Getränke, welche allein den Geist schärfer und lebend erhalten kann. Sollte irgend ein Akt der Gewaltthätigkeit, die meistens das Gepräge des Unrechtes oder des Mangels an überzeugenden Gründen ist, vorkommen, so treten wir in die Mitte der Bürger und beschwören sie, daß wir mit ihnen solch unsinnige Akte aufheben, unterdrücken und überhaupt nur Ordnung lieben werden. Kurz gefaßt erklären wir daher als unsere Tendenz: thatkräftige Theilnahme an den Angelegenheiten des Vaterlandes, Aufrechthaltung der öffentlichen Ruhe und Sicherheit des Eigenthums sowohl als der Person, sowie geistige und moralische Entwicklung und Bildung des Handwerkstandes.

Die Mitglieder des Vereines.

V. POLARISIERUNG UND POLITISIERUNG?

V. 1. Der Polarisierungsprozeß im Schuhmacher-, Schneider- und Schreinerhandwerk

Die Analyse der Berufsgruppen mit der höchsten Protestbeteiligung hat einen Einblick in die ökonomische und soziale Situation der beteiligten Meister und Gesellen gegeben und ihre prekäre Lage im Pauperisierungsprozeß dokumentiert. Sowohl die biographischen Anmerkungen als auch die Steuerkataster haben gezeigt, daß es sich bei den Beteiligten aus den benannten Gewerben durchweg um Kleinmeister mit unterdurchschnittlichem Steuerkapital handelte oder sich zumindet durch die Krise 1846/47 ihre Lage dahingehend verschlechterte. Für die Gesellen, soweit sie biographisch greifbar wurden, war aufgrund der langfristigen Veränderung des Marktes der Gesellen zu einem Markt der Meister und aufgrund ihrer schlechten Ausgangslage durch die Armut der Herkunftsfamilien Arbeitsmangel und Unterbeschäftigung charakteristisch. Aufgrund des relativ hohen Gesellenbesatzes, dessen starkes Absinken zwischen 1843 und 1851 als Folge der Krise 1846/47 und der zunehmenden Marginalisierung und Verdrängung der Kleinmeister von produktiven handwerklichen Arbeitsformen interpretiert werden kann, entwickelte sich für einen Großteil der Gesellen ,,eine Diskrepanz zwischen dem Wunsch nach Aufstieg zur Meisterschaft und der Wahrscheinlichkeit lebenslänglicher Abhängigkeit.“ [1]

Schmoller hat die Gesellenproblematik skizziert und darauf hingewiesen, daß ,,von der Zeit an, in welcher die Gehilfenzahl die Meisterzahl wesentlich überschreitet, hört die Möglichkeit, Meister zu werden, je ein selbständiges Geschäft anzufangen, für eine Anzahl von Gehilfen auf.“ [2] Nachdem vor allem in den Jahren 1833 – 1840 mehr Lehrlinge angenommen und später als Gesellen beschäftig wurden, wurde in den vierziger Jahren schließlich die Gesellenproblematik virulent: ,,Als aber gegen 1840 – 43 die zahlreich seit 1828 eingetretenen älter wurden, das 30. Lebensjahr meist hinter sich hatten, da begann die kritische Zeit; entweder mußte der Stand der Meister die großen Überschüsse aufnehmen oder man mußte zu einem System verheirateter Gesellen übergehen, oder es mußten Handwerksgesellen in größerer Zahl in Fabriken eintreten, zu anderen Berufsarten übergehen.“ [3]

Gerade für die Handwerke mit polarer Struktur, wie das Schuhmacher-, Schneider- und Schreinerhandwerk, war diese Problematik charakteristisch und der Lebenszusammenhang der Beteiligten dadurch geprägt.

Die Transformation der traditionell kleinbetrieblichen Struktur, die ihren Ausdruck in einem niedrigen und v. a. relativ gleichmäßig verteilten Gesellenbesatz fand, wird durch einen zeitlichen Längsschnitt über den Untersuchungszeitraum hinaus evident.

Das Gewerbesteuerkataster von 1815 zeigt als Kontrast in allen drei Handwerken eine vergleichsweise ausgeglichene Struktur: [4]

1 Bergmann, Berliner Handwerk, 111.
2 Schmoller, Kleingewerbe, 342.
3 Schmoller, Kleingewerbe, 333.
4 S II 9167

Schuhmacher	Meister (abs.)	Gesellen (abs.)	Betriebe mit. . . Gesellen (in %)					
			0	1	2	3	4	5
1815	22	22	32,0	45,0	14,0	9,0		
1843	37	58	29,7	32,4	8,1	18,8	2,7	8,1
1851	35	50	40,0	28,6	5,7	11,4	2,4	11,4

Schneider	Meister (abs.)	Gesellen (abs.)	Betriebe mit. . . Gesellen (in %)					
			0	1	2	3	4	5
1815	17	11	53,0	18,0	29,0			
1843	27	41	33,3	33,3	11,1	3,7	7,4	11,1
1851	28	20	71,4	17,9				10,7

Schreiner	Meister (abs.)	Gesellen (abs.)	Betriebe mit. . . Gesellen (in %)					
			0	1	2	3	4	5
1815	12	6	66,7	16,7	16,7			
1843	14	34	14,3	21,4	7,1	35,7	7,1	14,3
1851	10	14	40,0	10,0	20,0	30,0		

Der Gesellenbesatz lag in allen drei Handwerken im Jahr 1815 relativ niedrig. Bei einer gleichmäßigen Verteilung waren demgemäß die Betriebsgrößen niedrig. Im Schreiner- und im Schneiderhandwerk beschäftigte kein Meister mehr als zwei Gesellen; – im Schuhmacherhandwerk kein Meister mehr als drei Gesellen, während es im Jahr 1843 bereits in allen drei Gewerben Meister mit fünf Gesellen gab. Die Differenzierung in größere wohlhabende Meister und zahlreiche proletaroide Kleinmeister in Zusammenhang mit der Erosion der kleinbetrieblichen traditionellen Struktur des Handwerks muß im Zusammenhang mit dem Abgehen vom „Prinzip der Nahrung" gesehen werden. Unter den Bedingungen zünftiger Regulierung im „Alten Handwerk" waren die Zunfthandwerker kleine Warenproduzenten „die ihre Produkte zwar gegen Geld vermarkteten, deren Interesse jedoch nicht auf das Geld und dessen im Prinzip schrankenlose Vermehrung gerichtet war, sondern auf die konkreten Lebensbedürfnisse, die mit Hilfe des erlösten Geldes befriedigt werden sollten („Gebrauchswert"). Denn der Handwerker erwirtschaftete sein Einkommen wesentlich durch seine eigene physische Anstrengung und nur in sehr begrenztem Umfang durch Nutzung der Arbeit anderer . . . und der Ertrag eines solchen kleinen Betriebes konnte, im Durchsschnitt und über längere Zeitäume betrachtet, nicht wesentlich mehr, als die zur Wiederholung des Produktionsprozesses und zur Bestreitung des Lebensunterhaltes einer Familie notwendigen Mittel erbringen. Deshalb war das Ziel der Produktion für solche kleinen Warenproduzenten begrenzt auf die Sicherstellung ihres Lebensunterhaltes." [5]

Die Verdrängung einer „sittlichen Ökonomie" bzw. der „Ökonomie der Nahrung" durch die „Ökonomie des Marktes" zeigt sich in der Polarisierung der Sozial- und Betriebsgrößen-

5 Jürgen Schlumbohm, Straße und Familie. Kollektive und individualisierende Formen der Sozialisation im kleinen und im gehobenen Bürgertum Deutschlands um 1800, in: Zeitschrift für Pädagogik 25 (1979), 697–725; hier zit. nach Ms. S. 2.

struktur und hat in den benannten Handwerken zu Abhängigkeitsverhältnissen selbst auf der Ebene der Meister geführt. Dem Differenzierungsprozeß in Großmeister und Kleinmeister entsprach im Produktionsbereich die Verdrängung der Kleinmeister von der Neuproduktion, also einer Verschiebung ihrer Handwerkstätigkeit zum tertiären Sektor. Langfristig war ihre Selbständigkeit bedroht und sie gerieten zunehmend in Abhängigkeitsverhältnisse von Produzenten [6], wie sie sich in unserem Fall am deutlichsten im Schneiderhandwerk zeigen ließen.

V. 2. Zum Vergleich: Bauhandwerke und Nahrungsmittelhandwerke

Bauhandwerke

Eine Analyse der Betriebsgrößenstruktur für die übrigen großen beteiligten Berufsgruppen zeigt, daß sich auch in den Bauhandwerken eine polare Struktur entwickelt hatte, die gleichermaßen Ausdruck innerhandwerklicher Konkurrenz sein mußte. Während die Betriebsgrößenstruktur bei den Malern noch als relativ ausgeglichen gelten kann, so zeigen die Betriebsgrößenstrukturen bei den Maurern und v. a. bei den Zimmerleuten eine ausgeprägte polare Struktur:

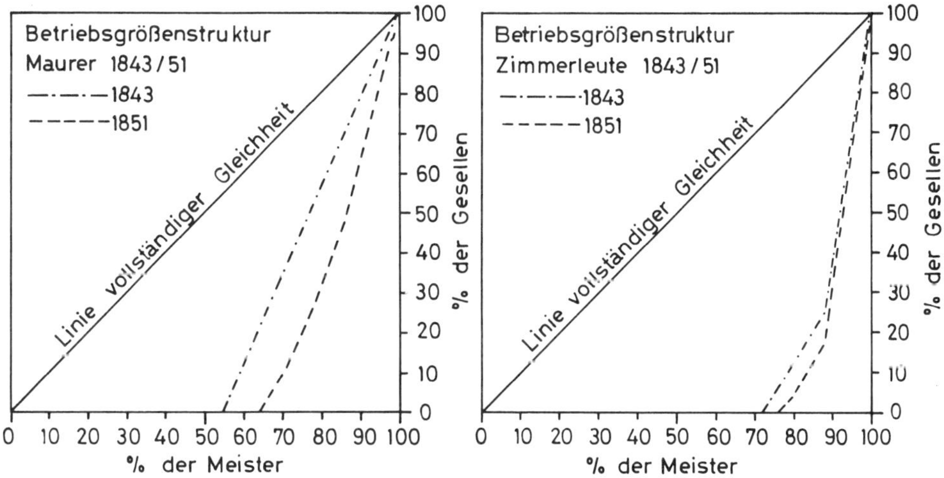

Die Lorenzkurven des Jahres 1843 zeigen für die beiden Gewerbe jedoch unterschiedliche Ausgangspositionen. Während sich die Betriebsgrößenstruktur bei den Maurern bis zum Jahr 1851 weiter polarisierte, gab es bei den Zimmerleuten im selben Zeitraum kaum mehr Verschiebungen. Der Prozeß zur Entwicklung hin zu einer polaren Sozial- und Betriebsgrößenstruktur hatte sich bei den Zimmerleuten wie sich an den Steuerkatastern zeigen läßt, bereits vor 1815 vollzogen. Schon im Steuerkataster von 1815 dominierten die Betriebe mit fünf Gesellen, während sich bei den Maurern deutlich eine prozessuale Entwicklung abzeichnet.

Der Vergleich mit den Maurern ist nun insofern interessant, da in den Armenakten des Hilfsvereins mehrere Zimmerleute (mindestens 9) aufgeführt sind, und am Aprilaufstand lediglich ein Zimmergeselle beteiligt war, während bei den Maurern zwei Meister und ein

6 Bergmann, Berliner Handwerk, 281.

Geselle beteiligt waren, zu denen noch ein Pflästerermeister zu rechnen wäre. Damit soll lediglich wie beim Schuhmacher-, Schneider- und Schreinerhandwerk betont werden, daß die *prozessuale Entwicklung zur polaren Struktur,* die der Pauperisierung der Kleinmeister entsprach, für ihre Protestbeteiligung mit ausschlaggebend war. [7]

Nahrungsmittelhandwerke

Während für das Schuhmacher-, Schneider- und Schreinerhandwerk sowie auch für die Baugewerbe von einer polaren Sturktur ausgegangen werden kann, so zeigen die Nahrungsmittelhandwerke eine relativ ausgeglichene Struktur, die am Beispiel der Betriebsgrößenstruktur der Bäcker in den Jahren 1843 und 1851 erläutert werden soll. Im Jahr 1843 kommen im Bäckerhandwerk auf 25 Meister 33 Gesellen; im Jahr 1851 kamen auf 26 Meister 30 Gesellen, wobei sowohl 1843 wie auch 1851 kein Betrieb mit mehr als drei Gesellen arbeitete. An der Lorenzkurve läßt sich ablesen, daß sich infolge der Krise im unteren Bereich Verschiebungen ergeben haben; d. h. daß die Zahl der Alleinmeister zugenommen hat. Im oberen Bereich deuten die Verschiebungen auf Tendenzen bzw. Auswirkungen der Krise hin, die einer Nivellierung gleichkommen, während in den untersuchten polaren Handwerken die Entwicklung im oberen Bereich der Kurve eher auf Konzentrationstendenzen verwiesen hat.

Ähnliches gilt für das Metzgerhandwerk, das ebenfalls eine relativ ausgeglichene Struktur aufweist. Doch in beiden Gewerben zeigt die Kurve im unteren Bereich Verschiebungen, die ebenfalls, wenn auch nicht ausgeprägt, auf eine Beeinträchtigung von Kleinmeistern hinweisen.

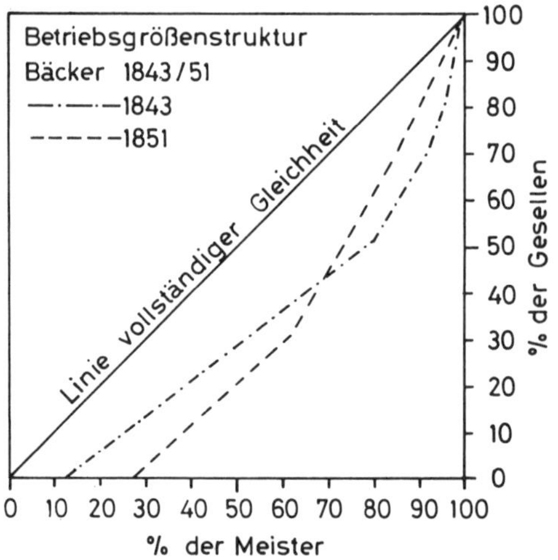

Während in den Textil-, Bekleidungs- und Lederhandwerken sowie den Bau-, Holz- und Papierhandwerken der Gesellenbesatz insgesamt stark abgesunken war, so blieb er in den Nahrungsmittelhandwerken nahezu konstant. Setzen wir diese Entwicklung in Beziehung zur

7 Bereits Stadelmann hat darauf verwiesen, daß mit den Tischler-, Schneider- und Schlossergesellen, die bei den Märzunruhen in Berlin in vorderster Front gestanden hätten, v. a. „jene Berufe, die an der Grenze vom selbständigen Handwerk zur abhängigen Lohnarbeit stehen" an der Märzrevolution beteiligt waren. Vgl. Stadelmann, Revolution, 61 und auch Bergmann, Berliner Handwerk, 124.

Protestbeteiligung, so ist wiederum kennzeichnend, daß sowohl aus dem Bäcker-, wie aus dem Metzgerhandwerk nur Meister (bzw. Handwerker) beteiligt waren. Der relativ niedere Gesellenbesatz (1851: 100/115 im Bäckerhandwerk) weist für die Gesellen noch immer die Chance einer selbständigen zukünftigen Existenz aus, während die Gantstatistik, die in der Folge ausführlich erläutert werden soll, die Auswirkungen der agrarischen Konjunktur und der Krise der vierziger Jahre v. a. auf die Kleinmeister im Metzgerhandwerk veranschaulicht.

V. 3. Gante und Zwangsvollstreckungen

Die Entwicklungen der Konkurse, bzw. Zwangsvollstreckungen oder „Vergantungen" stellen in bezug auf die Soziallage des Handwerks einen aussagekräftigen Indikator dar.[8]

Die Entwicklung der Gante bzw. Vermögenszusammenbrüche im Großherzogtum Baden zeigt für die vormärzliche Zeit eine Entwicklung, die weitgehend mit den Agrarpreisen korreliert und eine Koppelung an den agrarischen Konjunkturzyklus nahelegt. Während der erste Höhepunkt der Gantkurve im Jahr 1827 noch überwiegend auf die Vergantung landwirtschaftlicher Betriebe zurückging, so steht der zweite Höhepunkt eindeutig im Zusammenhang mit den Auswirkungen der Not- und Teuerungskrise im gewerblichen Bereich.[9]

Verfolgen wir die Entwicklung der Zwangsvollstreckungen und Zwangsversteigerungen auf lokaler Basis, so können wir eine analoge Entwicklung verfolgen. Bereits gegen Ende der dreißiger Jahre nahm die Zahl der jährlichen Vergantungen zu und erreichte schließlich im Jahr 1850 ihren Höhepunkt. Dabei bleibt allerdings zu berücksichtigen, daß ein Teil der Vergantungen nach 1848/49 auf die Tätigkeit der „Großherzoglich Badischen Liquidationskommission" zurückging, die im Rahmen der gerichtlichen Verfolgung der Revolutionsteilnehmer im Zwangswege die Untersuchungskosten eintrieb.

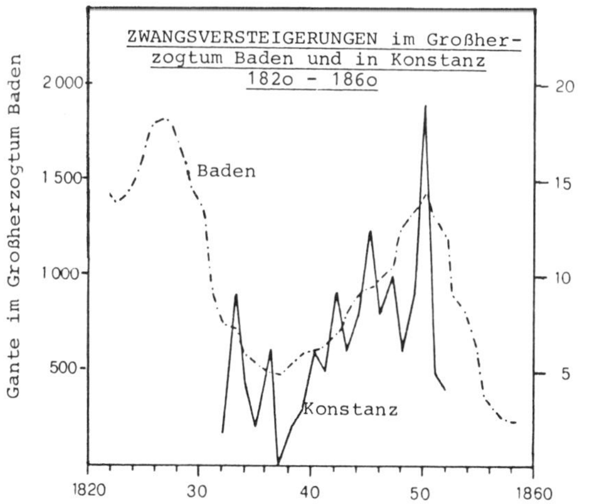

8 Bergmann, Wirtschaftskonjunktur, 6f und 17.

9 Friedhelm Gehrmann, Konkurse im Industrialisierungsprozeß Deutschlands 1800–1913, Diss. Münster 1973, 88 und 109.

Bemerkungen: Das Sample der Gante auf lokaler Basis umfaßt im Zeitraum 1832 bis 1852 insgesamt 146 Gantfälle, die sich wie folgt auf die einzelnen Jahre verteilen:

1832	2	1837	0	1842	9	1847	10
1833	9	1838	2	1843	6	1848	6
1834	4	1839	3	1844	8	1849	9
1835	2	1840	6	1845	12	1850	20
1836	6	1841	5	1846	8	1851	5
						1852	4

Das Sample der Ganten setzt sich zusammen aus den im Repertorium für Zwangsversteigerungen verzeichneten Ganten, (vgl. S. II 746); sowie den Einzelankündigungen der Gante im Großherzoglichen Anzeigeblatt für den Seekreis (StAK R 23). Die Daten für die Entwicklung der Ganten im Großherzogtum Baden nach Gehrmann, Konkurse, 81ff.

Die berufliche Struktur der Gantfälle auf lokaler Basis ist geprägt von Einbrüchen im kleingewerblichen Bereich. Von den 55 vorhandenen Berufsangaben entfallen allein 37 auf Handwerksberufe, wobei die größten Anteile bei folgenden Berufsgruppen liegen: Metzger (6), Schneider (4), Schuster, Bäcker (je 3), Schreiner, Glaser, Steinmetz (je 2). Die übrigen Angaben entfallen auf folgende Berufe: Goldarbeiter, Gerber, Kübler, Schmied, Kupferschmied, Knopfmacher, Maler, Leimsieder, Schlosser, Brauer, Gürtler, Weber, Wagner, Färber, Wundarzneidiener und Sattler.

Der Anstieg der Vergantungen in den vierziger Jahren des 19. Jahrhunderts kann jedoch nicht allein als Begleiterscheinung der Krise 1846/47 und damit als Folge des durch die agrarkonjunkturelle Entwicklung ausgelösten Krisenzyklus in einer konjunkturellen Dimension gesehen werden.[10]

Die berufliche Struktur der Gante zeigt eine Überlagerung konjunktureller und struktureller Ursachen, wie sie an den Textil- und Bekleidungshandwerken bereits erläutert worden sind. Das Phänomen des Vermögenszusammenbruchs läßt sich jedoch nicht allein auf den Prozeß der Polarisierung zurückführen, denn die Gantstatistik repräsentiert neben den benannten Berufen auch einen hohen Anteil aus dem Nahrungsmittelgewerbe sowie Handwerkszweige, die ihrem gänzlichen Untergang bzw. ihrer Verdrängung entgegensahen, da ihre Produkte mehr und mehr industriell gefertigt wurden (z. B. Vergolder, Weber, Gürtler, Knopfmacher, Leimsieder, Säckler etc.).

Bei den Bäckern und Metzgern kann noch am ehesten von konjunkturellen Ursachen ausgegangen werden, da es sich um Handwerke mit relativ ausgeglichener Sozialstruktur handelte und deren Berufsausübung in der ersten Hälfte des 19. Jahrhunderts nicht vom Industrialisierungsprozeß tangiert wurde. Für die Metzger dürfte der rückläufige Fleischverbrauch in den Krisenjahren Beeinträchtigungen gebracht haben, während für die Bäcker die Zunahme des „Hausbackens" in den vierziger Jahren den Markt verengte.[11]

10 So z. B. Karl Obermann, Wirtschafts- und sozialpolitische Aspekte der Krise von 1845–1847 in Deutschland, insbesondere in Preußen, in: Jahrbuch für Geschichte 7 (1972), 269–309, 164 u. 186.

11 Schmoller, Kleingewerbe, 419 u. 429; sowie Saalfeld, Wandlungen des Fleischverbrauchs. Ferner waren bestimmte Handwerkszweige der Konkurrenz mit den Kaufleuten nicht mehr gewachsen, die Fabrikwaren aus den Staaten des Zollvereins zu Preisen auf den Markt brachten, die Petitionen zufolge „der Handwerker schon für die Rohstoffe bezahlen müsse". Durch die Konkurrenz der Kaufleute und die zunehmende Abhängigkeit des Handwerks vomKapital seien v. a. Nagelschmiede, Schlosser, Stricker, Seifensieder, Kammacher, Bürstenmacher, Seiler und Fleischer in eine sehr bedrängte Lage geraten. Vgl. Helmut Sedatis, Liberalismus und Handwerk in Südwestdeutschland. Wirtschafts- und Gesellschaftskonzeptionen des Liberalismus und die Krise des Handwerks im 19. Jahrhundert, Stuttgart 1979, 80.

Hinzu kam die problematische Kreditsituation der Kleinhandwerker, die meist schon mit ihrer Niederlassung verschuldet und darüberhinaus gezwungen waren, ihren Kunden in Form von Waren Kredit einzuräumen, während ihnen selbst der „Mangel am Gelde" zum Verhängnis wurde. Schneider und Schuhmacher wurden so z. B. oft erst nach einem Jahr oder noch später bezahlt und hatten kaum Chancen diesen „ruinierenden Kredit zu verweigern, da in der Tat ein großer Teil derer, die zu ihnen noch kommen, es nur tut, weil hergebrachtermaßen dieser überlange Kredit im Verkehr mit dem kleinen Meister üblich ist." [12]

Die Kreditproblematik auf lokaler Ebene wird deutlich am Versuch, in der zweiten Hälfte der vierziger Jahre in Konstanz eine Leihanstalt zu errichten: „Theils zur Ermöglichung der Unternehmung oder Fortführung manchen Geschäfts in den kleineren Kreisen des Handwerks und der beschränkteren Industrie in der gegenwärtigen geldarmen Zeit, theils zur Hintanhaltung des Wuchers, der dahier, wie allerwärts mit Pfänderleihen im Geheimen getrieben wird, ist die Errichtung einer Leihanstalt in hiesiger Stadt und Umgebung ein Bedürfnis geworden." Die Genehmigung wurde vom Bezirksamt verweigert, „weil dasselbe allzuleichte Gelegenheit zu Anleihen in größeren und geringen Beträgen bieten, und hiedurch häufig Anlaß zu leichtfertigen Ausgaben" bestehe. Das Projekt, das von Kaufmann Nepomuk Katzenmayer initiiert worden war und auch durch den Gemeinderat unterstützt wurde, wurde nach Wiedervorlage durch das Innenministerium abgelehnt, da ein „Bedürfnis nicht nachgewiesen". Der Bezirksamtmann argumentierte: „da der Unterzeichnete selbst mit den Verhältnissen der Einwohnerclassen noch wenig unterrichtet ist." [13]

Die Vergantungen und Zwangsvollstreckungen haben jedoch nicht allein eine ökonomische Dimension, sondern wir müssen uns vergegenwärtigen, daß sie gleichermaßen eine soziale wie auch politische Dimension annehmen konnten. Die politische Dimension der Vermögenszusammenbrüche findet ihren Ausdruck in der Tatsache, daß mindestens 17 der Teilnehmer des Aprilaufstandes in Gantangelegenheiten verwickelt waren und somit offenbar ein Zusammenhang zwischen Vergantung und Protestbeteiligung besteht. Es wäre sicherlich überzogen, eine eindeutige statistische Korrelation zwischen Vermögenszusammenbrüchen und Protestbeteiligung herleiten zu wollen, doch der angedeutete Zusammenhang muß als Erfahrungsdimension berücksichtigt werden.

Die Biographien aus dem Schuhmacher-, Schneider- und Schreinerhandwerk haben bereits Gantfälle biographisch erläutert. Ein weiteres Beispiel soll anhand der Biographie des Metzgermeisters Nepomuk Fickler vorgestellt werden: [14]

Nepomuk Fickler war 1810 in Konstanz als Sohn des Handelsmannes und Schmälzlers Jakob Fickler und seiner Frau Eva-Maria geboren worden. Im Alter von 28 Jahren ist Fickler im Jahr 1838 nach 11jähriger Wanderschaft „nothorisch arm und von allen Mitteln entblöst aus der Fremde zurückgekommen" und bat beim Spitalvorstand um eine Anleihe von 300 Gulden „zum Umtrieb seiner Profession".[15]

12 Schmoller, Kleingewerbe, 80f. Vgl. Sedatis, Liberalismus und Handwerk, 69. „Während der Handwerker auf der einen Seite seinen Rohstofflieferanten innerhalb kurzer Zeit bar bezahlen muß, muß er auf der andern Seite seinen Kunden langfristigen, oft jährlichen zinslosen Kredit einräumen, denn diese zahlen nach altem Brauch, d. h. wann es ihnen beliebt."

13 GLA 359/1906/20 Nr. 1124. Vgl. die Biographie Nr. 40 des Kaufmanns Nepomuk Katzenmayer im Anhang.

14 Vgl. die ausfürlichen Quellenbelege im Anhang; Biographie Nr. 25.

15 Vgl. zur Bedeutung des Stiftungsvermögens als Kreditinstitut für Kleinhandwerk und Kleinhandel: Zang, Stiftungsverwaltung, bes. 41.

Kurz darauf hat Fickler dem Ehebuch der Spitalpfarrei zufolge Maria Anna Martin, die Tochter eines Metzgermeisters aus Stockach, geheiratet. Am 23. Februar 1842 beklagte sich Fickler, er sei ,,schon ein Jahr und drei Monat ohne Verdienst" und versuche sich und sein Kind von ,,seiner Sache die er noch besitze durchzubringen". Im August desselben Jahres bat er um eine Anleihe von 75 Gulden zur Wiederaufnahme seines Gewerbes, denn ,,auf die Trennung der Ehefrau des Fickler von ihrem Mann und der darauf erfolgten Rücknahme ihrer in die Ehe eingebrachten, noch vorhanden gewesenen Vermögens sind demselben zum ferneren Erwerb alle Mittel entzogen worden." Im Jahr 1844 wurde Fickler schließlich vergantet. Bis zum Aprilaufstand, an dem auch sein Bruder, – ein gelernter Schuster, der als Taglöhner sein Auskommen suchen mußte – beteiligt war, verliert sich seine Spur. Nach der Revolution ist auch er nach Nordamerika ausgewandert.

(2) Konstanz. [Hausverkauf.] Am Montag den 17. Januar 1848, Vormittags 9 Uhr,

wird im Wege der Vollstreckung gegen die Sattler Jakob Steitz'schen Eheleute dahier deren an der Paulsstraße dahier gelegenes mit Nr. 312 bezeichnetes vierstöckiges Wohnhaus sammt Werkstattanbau und Hofraum auf diesseitiger Kanzlei versteigert. Der Zuschlag erfolgt, wenn der Schäzungspreis oder darüber geboten ist. Kaufbedingnisse und Abschäzung können dahier eingesehen werden.

Konstanz, den 15. Dezember 1847.

Der Bürgermeister:

Hüetlin.

Die soziale und schließlich auch politische Dimension der Vergantungen war wesentlich jedoch durch das Verfahren des Gantprozesses selbst bedingt. Die Ankündigung der Vollstreckung, sowie das Verfahren selbst erfolgten öffentlich.[16] Das Problem der Pauperisierung und handwerklicher Existenzgefährung hatte mit der Öffentlichkeit des Verfahrens selbst eine neue Qualität von ,,Öffentlichkeit" erfahren, die für die Umorientierung des Deutungsmusters, das im Niedergang einzelner Handwerksbetriebe die individualisierenden Vorwürfe von Faulheit, Trägheit, Arbeitsscheu, Übelhauserei und Verschwendungssucht akzeptierte, entscheidend war. Mit der Zunahme der Gante und der Bedrohung breiter Kreise der Handwerkerschaft im Zusammenhang mit der Krise 1846/47 wurde mehr und mehr die kollektive Problematik deutlich, und auch die politische Funktion der individuellen Schuldzuweisung wurde in dem Maße hinfällig, wie in der subjektiven Problematik ein objektiver gesellschaftlicher Entwicklungsprozeß absehbar wurde, d. h. Zeitverhältnisse nicht weiter als ,,gedrückte Familienverhältnisse" interpretiert wurden.

16 Vgl. die obenstehende amtliche Verkündigung einer Vollstreckung im Großherzoglich Badischen Anzeigenblatt für den Seekreis. (R 23/8).

In seiner Autobiographie „Der arme Mann im Tockenburg" hat Ulrich Bräker einen Gantprozeß geschildert, der den Übergang von der „privaten" Problematik zur „Öffentlichkeit" der Armut schildert: [17]

„Endlich aber ging dem Faß der Boden vollends aus. Zwar kam mir mein gewöhnliches: Gott lebt noch – es wird schon besser werden – noch immer in den Sinn, aber meine Gläubiger fingen nichts desto weniger an mich zu mahnen und zu drohen. Von Zeit zu Zeit mußte ich hören, wie dieser oder jener Bankerott machte. . .

Neben anderen traf die Reihe auch meinen Schwager; ich hatte ebenfalls eine Anforderung an ihn und war selber bei dem Ausfallact gegenwärtig, freilich mehr ihm zum Beistande, als um meiner Schuld willen.

Oh was das für ein erbärmliches Spektakel ist, wenn einer so wie ein armer Delinquent, dastehn – sein Schulden- und Sühneregister vorlesen hören – so viele bittre – teils laute – teils leise Vorwürfe in sich fressen – sein Haus, seine Mobilien, alles bis auf ein armseliges Bett und Gewand, um einen Spottpreis verganten sehen – das Geheul von Weib und Kindern hören – und zu allem schweigen muß wie eine Maus. . .

Und doch konnt ich weder rathen noch helfen – nichts tun als für meiner Schwester Kind beten – und dazu im Herzen denken: Auch du, auch du steckst ebenso tief im Koth!

Heut oder morgen kann es, muß es dir ebenso ergehen, wenns nicht bald anders wird. Und wie sollt es anders werden? Oder darf ich Thor auf ein Wunder hoffen? Nach dem nathürlichen Gang der Dinge kann ich mich unmöglich erholen. Vielleicht harren deine Gläubiger noch eine Weile; aber alle Augenblicke kann die Geduld ihnen ausgehen. Doch wer weiß? Der alte Gott lebt noch! Es wird nicht immer so währen. Aber ach. Und wenns auch besser würde, so braucht es Jahre lang, bis ich mich wieder erholen könnte. Und soll lang werden meine Schuldherren gewiß nicht Zeit lassen.

Was soll ich anfangen? Keiner Seele darf ich mich vertrauen – muß ich doch vor meinem eigenen Weib meinen Kummer verbergen. Mit solchen Gedanken wälzt ich mich ein paar lange Nächte auf meinem Lager herum."

Die Gedanken Bräkers zeigen nicht allein die eminente Furcht vor dem Vermögenszusammenbruch, sondern auch die ökonomische und soziale Reichweite einer Vergantung. Mit der Vergantung als Ausdruck des Verlustes der ökonomischen Subsistenzmittel und der Kreditwürdigkeit war auch der Hoffnung auf eine zukünftige Rekonstruktion der selbständigen Existenz eine Grenze gesetzt, da abgesehen vom Hausbesitz, der z. B. für Nahrungshandwerker unabdingbar war, ein Minimum an Kapital und Kredit für Rohstoffe und Werkzeuge [18] Voraussetzung für einen Handwerbsbetrieb waren.

Während die zahlreichen Familienkonflikte, auf die in der Folge eingegangen werden soll, auf der Ebene der Familie einen Solidaritätsverlust belegen, so könnte die soziale Reichweite der Pauperisierung schließlich mit eine Erklärung für die Beteiligung von Frauen an den Aprilunruhen geben.[19]

17 Ulrich Bräker, Der arme Mann im Tockenburg, Zürich 1978, 228 f(1. Aufl. Zürich 1789)

18 Bergmann, Wirtschaftskonjunktur, 23.

19 Vgl. Marmor, Chronik, 120, Marmor erwähnt eine Volksversammlung am 15. April, bei der der Bürgermeister vom Balkon des Stadthauses herabsprechen mußte, „wobei er oft seinen Ärger über die Anwesenheit der Frauenspersonen ausließ, welche sich des ohngeachtet nicht entfernten." Vgl. zum Solidaritätsverlust auf der Ebene der Familie unter Bedingungen langanhaltender Arbeitslosigkeit den soziographischen Klassiker von Maria JAHODA, Paul F. LAZARSFELD u. Hans ZEISEL. Die Arbeitslosen von Marienthal. Ein soziographischer Versuch über die Wirkungen langandauernder Arbeitslosigkeit, Frankfurt 1978 (1. Aufl. Leipzig 1932). Mirra KOMAROVSKY, The Unemployed Man and his Family, New York, 1940.

Vgl. bes. Olwen HUFTON, Weiblicher Alltag. Die Schattenseite der Französischen Revolution, in: C. Honegger u. B. Heintz (Hg.), Listen der Ohnmacht. Zur Sozialgeschichte weiblicher Widerstandsformen, Frankfurt 1981, 138–159.

VI. EXKURS ZUR SOZIALEN DIMENSION HANDWERKLICHER EXISTENZGEFÄHRDUNG – „MÜSSIGGANG, TRUNKENHEIT UND ARBEITSSCHEU"

„Tatsachen und Ursachen des Erwerbsmangels und der Massenverarmung, welche vorzugsweise die städtische und fabrizierende Bevölkerung betreffen: Die Art des häuslichen Lebens der Arbeiter, welches sich allmählich so zu gestalten pflegt, daß der Begriff Familie auf sie kaum mehr anwendbar scheint. Welchen Einfluß dieses auf eheliches Glück, häuslichen Frieden, die Erziehung der Kinder und auch auf das leiblichen Wohlbefinden notwendig haben muß, liegt zutage. Auch die Feier des blauen Montags und die Ablohnung am Sonnabend tragen dazu bei die Nachteile dieser Verhältnisse zu mehren." [1]

Die Vielzahl und Vielfalt von Familienkonflikten, die in den polizeilichen Verhörprotokollen dokumentiert sind und die mit ein biographisches Strukturmerkmal der Beteiligten aus dem Handwerk an den Aprilunruhen darstellen, charakterisieren die soziale Dimension handwerklicher Existenzgefährdung in der vormärzlichen Zeit.

Einen ersten Einblick hat die Biographie des Schreiners Xaver Allensbacherr gegeben, dem ein „ungeordneter und müßiger Lebenswandel" vorgeworfen wurde – und der angab, „daß er öfters bloß aus Mißmuth über die Zerrüthung seiner Vermögensverhältnisse und Mangel an Arbeit sich dem Trunke ergebe". Auch die Biographien der Schreiner Haaf und Speer, des Schuhmachers Steiger und des Schneiders Springer waren von Familienkonflikten, die bis zur Scheidung bzw. Trennung gingen, geprägt.

Aus den polizeilichen Verhörprotokollen lassen sich weitere „Ehehändel" in ihrer zeitlichen Entwicklung aufzeigen, die für die bedrohten Handwerke geradezu charakteristisch sind.

Im Jahr 1832 beschwerte sich die Frau des Barbiers Dominikus Bannholzer auf dem Bürgermeisteramt, ihr Mann bringe durch stete Trunkenheit, Trägheit und Händelsucht die Haushaltung ins äußerste Verderben. „Er schlägt in solchem Zustande alle Geräthschaften im Hause zusammen und mißhandelt selbst auch mich." [2]

Nach einem Bericht des Polizeiwachtmeisters kam die Frau des Bannholzer 1834 erneut auf die Wache: „er seye mit einem Messer auf sie losgegangen, wo in seiner Trunkenheit leicht hätte ein Unglück entstehen können." Im Januar 1835 machte ein Nachbar Anzeige, „man solle Bannholzer abholen, da er fürchte, er schlage alles im Haus zusammen." Das Bürgermeisteramt berichtete daraufhin an das Bezirksamt über die „unverbesserliche Trunkenheit und die öffentlichen Scandale" des Bannholzer, „durch die er verdienstlos geworden sei und seine Frau sich ihr kümmerliches Stückchen Brot durch Arbeit in einer hiesigen Fabrik verdienen müsse."

Bannholzer wurde daraufhin die Mundtoterklärung (Entmündigung) angedroht. Im März kam es erneut zu einem „Auflauf" und im September 1837 wurde eine sechstägige Gefängnisstrafe wegen tätlicher Widersetzlichkeiten gegen ihn ausgesprochen. 1843 schließlich wurde Bannholzer in des Arbeits- oder Correctionshaus eingeliefert, aus dem er im März 1845 mit dem folgenden Begleitschreiben wieder entlassen wurde:

1 Friedrich Wilhelm Freiherr von Reden, Erwerbsmangel, Massenverarmung, Massenverderbnis – deren Ursache und Heilmittel, in: Zeitschrift des Vereins für deutsche Statistik 1 (1847); hier zit. nach Carl Jantke und Dietrich Hilger (Hg.), Die Eigentumslosen. Der deutsche Pauperismus und die Emanzipationskrise in Darstellungen und Deutungen der zeitgenössischen Literatur, Freiburg 1965, 461–484, 471 und 473.

2 S II 18 392

,,Inwieweit diese Expedienz an Bannholzer angeschlagen hat, können wir nicht mit Bestimmtheit sagen, glauben aber, derselbe werde eher nach seiner früheren Gewohnheit fortleben, als Beweise von erlangter Besserung ablegen, wie dieses die Erfahrung überhaupt lehrt.“ [3]

Über den 1847 schließlich verarmten Sattlermeister Joseph Krämer liegt aus dem Jahr 1833 folgendes Protokoll vor: [4]

Nachts um zwei Uhr kam die Frau des Sattlermeisters Krämer auf die Polizeiwache und beklagte sich, daß ihr Mann sie nicht mehr ins Haus lasse. Daraufhin wurde sie von einem Polizeisoldaten begleitet, doch ,,Krämer seye gegen ihn ganz grob gewesen, daß er ihm angetragen habe, er werfe ihn die Stiegen ab und habe ihn bis an die Stiegen geschoben und sich Ausdrücken bedient, die der Polizei ganz unpassend sind“.

Einem zweiten Protokoll aus dem Jahr 1835 nach zu schließen, wurde Krämer am 17. Januar unter Widerstand festgenommen, nachdem er gedroht habe, ,,der erste welcher ins Haus komme, schieße er Tod“. Bei seiner Vernehmung gab er an: ,,Meine Frau fing schon gestern in aller Früh an mit mir zu zanken und so ging es fort bis Abends. Nachdem ich nun etwas getrunken hatte, so kam es zu ernstlichen Wortwechseln, und unter dem Streit lief meine Frau auf die Polizeiwachstube, und rief um Hilfe. Als die Polizei nun kam, so wußte ich nicht gleich, daß sie es wäre, und rief blos zum Fenster hinaus, daß ich mir verbitte, daß da unten so ein Spektakel gemacht werde. Unsere Miethsfrau rief zum Fenster hinaus um Hilfe, und so liefen die Leute zusammen und sofort kam die Polizei und führte mich auf die Wache.“

Daraufhin wurde seine Frau vernommen, die angab, ,,daß sie nicht in Abrede stellen könne, daß sie schon gestern früh mit ihrem Ehemann heftig gezankt und ihm seine Trunkenheit vorgeworfen habe. Gegen Abend seien die Händel wieder angegangen und nachdem sie ihr Mann mehreremal in der Trunkenheit geschlagen habe und sie aus der Nase geblutet habe, so seie sie auf die Polizei. Sie könne gegen denselben keine Klage vorbringen, als die einzige, daß er, wenn er betrunken sei, sich selbst nicht mehr kenne uns zu allem fähig sei.“ [6]

Im Februar 1840 wurde über den Goldarbeiter und Graveur Jakob Holzmann das folgende Protokoll aufgenommen:

,,Schon zu wiederholten Malen hat man den hiesigen Bürger Jakob Holzmann, Goldarbeiter und Graveur, 37 Jahre alt, Vater von drei Kindern, davon ältestes 9 Jahre alt ist, welcher sich, obwohl er ein tüchtiger Arbeiter wäre, durch gänzliche Vernachlässigung seines Gewerbes und Vermögenslosigkeit Schulden und allgemeine Mißachtung gebracht hat, vorgerufen und denselben aufgefordert, durch Fleiß und Arbeitsamkeit sich sein Brot auf ehrliche Weise zu erwerben, und die Wirthshäuser und schlechte Gesellschaften zu meiden.

Vielmehr befindet sich derselbe mit seiner Familie in einer gänzlich verdienstlosen und von allen Subsistenzmitteln entblösten Lage.“ [7]

Der Verarmungsprozeß des Steinmetzen Lukas Ahorn, gegen den ebenfalls von seiner Frau Klage geführt wurde, gibt gleichzeitig einen Einblick in die Sozialisationsbedingungen seines am Aprilaufstand beteiligten Sohnes Emanuel.[8]

Im März 1835 beschwerte sich die Frau Ahorns, daß ihr Mann, der bekanntlich ein guter Arbeiter sei, es mit Trägheit und seinem Hang zur Trunkenheit dahin bringe, ,,daß er um allen Verdienst kömmt. Diesem zufolge ist auch im Saalhause des vorigen Jahres über sein Vermögen die Gant erkannt worden, welches vollkommen aufgezehrt ist.“ [9]

3 Ebd.
4 S II 18 395
6 S II 18 395
7 S II 18 392
8 Vgl. B 1
9 S II 18 401

Aufgrund seiner Arbeitsscheu haber er nur geringen und höchst seltenen Verdienst, wodurch die Bestreitung einer Haushaltung „wo wie sie sich für einen Familienvater geziemt" nicht möglich sei. „Statt dessen besucht derselbe schon morgens früh die Wirthshäuser, in welchen er den Tag über stets zu treffen ist, kommt auch nie zum Essen nach Hause bis in die späte Nacht, wo er dann regelmäßig betrunken ist. Auf diese Weise geht das Hauswesen gänzlich zugrunde und die Erziehung der Kinder wird völlig vernachlässiget." [10]

Das Bürgermeisteramt berichtete daraufhin an das Bezirksamt über die „zerrütheten oeconomischen Verhältnisse" des Lukas Ahorn und schlug vor:

„Um diesem Übelstand, soviel es zur Zeit möglich gemacht werden kann, zu heben, den Mann wieder gehörig zu beschäftigen, ihn zur Arbeit und Ordnungsliebe zurückzuführen und dadurch die Aussicht, nach welcher bei dem Fortbestand der würcklichen Verhältnisse der Kinder der gedachten Eheleute dem Spital ohnausweichlich binnen kurzer Zeit anheimfallen, auszuweichen, wäre der Stiftungsvorstand nicht abgeneigt, dem Ahorn zur Anschaffung der erforderlichen Steine eine Summe von fl 100 gegen Verzinsung . . . vorzuschießen." [11]

Im Jahr 1836 sind schließlich vier seiner Kinder auf Bitte der Mutter ins Spital aufgenommen worden, da sie aus Gründen der Armut nicht in der Lage sei, diese zu ernähren, „da ich hiezu von meinem Mann keine Hilfe erhalte". Ein Verhörprotokoll aus dem Jahr 1837 enthält wiederum eine Beschwerde wegen „unverbesserlichen Müßigganges, Umherziehen in den Wirthshäusern und Vernachlässigung des Hauswesens".[12]

Die Fallsammlung über „Müßiggang, Trunkenheit und Arbeitsscheu" ließe sich noch weiter fortsetzen; – und auf den ersten Blick scheint sie das eingangs zitierte Urteils des Statistikers v. Reden, der Erwerbsmangel und Massenverarmung durch „die immer mehr sich verbreitende Entwöhnung von dem Einflusse des Gefühls für Sittlichkeit im Menschen" zurückführte, zu bestätigen.

Auch das badische Finanzministerium ging davon aus, daß „Genußsucht" und „Arbeitsscheu" die ökonomischen Verhältnisse mancher Bewohner des Landes zerrüttet haben: „Die Erfahrungen der letzten Jahre mögen für viele heilsam gewesen sein. Wo sie nichts genutzt haben, wird eine Reform der Prozeßordnung nachhelfen . . . die das Betreiben der Forderungen für die Gläubiger erleichtert. Ist dies der Fall und werden die Bewohner des Landes fleißig, sparsam und gewissenhaft in der Erfüllung ihrer Verpflichtungen, gestalten sich auch die politischen Verhältnisse Deutschlands befriedigend . . ." [13]

Es wäre für unsere Analyse allerdings wenig sinnvoll, uns wie die zeitgenössischen „Familiensoziologen" auf die ethisch moralische Ebene zu begeben. Vielmehr kann zur Interpretation und Analyse der dargestellten Phänomene auf Forschungsergebnisse zurückgegriffen werden, die einen Zusammenhang zwischen langandauernder Arbeitslosigkeit und individueller sozialpsychologischer Problematik [14] – und den Zusammenhang zwischen sozioökonomischem Strukturwandel und Familienkonflikten thematisieren.[15]

10 S II 18 401

11 S II 20 523

12 S II 20 523

13 Fischer, Staat und Industrialisierung in Baden, 399.

14 Jahoda, Lazarsfeld und Zeisel, Marienthal. Zu ähnlichen Ergebnissen kommt Laura S. Strumingher, The Artisan Family: Traditions and Transition in Nineteenth-Century Lyon, in: Journal of Family History 2 (1977), 211–222, bes. 216ff.

15 David Sabean, Intensivierung der Arbeit und Alltagserfahrung auf dem Lande – Ein Beispiel aus Württemberg, in: SOWI 6 (1977), 148–152.

Jahoda, Lazarsfeld und Zeisel haben in ihrer Studie den Versuch unternommen, anhand von Lebensgeschichten und durch Familienmonographien [16] unterschiedliche Grundhaltungen gegenüber der Arbeitslosigkeit zu entwickeln. Aus der Beobachtung von 100 Familien erstellten sie eine Häufigkeitsverteilung, die von vier Grundtypen ausging, die sie als *ungebrochen, resigniert, verzweifelt* und *apathisch* charakterisierten. Während der ungebrochene Haltungstyp durch Pläne und Hoffnungen und Versuche der Arbeitsbeschaffung gekennzeichnet war, so war für den resignierten Haltungstyp ein gleichmütiges erwartungsloses Dahinleben und die maximale Einschränkung aller Bedürfnisse unter Aufrechterhaltung des Haushaltes typisch. Die dritte Grundhaltung war durch Verzweiflung, Depression und Hoffnungslosigkeit und das Gefühl der Vergeblichkeit aller Bemühungen gekennzeichnet. Die vierte Grundhaltung schließlich wird mit ,,apathischer Indolenz" beschrieben: ,,Es werden keine Pläne gemacht, es besteht keine Hoffnung; die Wirtschaftsführung ist nicht mehr auf die Befriedigung der wichtigsten Bedürfnisse gerichtet, sondern unrationell. In dieser Gruppe finden wir die Trinker des Ortes. Die Familie zeigt Zerfallserscheinungen, es gibt viel Streit; Betteln und Stehlen sind häufige Begleiterscheinungen. Nicht nur für die weitere Zukunft herrscht Planlosigkeit, sondern auch für die nächsten Tage und Stunden. Das Unterstützungsgeld wird schon in den ersten Tagen verbraucht." Die Frage nach der zeitlichen Dimension zeigte jedoch bald, daß es sich nicht um Grundhaltungen im Sinne von ,,Typen" handelte, sondern um Phasen im Sinne eines prozessualen Verlaufes, denn es zeigte sich, daß die ,,Haltungstypen" lediglich der Ausdruck einer unterschiedlichen Dauer der Arbeitslosigkeit und der damit korrelierenden Höhe der Unterstützungsbeiträge waren, die mit zunehmender Dauer der Arbeitslosigkeit geringer wurden.

Ungeachtet der Tatsache, daß sich die von Jahoda, Lazarsfeld und Zeisel erzielten Forschungsergebnisse auf einen andern Kontext beziehen, zeigen sie doch zumindest ähnliche Auswirkungen der Arbeitslosigkeit auf der sozialpsychologischen Ebene wie die in den Verhörprotokollen dokumentierten Fälle. Die Fälle lassen sich zweifelsohne als Ausdruck des Pauperisierungsprozesses begreifen, doch stehen die Vorwürfe ,,Müßiggang, Trunkenheit und Arbeitsscheu" in einem weiteren Zusammenhang, der v. a. durch eine Analyse von Familienkonflikten aus dem agrarischen Bereich erläutert werden soll.

David Sabean hat an einem württembergischen Beispiel ähnlich gelagerte Konflikte aus dem agrarischen Bereich analysiert. Er hat dabei Kirchenkonventsprotokolle aus der Zeit zwischen 1800 und 1850 ausgewertet, die Scheidungen oder Fälle angedrohter Scheidung enthalten und die folgenden Konfliktpunkte zur Sprache bringen:

,,Die Frauen beklagten sich, daß ihre Männer tranken, Schulden machten, sie in wirtschaftlichen Angelegenheiten nicht um Rat fragten, sich nicht ums Geschäft kümmerten und daß sie ihnen gegenüber gewalttätig würden. Die Ehemänner dagegen behaupteten, daß die Frauen schlechte Köchinnen seien,

16 Die Studie von Jahoda, Lazarsfeld und Zeisel war im Anschluß an die Weltwirtschaftskrise von 1929 entstanden und gilt heute als Klassiker der soziographischen Methode. Am Beispiel des österreichischen Fabrikdorfes Marienthal versuchten sie ein Bild von der psychologischen Situation eines Ortes unter den Bedingungen langandauernder Arbeitslosigkeit zu geben. Der methodische Ansatz der Familienmonographie ist zuerst von Frederic Le Play in seinem Werk ,,Les ouvriers européens" (1855) entwickelt worden. Auch die erste systematische Soziographie über Ursachen und Auswirkungen der Arbeitslosigkeit analysierte auf der Basis von Kurzbiographien. Vgl. Seebohm Rowntree, und Bruno Lasker, Unemployment, a Social Study, London 1911 und Alfred Reuss, Frederic Le Play in seiner Bedeutung für die sozialwissenschaftliche Methode, in: Archiv für exakte Wirtschaftsforschung 5 (1913).

ihre Hausarbeiten nicht zufriedenstellend erledigten, andauernd nörgelten und sich in wirtschaftlichen Angelegenheiten einmischten; sie machten geltend, daß sie hart arbeiteten und keineswegs außergewöhnlich viel tränken.“ [17]

Die Intensivierung des Arbeitseinsatzes im Zuge der Agrarrevolution war nach Sabean ausschlaggebend für die Entwicklung zweier „verschiedener Formen von Zeitdisziplin“; – einem modernen Zeitbewußtsein der Frauen, das durch die zu dieser Zeit entstehenden pietistischen Zirkel gefördert wurde und dem herkömmlichen Rhythmus der Männer. „Auch die starke Betonung des Trinkens braucht unserer Meinung nach nicht notwendig bedeuten, daß die Männer neue Trinkgewohnheiten entwickelt hatten, sondern daß sich deren Wahrnehmung geändert hatte.“ [18]

Der Bereich der Wahrnehmung kann auch für unseren Argumentationszusammenhang nicht übersehen werden. Schon der Terminus „Müßiggang“ und der Verweis zur „*anhaltenden* Arbeitsamkeit“ deuten auf einen Konflikt zwischen traditionalen sozialkulturellen Wahrnehmungsformen und einer neuen „Zeitökonomie“ hin, die „Arbeitsscheu, Müßiggang und Trunkenheit“ soziale Normen wie „Arbeitsamkeit, Nüchternheit und Sparsamkeit“ gegenübersetzte.

Der Tugendkatalog kann also nicht allein als Ausdruck eines gesellschaftspolitischen Konzeptes gegen Pauperisierungstendenzen verstanden werden, sondern muß im Zusammenhang mit der Disziplinierungspolitik des modernen Staates, für die eine aufgabenorientierte Zeitordnung „verschwenderisch und ohne Sinn für jede Dringlichkeit“ war, gesehen werden.[19] Die aufgabenorientierte Zeitordnung, die für die traditionale kleinbetriebliche Produktion des Handwerks bestimmend war und die eine Trennung zwischen Arbeit und Leben kaum ausprägte, da sich interpersonelle Kontakte und Arbeitsprozeß vermischten, fand in einem Arbeitsrhythmus ihren Ausdruck, der durch die Unregelmäßigkeit der Arbeitsorganisation bestimmt war:

„Dieses Durcheinander von Tätigkeiten muß im Zusammenhang mit dem unregelmäßigen Zyklus der Arbeitswoche, ja des Arbeitsjahrs gesehen werden. . . . Wo immer Menschen ihren Arbeitsrhythmus selbst bestimmen konnten, bildete sich ein Wechsel von höchster Arbeitsintensität und Müßiggang heraus.“ [20]

Der Müßiggang, der zahlreichen Handwerkern in unserem Zusammenhang zum Vorwurf gemacht wurde, erweist sich jedoch bei näherem Hinsehen auch als Ausdruck eines hand-

17 Sabean, Intensivierung, 150.

18 Ebd. 151. Anhand einer Analyse der Arbeitsprozesse kann Sabean letztlich zeigen, daß strukturelle Prozesse, die das gesamte Dorf, bzw. die Region betreffen, für den Konflikt grundlegend sind, – daß sich jedoch die Veränderungen und Anpassungen in der Alltagspraxis auf der Ebene des häuslichen Lebens vollziehen und innerhalb der Familie vermittelt werden.

19 Edward P. Thompson, Zeit, Arbeitsdisziplin und Industriekapitalismus, in: Ders., Plebeische Kultur und moralische Ökonomie, Berlin 1980, 35–66, 39. Vgl. grundlegend zu den Transformations- und Disziplinierungsversuchen gegenüber der plebeischen Kultur: Ders., Patrizische Gesellschaft, plebeische Kultur, in: Ders., Plebeische Kultur, 169–202. Keith Thomas, Work and Leisure in Pre-Industrial Society, in: P&P 29 (1964), 50–62.

20 Thompson, Zeit, 45f. „Der Sonntag gehört der Familie, der Montag den Freunden . . . Man hatte ja immer noch den Morgen und Abend der letzten Wochentage, an denen man den Verlust des nachlässigen Wochenbeginns wettzumachen hoffte. Zum unregelmäßigen Arbeitsrhythmus gesellt sich die ausgiebige Zeche am Wochenende.“

werklichen Arbeitsrhythmus und damit auch als Bestandteil der ,,plebeischen Kultur", die sich in diesem Zeitraum verstärkten Disziplinierungsversuchen ausgesetzt sieht.[21]

Der Vorwurf der Trunkenheit ist dabei gleichermaßen im Zusammenhang mit dem Verbot des ,,Blauen Montag" zu sehen, der mehr und mehr Gegendstand von Verordnungen wurde. Im Jahr 1838 wurde das ,,Blaumontagmachen" bzw. das ,,Aussetzen der Arbeitsgehülfen" am Montag polizeilich untersagt und kriminalisiert [21] und im Jahr 1842 die Gesellenordnung der Stadt Karlsruhe übernommen, die den ohnehin schon eingeschränkten Handlungsspielraum der Gesellen weiter einschränkte.[22] Auch die traditionellen Festtage und Jahrmärkte wurden zusehends abgeschafft oder reduziert [23] und somit auch auf der sozialkulturellen Basis eine Transformation vollzogen, die die plebeische Kultur entscheidend bedrohte und als Pendant zur Bedrohung der ,,sittlichen Ökonomie" verstanden werden muß.

21 Vgl. zu den Disziplinierungsversuchen des Reiches und der Territorien in Bezug auf das Handwerk: Rudolf WISSELL, Des Alten Handwerks Recht und Gewohnheit, Bd. 1, Berlin 1929, 505ff und Georg FISCHER, Handwerk und Handwerkspolitik von 1500 bis 1800, in: Ders., Volk und Geschichte, Kulmbach 1962, 29–86. Vgl. Marmor, Chronik, 76. Grundlegend zum blauen Montag: Wissell, II, 415ff. Douglas A. REID, ,,Der Kampf gegen den blauen Montag" 1766 bis 1876, in: Detlev PULS (Hg.), Wahrnehmungsformen und Protestverhalten. Studien zur Lage der Unterschichten im 18. und 19. Jahrhundert. Frankfurt/M., 1979, 265–295. W. R. LAMBERT, Alkohol und Arbeitsdisziplin in den Industriegebieten von Südwales 1800 bis 1870, in: Puls, Wahrnehmungsformen, 296–316.

22 S II 896. Abgedruckt in: Krümmer, Wirtschafts- und Sozialstruktur, 159–162.

23 Unter der Rubrik Polizei/Sittlichkeit findet sich beispielsweise ein Bericht des Gemeinderats an das Bezirksamt über ,,die weltliche Feier der Kirchweihe": Diesselbe begann jeweils am 3. Sonntage im October mit Tanzmusik und anderen Volksbelustigungen und wurde am darauffolgenden Montag, Dienstag und Donnerstag fortgesetzt; der letzte Tag wurde schon früher gestrichen, die übrigen Tage beibehalten, bis die allgemeine Beschränkung auf einen Tag eintrat . . .
Wenn es uns erlaubt ist, so geht unsere Ansicht dahin, daß man bei der oben erwähnten Beschränkung zu weit ging." Der Gemeinderat schlug daraufhin einen Mittelweg vor, der ,,weder die Interessen der öffentlichen Ordnung verletzen", noch aber die ,,Erholung allzusehr beschränken würde, die ihm für seine mühevollen Arbeiten wohl zu gönnen ist und die sich als eine alte Sitte bei uns eingebürgert hat. Wir haben oben schon bemerkt, in welcher Ausdehnung früher der Fasching abgehalten wurde. Dies war namentlich auch in Konstanz der Fall, wo der Sinn für die Faschingsbelustigen auch jetzt noch nicht . . . erstorben ist." Vgl. S II 6194 Die weltliche Feier der Kirchweihe betr.

VIII. MOTIVATIONEN UND „MATERIELLES SUBSTRAT" HANDWERKLICH-PLEBEISCHEN AUFRUHRS

Kommen wir zurück zur Ausgangsfrage, inwieweit die Revolution 1848 als „authentisch bürgerliche Erfahrung" zu begreifen ist, und wie die Ergebnisse der Forschungen zur Sozialstruktur der Trägerschichten der Revolution, bzw. einzelner revolutionärer Ereignisse interpretiert werden können. Ein Vergleich der bisher vorliegenden Analysen (das Sample der Märzgefallenen von Hoppe/Kuczynski; das Sample Geisels zur Hanauer Turnerwehr; sowie das Sample Rupiepers zu den Trägerschichten der Revolution 1848/49 in Sachsen) und die Analyse zum Aprilaufstand in Konstanz hat übereinstimmend einen hohen Anteil der Handwerkerschaft an den „revolutionären Ereignissen" der Jahre 1848/49 dokumentiert.

In allen Fällen hat die quantitative Beteiligung der Handwerkerschaft die des liberalen Bürgertums übertroffen. Die Beteiligung zeigt somit insgesamt einen überwiegend plebeischen Charakter, wenngleich berücksichtigt werden muß, daß die empirische Basis für diese These nicht sonderlich bereit ist und für die Frage nach der authentisch bürgerlichen Erfahrung berücksichtigt werden muß, daß die Manifestation und Artikulation bürgerlicher Forderungen auch auf andere, teils gewaltlosere Protestformen wie Petitionen und Volksversammlungen im Zuge einer Ausbildung „bürgerlicher Öffentlichkeit" zurückgreifen konnte und auch zurückgriff. Am Beispiel der verhängten Urteile nach der Revolution 1848/49 hat denn auch Rupieper nachgewiesen, daß Urteile wegen politischer Vergehen meist gegen Personen aus den Sektoren Staat/Kirche, Handel/Verkehr, Studenten und freie Berufe verhängt wurden, während Urteile wegen „Aufruhr und Landfriedensbruch" im wesentlichen gegen Personen aus dem Handwerk und der Industrie verhängt worden sind,[1] – und insofern eine Differenzierung in „bürgerlichen Hochverrath" und „plebeischen Aufruhr" naheliegt.

Es stellt sich in diesem Zusammenhang die Frage nach der Einheitlichkeit der Motivationen und Erwartungen beim Aprilaufstand in Konstanz, der – bezieht man sich allein auf die artikulierten Forderungen – doch unter dem einheitlichen „politischen" Signum der Republikforderung im Sinne der Dreiteilung der Grundproblematik 1848 in die nationale, konstitutionelle und soziale Frage,[2] oder in „Republik, konstitutionelle Monarchie und soziale Frage" [3], zu stehen schien.

Unter Berücksichtigung der Ergebnisse der Protestforschung bleibt jedoch zu klären, welche Legitimationsvorstellungen bzw. welche Erwartungen mit der Republikforderung verbunden waren. Zur Interpretation können u. a. die Ergebnisse von Analysen bäuerlicher Protestbewegungen herangezogen werden. Rainer Wirtz hat am Beispiel der „Odenwälder Excesse" und der Sinsheimer„Republikanischen Schilderhebung" verdeutlicht, daß Begriffe bürgerlichen Vokabulars wie Pressefreiheit für Odenwälder Bauern lediglich eine Etikette für andere Inhalte annahmen. Pressefreiheit war für sie die Freiheit vor Pressionen, – also vor dem Gerichtsvollzieher. Auch eine Interpretation als „Fressfreiheit" schien möglich. „Die Konnotationen, die die Bauern im Odenwald den Freiheitsbegriffen beilegten, waren an ihren eigenen sozialen Kontext geknüpft, er wurde ins „Materielle" übersetzt." [4]

1 Vgl. Rupieper, Trägerschichten, 104.

2 Vgl. Michael Stürmer, 1848 in der deutschen Geschichte, in: H. U. Wehler (Hg.), Sozialgeschichte Heute. Fs. f. Hans Rosenberg, Göttingen 1974, 228–242

3 Dieter Langewiesche, Republik, Konstitutionelle Monarchie und „Soziale Frage". Grundprobleme der deutschen Revolution 1848/49, in: HZ 230 (1980), 529–584

4 Rainer Wirtz, Die Begriffsverwirrung der Bauern im Odenwald 1848. Odenwälder ‚Excesse' und die Sinsheimer ‚republikanische Schilderhebung', in: D. Puls (Hg.), Wahrnehmungsformen und Protesverhalten, Frankfurt, 1979, 81–104, 85.

„So offenbart denn die Bergiffsverwirrung im Odenwald . . . die sich als systematisch kennzeichnen läßt, in ihren jeweils unterschiedlichen Konnotationen zu Begriffen wie „Freiheit", „Republik", „Gleichheit", „Amerika" etwas von dem Prozess der Herausbildung einer politischen Kultur im Vormärz. Die Mißverständnisse weisen auf ein Zusammentreffen einer sich lokal ausdifferenzierenden „plebeian culture" mit einer sich entwickelnden bürgerlichen Kultur hin." [5]

Sedatis hat die Affinität zwischen Handwerk und Liberalismus gleichermaßen resümiert: „Man ist liberal und erwartet von einer liberalen Regierung den Schutz seiner Interessen", oder „das mittelständische Handwerk ist solange konsequent liberal, wie der Liberalismus mittelständisch ist." [6]

Auch für unseren Argumentationszusammenhang läßt sich feststellen, daß eine grundsätzliche Affinität der Handwerkerschaft zu liberaldemokratischen, bzw. radikaldemokratischen Positionen lediglich bei wohlhabenderen Meistern,[7] die beispielsweise in der „politischen" Märzbewegung mit das Sozialprofil des „Ausschusses der Bürgerversammlung" prägten, belegen ließ; – und allenfalls für einen Teil der Gesellen.

Somit stellt sich die Frage nach den Konnotationen des politischen Signums und nach den plebeischen Erfahrungsdimensionen, die für die Protestbeteiligung handlungsrelevant wurden.

Wenn sozialer Protest bzw. Gewalt als Schlüssel zu sozialen Strukturen und Prozessen, oder als Tracer zu sozialen Spannungen und zur Eingrenzung eines Konfliktfeldes führen kann, so zeigt das sozioprofessionelle Profil im Bereich der Handwerkerschaft eine wiederum übereinstimmend hohe Repräsentanz bestimmter Berufsgruppen, die analytisch einen Zugang bietet.

Bei den Berliner Märzgefallenen waren vor allem Schreiner, Schneider und Schuhmacher unter den Gefallenen; – beim Zug der Hanauer Turnerwehr waren in erster Linie Goldarbeiter, Schreiner, Schuhmacher und Schneider beteiligt. Auch im Sample Rupiepers, dessen Vergleichbarkeit aufgrund der Zusammenfassung mehrerer und unterschiedlicher Protestaktionen Schwierigkeiten bereitet, finden sich dieselben Berufsgruppen hoch repräsentiert. Schließlich weist die Streiktabelle von Radandt für das Jahr 1848, die zwar empirisch auf äußerst schmaler Basis angelegt ist, eine hohe Beteiligung dieser Berufsgruppen an den Streikbewegungen des Jahres 1848 aus.[8]

Die weitgehende Übereinstimmung mit der sozialen Struktur des Aprilaufstandes, – auch hier bilden Schuhmacher, Schneider und Schreiner die Berufsgruppen mit der höchsten Repräsentanz – hat m. E. eine lokal orientierte soziobiographische Analyse eben dieser Berufsgruppen im Sinne einer kollektiven Biographie gerechtfertigt, wenngleich das Sample

5 Wirtz, Begriffsverwirrung, 101 und vgl. Wirtz, Widersetzlichkeiten, 179ff.

6 Sedatis, Liberalismus und Handwerk, 81 und 118. Eine Vielzahl von empirischen Belegen bietet die Studie des Tübinger Forschungsprojekts am Ludwig Uhland Institut für empirische Kulturwissenschaft. Vgl. Martin Scharfe, Die Erwartung, daß „nun alles frei sey". Politisch-rechtliche Vorstellungen von Angehörigen der unteren Volksklassen Württembergs in den Jahren 1848 und 1849, in: K. Köstlin u. K. D. Sievers (Hg.), Das Recht der kleinen Leute. Fs. f. Karl-Sigismund Kramer, Berlin 1976, 179–194.

7 Ausführlich dazu Bergmann, Wirtschaftskonjunktur, 26ff. Bergmann macht dabei auf die widersprüchliche Einschätzung der politischen Orientierung des Handwerks in der Revolution aufmerksam. Zum einen sei das Handwerk als Träger sozioökonomischer und traditionalistischer Zielsetzungen, zum andern als Kern der „kleinbürgerlich demokratischen Bewegung" hervorgetreten.

8 Vgl. die Streiktabelle für das Jahr 1848 bei Hans Radandt, Arbeiterbewegungen und Gewerkschaften, 200ff. Zur kritischen Einschätzung der Daten Radandts vgl. Grießinger, Das symbolische Kapital der Ehre, 286.

für die weiteren beteiligten Berufsgruppen zu klein ist und kaum Aussagen über den Zusammenhang von beruflicher Struktur und ,,politischer" Mobilisierbarkeit zuläßt. Die soziobiographischen Analysen dieser Berufsgruppen (Schuhmacher, Schneider, Schreiner), die auf möglichst breiter Quellenbasis angelegt worden sind, haben den bisher unbekannten ,,Gesichtern in der Menge" (Rudé) eine eigene Identität, eigene Interessen und Bestrebungen gegeben, und dokumentiert, daß die ,,revolutionäre Volksmenge" nichts sozial Abstraktes darstellt.

Gegenüber den Autobiographien aus der Handwerkerschaft, die aus der ersten Hälfte des 19. Jahrhunderts stammen und die meist ein idyllisches Bild eines Mittelstandes zeichnen, der zwar zunehmend Differenzierungen erfährt, doch insgesamt in einer Wirklichkeit lebt, die ,,eine Milde und einen pastellhaften Glanz aufweist" [9], sind die Biographien (bzw. biographischen Anmerkungen) eher Zeugnisse handwerklicher Existenzgefährdung in der vormärzlichen Zeit, die die biedermeierliche Idylle in Frage stellen.

Auch die Annahme Stadelmanns, nachdem die Ansicht längst aufgegeben sei, daß die deutsche Revolution von 1848 aus einer drastischen Häufung von Mißständen und einer Zuspitzung von Ungerechtigkeiten entstanden sei, erfährt eine Modifizierung.[10] Wenn Stadelmann noch eine Konstanz in den Verhältnissen des Mittelstandes konstatierte, und annahm, daß das Leben des ,,einfachen Mannes" in dieser Zeit die entscheidenden Fortschritte in Sicherheit, Bequemlichkeit, Sauberkeit und Menschenwürdigkeit des Daseins gemacht" habe, und man den wachsenden Wohlstand an den Zahlen der Handwerkerstatistik ablesen könne, so lag denn auch der Schluß nahe, daß die Revolution ,,keinesfalls eine soziale, sondern eine politische Bewegung gewesen sei".[11]

Eigentliche Ursache der Revolution sei letztlich die Vertrauenskrise des bürgerlichen Mittelstandes gewesen, die lediglich von ,,zaghaften sozialen Unterströmungen" begleitet gewesen wäre.[12]

Der Prozeß handwerklicher Existenzgefährdung, den die Protestanalyse dagegen als ,,materielles Substrat" der Protestbeteiligung der Handwerkerschaft in biographischer Dimension aufgerollt hat, soll und kann jedoch nicht (oder zumindest nicht allein) als Gegenposition verstanden, d. h. als ökonomischer Verelendungsprozeß im Sinne einer ,,spasmodic view" begriffen werden.[13]

Sowohl die Pauperismusdiskussion [14], als auch die Debatte um die Entwicklung des Lebensstandards im 19. Jahrhundert [15] und überwiegend auch die Handwerksgeschichtsschreibung [16] haben vor allem auf der Ebene ökonomischer Standards diskutiert. Dabei wurden meist Indikatoren, wie der Anteil des Handwerks am Sozialprodukt, die Umsatz- und Vermögensbildung, sowie Investitionen und Reingewinn untersucht und auf der Ebene global aggregier-

9 Rudolf Stadelmann und Wolfram Fischer, Die Bildungswelt des deutschen Handwerkers um 1800. Studien zur Soziologie des Kleinbürgers im Zeitalter Goethes, Berlin 1955, 33.

10 Stadelmann, Revolution, 5.

11 Stadelmann, Revolution, 28.

12 Ebd. 82

13 Vgl. Edward P. Thompson, Die ,,moralische Ökonomie" der englischen Unterschichten im 18. Jahrhundert, in: Ders., Plebeische Kultur und moralische Ökonomie, 67–130, bes 68f.

14 Vgl. Frederic Marquardt, The Pauperismus in Germany during the Vormärz, in: Journal of Central European History 2 (1969), 77–88.

15 Vgl. die englische Lebensstandarddebatte mit Beiträgen von T. S. Ashton, E. J. Hobsbawm, R. M. Hartwell und A. J. Taylor; abgedruckt in: W. Fischer u. Georg Bajor (Hg.), Die soziale Frage. Neuere Studien zur Lage der Fabrikarbeiter in den Frühphasen der Industrialisierung, Stuttgart 1967, 51–156.

16 Vgl. Wolfram Fischer, Das deutsche Handwerk in den Frühphasen der Industrialisierung, in: Ders., Wirtschaft u. Gesellschaft im Zeitalter der Industrialisierung, Göttingen 1972, 315–337.

ter Daten eine langfristige „trendmäßige zu beobachtende allgemeine Verbesserung des Lebensstandards" konstatiert.[17]

Diese skizzierte Entwicklung soll in ihrer Gesamtheit hier nicht bestritten werden, – doch bleibt zumindest fraglich, ob nicht gravierendere Prozesse die Veränderung des ökonomischen Lebensstandards begleiteten und die überwiegend negative Tendenz in der Prognostik der Handwerksgeschichte des 19. Jahrhunderts bestimmten.[18]

Die Analyse der Soziobiographien, sowie auch die Analyse der Steuerkataster haben dagegen für unseren Zusammenhang Erfahrungsdimensionen aufgezeigt, die handlungsrelevant wurden und nicht allein ökonomische Standards berührten. Die Erosion der traditionell kleinbetrieblichen Produktionsweise z. B., die durchaus als Form der „moral economy" oder einer „sittlichen Ökonomie" verstanden werden konnte, fand v. a. ihren Ausdruck in einem innergewerblichen Polarisierungsprozeß, der bis in die Formen politischer Formation und Organisation (bzw. Nichtorganisation) durchschlug.[19]

Der Prozeß innerhandwerklicher Differenzierung, wie er am Beispiel der Schuhmacher, Schneider und Schreiner analysiert wurde, hat schließlich durch den biographischen Zugriff das materielle Substrat der Protestbeteiligung offengelegt. Der Transformation des handwerklichen Produktionsprozesses durch die innergewerbliche Differenzierung in verlagsartige Magazingeschäfte einerseits, und proletaroide Kleinmeister andererseits entsprach die Verdrängung von der Neuproduktion.

Damit war gleichermaßen der Verlust der Autonomie und Verfügungsgewalt der kleinhandwerklichen Produzenten über den Produktionsprozeß selbst verbunden.

Die Transformation bedeutete aus biographischer Sicht gewiß auch eine Entwicklung zur „formalen Unselbständigkeit, jedoch wirtschaftlichen Sicherheit" [20], wie Fischer optimistisch bemerkt, doch wurden mit der zunehmenden Bedrängung der handwerklichen „Kultur und Lebensweise" mehr Schicksale geprägt als wir vielleicht annehmen mögen.

17 Kaufhold, Handwerkl. Lebensstandard im 19. Jahrhundert, 160. Dagegen haben Engelsing und noch schärfer Braun für einen weiteren und umfassenderen Begriff des Lebensstandards plädiert. Vgl. Rudolf Engelsing, Probleme der Lebenshaltung in Deutschland im 18. und 19. Jahrhundert, in: Ders., Sozialgeschichte deutscher Mittel- und Unterschichten, Göttingen 1973, 11–25. Rudolf Braun, Probleme des soziokulturellen Wandels im 19. Jahrhundert, in: G. Wiegelmann (Hg.), Kultureller Wandel im 19. Jahrhundert, Göttingen 1973, 11–23. Ders., Einleitende Bemerkungen zum Problem der historischen Lebensstandardforschung, in: W. Conze und U. Engelhardt (Hg.), Arbeiter im Industrialisierungsprozeß, Stuttgart 1979, 128–135.

18 Die einflußreicheren unter den deutschen Nationalökonomen des 19. und des frühen 20. Jahrhunderts (Roscher, Bücher, Schmoller, Sombart) stellten dem Handwerk insgesamt eine durchaus pessimistische Prognose. Vgl. Fischer, Das deutsche Handwerk in den Frühphasen, 316ff.

19 Ähnlich argumentiert Johnson in bezug auf Transformationsprozesse des Handwerks in Frankreich in der ersten Hälfte des 19. Jahrhunderts: „In the minds of these worker-tailors of the forty-eight era – and the shoemakers, cabinetmakers, printers and score of other handwork craftsmen – there were locked memories of an artisan tradition; they did not discard them but rather adapted them to the new conditions created by the rise of catitalism in their trades. Whether or not their orientation was „progressive" remains to be seen". Vgl. Johnson, Economic Change and Artisan Discontent, 109f.

20 Fischer, Das deutsche Handwerk in den Frühphasen der Industrialisierung, 325.

VIII. ANHANG

VIII. 1. Durchschnittliches Steueraufkommen der verschiedenen Handwerksberufe nach dem Generalgewerbekataster

Gewerbe	Anzahl der Meister			Anzahl der Gesellen		Häusersteuerkapital in Gulden (fl)			Gewerbesteuerkapital in Gulden (fl)			Gesamtsteuerkapital in Gulden (fl)		
	1843	1849	1851	1843	1851	1843	1849	1851	1843	1849	1851	1843	1849	1851
1. Schuhmacher	37	34	35	58	50	440	483	459	1520	1515	1507	1960	1998	1966
2. Schneider	27	30	28	41	20	419	392	344	1597	1339	1311	2020	1731	1655
3. Bäcker	25	26	26	33	30	2244	1480	1419	1844	1928	1794	4090	3408	3213
4. Zimmermann	25	27	25	29	16	534	519	548	1254	994	1051	1790	1513	1599
5. Schreiner	14	11	10	34	14	736	904	945	1850	1832	1556	2590	2737	2501
6. Metzger	14	16	15	18	17	2112	2263	2285	2721	2663	2740	4830	4926	5025
7. Maurer	11	14	14	25	19	1022	581	471	1818	1477	1286	2840	2058	1757
8. Schlosser	9	7	7	8	2	896	1053	710	1606	1921	1643	2502	2974	2353
9. Küfer	9	13	10	13	9	1032	741	1133	2061	1287	1728	3090	2028	2861
10. Maler	9	7	6	12	2	888	999	950	2222	2286	2088	3110	3285	3038
11. Glaser	8	8	8	4	2	466	537	539	1375	1344	1047	1841	1881	1586
12. Bierbrauer	6	5	6	13	11	4088	3134	4272	6792	4820	6073	10880	7954	10345
13. Sattler	6	5	5	6	2	1347	1452	1392	1700	1570	1510	3050	3022	2902
14. Zuckerbäcker	6	5	4	1	–	1308	1650	2333	2079	2245	2369	3390	3895	4702
15. Hafner	6	6	6	5	3	828	1190	1190	1300	1300	1217	2128	2490	2407
16. Uhrmacher	6	7	7	1	1	317	254	250	1100	1343	1271	1420	1597	1521
17. Wagner	5	4	4	5	4	522	578	578	1100	1625	1575	1622	2203	2153
18. Schmied	5	4	4	8	8	1472	1333	2368	2115	1894	2425	3587	3227	4793
19. Kupferschmied	5	3	3	3	1	416	1103	1203	1110	2251	1583	1530	3354	2790
20. Baumwollweber	5	2	1	15	2	440	1075	–	1540	813	2375	1980	1888	2375
21. Buchbinder	5	3	5	1	1	196	1527	916	1300	1583	1150	1496	3110	2060
22. Goldarbeiter	4	4	5	1	3	340	645	500	1988	2150	2100	2323	2795	2600

Bemerkungen: Die Durchschnittswerte sind nach den Steuerkatastern der Jahre 1843, 1849 und 1851 errechnet (S II 6679, 6680 u. 6681). Das Gesamtsteuerkapital setzt sich aus der Grund- und Häusersteuer zusammen, – das Gewerbesteuerkapital setzt sich aus dem Anlagekapital, dem persönlichen Verdienst u. der Gehilfenzahl zusammen.

VIII. 2. Kurzbiographien der Beteiligten

1 *Ahorn,* Emanuel, *23. 03. 1829 Konstanz, kath., Modelstecher, Lehrling.
Kurzbiographie: 1829 als drittes von neun Kindern des Bildhauers und Steinmetzen Lukas Ahorn und seiner Frau Barbara (geb. Mandel) geboren. 1834 Gant des Vaters und darauffolgende Familienkonflikte. 1836 werden Emanuel und drei weitere Kinder wegen der „zerrütheten Familien- und Vermögensverhältnisse" in das Spital aufgenommen. Beschwerden von Barbara Ahorn über ihren Mann und Verhöre wegen „unverbesserlichem Müßiggang und Umherziehen in den Wirthshäusern". Zwei weitere Kinder werden 1837 in das Spital eingewiesen. 1838 Zahlungsbefehl gegen Barbara Ahorn. 1843 beginnt Emanuel seine Lehrzeit als Modelstecher in einer Tapetenfabrik mit Unterstützung der Spitalstiftung, bittet jedoch 1845 die Lehre wegen der „Aussichtslosigkeit seines Berufes" wieder aufgeben zu dürfen. 1846 Scheidung und Wiederheirat des Vaters, der mit mehr als 600 Gulden verschuldet ist. 1848 Emanuel A. am Aprilaufstand beteiligt.

Quellen: Weech, Badische Biographien, 2f. Taufbuch Augustinerpfarrei 1828–1867. StAK D I 123, J XII 1626, 2304, S II 746, 6679, 20523. GLA 234/2059.

2 *Allensbacher,* Nepomuk, *26. 02. 1802 Konstanz, kath., Glaser, Meister.
Kurzbiographie: 1802 Geburt als Sohn des Kanzlisten Johann Georg Allensbacher und seiner Frau, der Hebamme Crescentia (geb. Tobias). Am 15. 05. 1823 heiratet der 22jährige Glasermeister Theres Eberle, die 1830 nach Ausweis der Inventuren und Teilungen „vermögenslos" stirbt.
Am 18. 02. 1833 heiratet Allensbacher Theres Löhle. Im Gewerbekataster 1843 ist Allensbacher als Kleinmeister ohne Geselle verzeichnet. 1847 von Unterstützung abhängig. 1848 Beteiligung am Aprilaufstand. Krankheit des Sohnes. Arzt beantragt Unterstützung, da „Eltern gänzlich vermögenslos". 1854 Auswanderungsgesuch.

Steuerkapital:	1843	1849	1851
Häusersteuerkapital	790 fl	900 fl	
Gewerbesteuerkapital	1250 fl	1250 fl	
Gesamtsteuerkapital	2040 fl	2150 fl	
(knapp überdurchschnittlich)			

Quellen: Taufbuch Augustinerpfarrei 1796–1828, Ehebuch St. Stephan 1818–1861. StAK J XII 46, 282, 473, R 23/9, S II 6679, 6680, 20523. GLA 234/2059, 236/8535, 241/35, 359/Zug. 1906/20 Nr. 1246.

3 *Allensbacher,* Xaver, *03. 12. 1814 Konstanz, kath., Schreiner, Meister.
Kurzbiographie: 1814 Geburt als fünftes Kind des Kanzlisten Johann Georg Allensbacher und seiner Frau, der Hebamme Crescentia (geb. Tobias). Bruder des Glasers Nepomuk Allensbacher. 1825 Tod des Vaters und 1827 Tod der Mutter – Kinder sind von der Unterstützung

Erläuterungen: Die folgenden Kurzbiographien enthalten soweit möglich in standardisierter Form folgende Informationen: Name, Geburtsdatum, Geburtsort, Konfession, Berufsangabe, Stellung im Beruf. Zur Bezeichnung der Stellung im Beruf sind die Kategorien Rupiepers (vgl. S. 24) übernommen worden.

durch den Armenfonds abhängig. 1828 Beginn der Schreinerlehre mit Unterstützung. Das Lehrgeld von 32 Gulden wird bewilligt. Nach vierjähriger Lehrzeit Wanderschaft bis 1838. Unterbrechung wegen Militärverhandlung, dann Fortsetzung der Wanderschaft mit Unterstützung, da er „nothorisch arm" sei. Am 30. 09. 1841 Heirat mit Susanna Pfefferkorn und Niederlassung als Meister. Im Gewerbekataster 1843 als Meister mit einem Gesellen verzeichnet. Versteuert 1843 ein unterdurchschnittliches Gewerbesteuerkapital von 1500 Gulden. 1845 Familienkonflikte und Arbeitslosigkeit. 1847 von Unterstützung abhängig. 1848 Beteiligung am Aprilaufstand. Nach Angaben Marmors soll A. längere Zeit im Zuchthaus in Bruchsal eingesessen haben. Den Gerichtsakten zufolge soll er sich gerühmt haben, den General Gagern erschossen zu haben.

Quellen: Taufbuch Münsterpfarrei 1813–1843, Ehebuch St. Stephan 1818–1861. StAK A I 29, A V 21–25, J XII 282, 473, R 23/9, S II 6679, 8323, 18334, 18392, 20523, GLA 234/2059, 241/35, 359/Zug. 1906/20 Nr. 1246.

4 *Arnegger,* Hugo, *01. 04. 1821 Konstanz, kath., Spanner, Handwerker.
Kurzbiographie: 1821 als jüngstes von sechs Kindern des Wagners Peter Arnegger und seiner Frau Johanna (geb. Röser) geboren. Nach 1825 zahlreiche Anträge des Vaters um Lehrgeldbeiträge und Unterstützung der Kinder. 1830 Bitten um Mehl und Brot beim Stifungsvorstand, da er „seine Profession schon mehrere Jahre nicht mehr umtreiben könne". Versucht als Kornträger und Holzlader Beschäftigung zu finden. 1839 ist das Haus, das auf 500 Gulden geschätzt wurde mit 202 Gulden belastet, die aufgekündigt werden. 21. 10. 1841 Tod der Mutter. 1848 Beteiligung am Aprilaufstand. Arbeitet in den folgenden Jahren offenbar beim Eisenbahnbau.

Quellen: Münster Taufbuch 1813–1833. StAK A V 21–25, J XII 2245, S II 20523. GLA 234/2059, 241/35.

5 *Arnold,* Karl Heinrich, *ca. 1820 Kappel bei Chemnitz, Kattundrucker, Fabrikarbeiter.

Quellen: StAK R 23/9.

6 *Auer,* Heinrich, *12. 08. 1828 Konstanz, kath., Schuhmacher, Geselle.
Kurzbiographie: 1828 Geburt als Sohn des Taglöhners Michael Auer und seiner Frau Magdalene (geb. Hemm). 1847 Ende der Lehrzeit. Bittet um Anschaffung des Handwerkszeugs zur Wanderschaft:„. . . so ist es mir unmöglich nebst Kost und Kleidung soviel zu verdienen, um mein nöthiges Handwerkszeug anzuschaffen." 1848 Beteiligung am Aprilaufstand. 31. 12. 1855 Heirat mit Walburga Eschbacher, Heinrich A. ist der Bruder des Nepomuk Auer; vgl. Biographie 7.

Quellen: Ehebuch Spitalpfarrei 1827–1879. StAK S II 20523. GLA 234/2059, 241/35.

7 *Auer,* Nepomuk, *ca. 1825, kath.
Kurzbiographie: 1825 Geburt als Sohn des Taglöhners Michael Auer von Gailingen und seiner Frau Magdalena (geb. Hemm). 1848 am Aprilaufstand beteiligt. Bruder des Heinrich Auer; vgl. Biographie 6.

Quellen: StAK AV 24. GLA 234/2059, 241/35.

8 *Bäuerle*, Vinzenz, *08. 01. 1822 Konstanz, kath., Glaser, Geselle.
Kurzbiographie: 1822 Geburt als Sohn des Schneidermeisters Baltasar Bäuerle und seiner Frau Maria Anna (geb. Vogt). 1826 Tod des Vaters und später Wiederheirat der Mutter mit dem Schneidermeister Johann Weick. 1846 ist Vinzenz Bäuerle auf Wanderschaft in Mannheim erkrankt. 1848 am Aprilaufstand beteiligt. Bäuerle stirbt 02. 03. 1859 ledig im Spital Konstanz. Vinzenz B. ist der Halbbruder des August Weick; vgl. Biographie 113.

Quellen: Taufbuch Münsterpfarrei 1813–1833. StAK J XII 439, 3133, 3487, R 23/9, S II 18400. GLA 234/2059, 241/35.

9 *Betsch*, Konrad, *25. 11. 1814 Konstanz, kath., Schneider, Meister.
Kurzbiographie: 1814 Geburt als drittes Kind des Weinziehers Fidel Betsch und seiner Frau Crescentia. 1820 Tod des Vaters – Familie verarmt. 1823 Bitten um Unterstützung an Kleidung. 1827 Bitten um Holz und um wöchtenliches Almosen. 1829 beginnt Konrad B., der im Spital untergebracht ist seine Schneiderlehre mit Unterstützung des Armenfonds. 1835 beginnt er ebenfalls mit Unterstützung seine Wanderschaft, erhält jedoch keine Arbeit und kehrt 1836 nach Konstanz zurück. 1838 geht er erneut auf Wanderschaft. 1843 Tod seiner Schwester Agnes, 1844 Tod seines Bruders Jakob (Schustergeselle). Am 28. 11. 1845 Tod der Mutter, die den Kindern Antonia und Konrad ein Haus im Wert von 300 Gulden hinterlässt. Heirat mit Elisabetha Akerat aus dem Kanton Thurgau am 15. 10. 1846 und Niederlassung als Meister. 1847 bittet Betsch um Anleihe aus der Spitalkasse. Haus mit 50 Gulden belastet. 1848 am Aprilaufstand beteiligt. Im Gewerbekataster 1849 als Alleinmeister (ohne Hausbesitz) mit 1280 Gulden Gewerbesteuerkapital verzeichnet. 1849 Krankheit und mehrere Bitten um Unterstützung bis zu seinem Tod im März 1850.

Quellen: Ehebuch Münsterpfarrei 1842–1875. StAK J XII 2299, 2397, 2433, S II 6680, 20524. GLA 234/2059, 241/35.

10 *Böttlin*, Alexander, *11. 10. 1818 Konstanz, kath., Kaufmann, selbständig.
Kurzbiographie: 1818 als Sohn des Seilers Carl Böttlin und seiner Frau Martha (geb. Beuther) geboren. 1848 am Aprilaufstand beteiligt. Im Gewerbekataster 1849 mit einem Gewerbesteuerkapital (kein Hausbesitz) von 2250 Gulden verzeichnet.

Quellen: Taufbuch Augustinerpfarrei 1796–1828. StAK J XII 155, S II 600, 6680, 20525. GLA 234/2059, 241/35.

11 *Bok*, Wilhelm, Hannover, Schreiner, Geselle.

Quellen: GLA 241/35

12 *Branner*, Joseph, *09. 03. 1827 Konstanz, kath., Schneider, Geselle.
Kurzbiographie: 1824 Mutter im „Correctionshaus“. 1827 Geburt als siebtes uneheliches Kind der Renata Branner. In den folgenden Jahren zahlreiche Bitten um Unterstützung. Joseph B. wird als Kostkind nach Markelfingen gegeben. 1841 Beginn der Wanderschaft mit Unterstützung. 1846 bittet er um Kleidungsstücke zur Wiederaufnahme seiner Wanderschaft. Nach Ausweis der Unterstützungsakten ist die Mutter 1847 total verarmt, 1848 wird ein Zahlungsbefehl gegen sie erlassen. 1848 Joseph B. am Aprilaufstand beteiligt. Am 18. 11. 1851 Heirat mit Franzsika Ehinger aus Rielasingen, der Tochter einer Weberfamilie.

Quellen: Taufbuch Augustinerpfarrei 1796–1828, Ehebuch Münsterpfarrei 1842–1875. StAK A V 21–25, D I 123, R 23/9, S II 6680, 7744, 18332, 18392, 20525. GLA 241/35.

13 *Brugger,* Bernhard, *28. 03. 1816 Konstanz, kath., Schuhmacher, Meister.
Kurzbiographie: 1816 als Sohn des Rebmanns, Nachtwächters und Taglöhners Marzial Brugger und seiner Frau Anna Maria (geb. Baumgärtner) geboren. 1829 Beginn der Lehrzeit mit Unterstützung des Armenfonds und 1832 Beginn der Wanderschaft. 1838 geht er erneut mit Unterstützung auf Wanderschaft. 1839 Tod des Vaters. 1834 Niederlassung als Meister und am 03. 02. 1845 Heirat mit Johanna Carolina Volz von Heilbronn. 1848 am Aprilaufstand beteiligt. 1849 und 1851 im Gewerbekataster als Alleinmeister (ohne Hausbesitz) mit einem Gewerbesteuerkapital von 1250 Gulden verzeichnet. 1854/56 Klagen über Mangel an Verdienst und Bitten um Unterstützung seiner Familie mit vier Kindern. 1861 Bitte um Bezahlung des Lehrgeldes seines Sohnes.

Quellen: Taufbuch Münsterpfarrei 1813–1833. StAK J XII 2204, S II 20 525. GLA 234/2059.

14 *Brunn,* Joseph, *12. 11. 1812 Konstanz, kath., Kappenmacher, Handwerker.
Kurzbiographie: 1812 als Sohn des Schiffers Dominikus Brunn und seiner Frau Christina (geb. Kölbel) geboren. 1848 Beteiligung am Aprilaufstand. Bericht des Justizministeriums: „36 Jahre alt, ledig, vermögenslos. Ein unbedeutender Mensch, welcher ohne klare Anschauung der Verhältnisse und gedrängt von äußerer Noth dem Heckerzuge sich anschloß . . .“

Quellen: Taufbuch St. Stephan 1796–1837. StAK R 23/9. GLA 234/2059, 241/35.

15 *Buck,* Heinrich, *27. 05. 1827 Konstanz, kath., Student, Auszubildender.
Kurzbiographie: 1827 als Sohn des Bierbrauers Johann Baptist Buck und seiner Frau Josepha geboren. 1848 am Aprilaufstand beteiligt. 1849 Auswanderungsgesuch wird nicht genehmigt, da Buck konskriptionspflichtig sei.

Quellen: StAK J XII 2119. GLA 241/35, 359/Zug. 1906/20 Nr. 1266.

16 *Debrunner,* Rudolf, *17. 04. 1824 Konstanz, prot., Kaufmann, selbständig.
Kurzbiographie: 1824 als Sohn des Handelsmannes Caspar Debrunner (aus dem Kanton Thurgau) und seiner Frau Anna Elisabeth (geb. Hoegger) geboren. Am 30. 05. 1843 Heirat mit Elisa Katharina Ludwig, Kaufmannstochter aus Frankfurt. 1848 am Aprilaufstand beteiligt, in der Folge wird im gleichen Jahr, sowie auch 1851 Zwangsvollstreckung gegen ihn betrieben.

Quellen: Taufbuch der evang. Gemeinde 1820–1870, Ehebuch der evang. Gemeinde 1820–1870. StAK A V 21–25, J XII 3049, R 23/9, S II 746, 5385, 8323, 8324, GLA 234/2059, 241/35.

17 *Dickreuter,* Georg, *22. 04. 1826 Konstanz, kath., Steindrucker, Geselle.
Kurzbiographie: 1826 als Sohn des Rebmanns Joseph Dickreuter (auch Dikreiter) und seiner Frau Crescentia Legay geboren. Hat offenbar in der sogenannten Pechtschen Steindruckerei gelernt. Sein Vater versteuert 1843 650 Gulden. 1848 ist Georg D. am Aprilaufstand beteiligt. Wanderschaft und später Heirat (nach 1860) in Straßburg.

Quellen: Dikreiter, Geschichte eines Lebens, 2ff. Taufbuch Münsterpfarrei 1813–1833. StAK S II 6679, 7805, 8312, 18 334. GLA 234/2059, 241/35.

18 *Eicheler,* Max, Bodman, Student, Auszubildender.

Quellen: StAK R 23/9. GLA 241/35.

19 *Eschbacher,* Joseph, *14. 03. 1804 Konstanz, kath., Maler, Meister.
Kurzbiographie: 1804 als Sohn des Modelstechers Jacobus Eschbacher aus dem Elsaß und seiner Frau Josepha Harder aus Arlen im Hegau geboren. 1833 Niederlassung als Meister und 1834 Heirat mit Maria Crescenz Hungerbiehler. Nach 1835 zahlreiche Familienkonflikte in seiner Herkunftsfamilie, an denen er mit beteiligt ist. 1844 wird sein Bruder (Schneidermeister) Bernhard E. vergantet. Nach dem Gewerbekataster arbeitet Eschbacher 1843 mit drei Gesellen. 1845 ist E. Mitglied der deutsch-katholischen Gemeinde und Vorsteher des II. Zunftvereins. 1847 Gründungsmitglied des Hilfsvereins, gleichzeitig auch Mitglied des Bürgermuseums. 1848 am Aprilaufstand beteiligt und als Rädelsführer verfolgt. Flucht in die Schweiz. Petition des Bürgermeisters Hüetlin an das Justizministerium: "... Vater von drei noch unversorgten Kindern. Vermögenslos. Gegen seinen Leumund liegt nichts Nachtheiliges vor und es darf als gewiß angenommen werden, daß zuvörderst die Anstauung der materiellen Noth und der Zerfall des hiesigen Handwerkerstandes ihn zur Theilnahme ... angetrieben hat". Im Gewerbekataster von 1849 nur noch mit einem Gesellen ausgewiesen.

Steuerkapital:	1843	1849
Häusersteuerkapital	1290 fl	1290 fl
Gewerbesteuerkapital	2800 fl	2100 fl
Gesamtsteuerkapital	4090 fl	3390 fl

Quellen: Taufbuch St. Stephan 1795–1837, Ehebuch St. Stephan 1818–1861. StAK A I 27, 29, A V 21–25, J XII 1478, 1803, 2113, 2719, 3648, S II 746, 6679, 6680, 8312, 8323, 8324, 18 007, 20 528, 20 579. GLA 234/1705, 234/2059, 241/35.

20 *Federle,* Egidius, *ca. 1805 Stühlingen, Landschaftsmaler, Zeichenlehrer, unterer Beamter.

Quellen: Laible, Geschichte der Stadt Konstanz, 333. GLA 241/35.

21 *Feiner,* Benedikt, Metzger, Handwerker.
Kurzbiographie: 1847 Tod des Vaters. Benedikt F. ist den Unterstützungsakten zufolge total verarmt und erhält wöchentliche Geldalmosen. 1848 Beteiligung am Aprilaufstand.

Quellen: StAK J XII 2636, R 23/9, S II 20 529, 20 579. GLA 234/2059, 241/35.

22 *Feiner,* Sebastian, *31. 05. 1820 Konstanz, kath., Metzger, Meister.
Kurzbiographie: 1820 als viertes Kind des Metzgers Sebastian Feiner und seiner Frau Franzisca (geb. Weltin) geboren. 1832 Tod des Vaters. Die Inventuren und Teilungen weisen ihn als vermögenden Handwerker aus: Liegenschaften im Wert von 300 Gulden, Weißzeug, Handwerksgeschirr, 14 Betten, Küchengeschirr, 200 Pfd. Fleisch, Wein, 9 Kühe, 2 Pferde, 16 Schafe, 4 Schweine und Rebbesitz im Wert von 350 Gulden. 1848 Feiner am Aprilaufstand beteiligt. Bei der Vermögensbeschlagnahme am 25. 05. 1848 gibt seine Mutter an, er habe bei ihr nur als Geselle gearbeitet und daß er „außer den bei sich habenden Kleidungsstücken nichts besitze". Im Gewerbekataster von 1849 ist Feiner als Alleinmeister mit einem weit unterdurchschnittlichen Gewerbekapital von 1750 Gulden verzeichnet.

Quellen: Taufbuch Münsterpfarrei 1813–1833. StAK J XII 150, 1829, 1742, A V 21–25, S II 6680, R 23/9.

23 *Felber,* Konrad, *17. 07. 1808 Konstanz, kath., Amtsexequent, unterer Beamter. Kurzbiographie: 1808 als Sohn des Webers Felber aus Öhningen und seiner Frau Maria Cäcilia (geb. Haberstock) geboren. Am 24. 08. 1843 Heirat mit Eugenie Schwarz von Aach. 1848 am Aprilaufstand beteiligt. Bericht des Justizministeriums: „. . . früher Exequent beim Großh. Bezirksamt Konstanz. 41 Jahre alt, verheirathet, vermögenslos. War bei der hiesigen Bürgerwehr Exerciermeister und folgte in dieser Eigenschaft dem Heckerzug ohne besondere Auszeichnung. 03. 06. 1848 Vorladung und Arrestklage gegen Felber wegen Forderung.

Quellen: Ehebuch Münsterpfarrei 1842–1875. StAK R 23/9, S II 8323. GLA 234/2059, 241/35.

24 *Fickler,* Jakob, *21. 10. 1817 Konstanz, kath., Schuhmacher/Taglöhner, Handwerker. Kurzbiographie: 1817 als Sohn des Schmälzlers Jacob Fickler und seiner Frau Maria Eva (geb. Knäble) geboren. 1833 Beginn der Lehrzeit mit Unterstützung, da Ficklers Eltern mittlerweile verstorben sind. 1835 bittet er um Kleidungsstücke und Reisegeld zum Beginn der Wanderschaft. 1848 am Aprilaufstand beteiligt. (Möglicherweise ist Jakob F. der Bruder von Nepomuk Fickler; vgl. Biographie 25) Mitglied der deutsch-katholischen Gemeinde.

Quellen: Diesbach, Deutsch-katholische Gemeinde, 86. Taufbuch Augustinerpfarrei 1796–1827. StAK J XII 2741, R 23/9, S II 20529. GLA 241/35.

25 *Fickler,* Nepomuk, *10. 05. 1810 Konstanz, kath., Metzger, Meister. Kurzbiographie: 1810 als Sohn des Schmälzlers Jacob Fickler und seiner Frau Maria Eva (geb. Knäble) geboren. 1827 Beginn der Wanderschaft und kehrt 1838 „nothorisch arm und von allen Mitteln entblößt" nach 11jähriger Wanderschaft aus der Fremde zurück. Bittet beim Spitalstiftungsvorstand um eine Anleihe von 300 Gulden. Am 18. 01. 1839 Heirat mit Maria Anna Martin aus Stockach. 1840 trennt sich seine Frau von ihm und im folgenden Jahr muß F. sein Haus verkaufen. 1842 Antrag auf Unterstützung, da er „schon ein Jahr und drei Monat ohne Verdienst" sei. Weitere Bitten um Kostgeld für sein Kind. 1844 gerät F. in Gant. 1848 am Aprilaufstand beteiligt und am 07. 07. 1848 in Konstanz gestorben.

Quellen: Taufbuch St. Stephan 1796–1836, Ehebuch Spitalpfarrei 1827–1879. StAK J XII 2741, R 23/9, S II 746, 20529. GLA 241/35.

26 *Fischer,* August Ludwig, *ca. 1816 Magdeburg, Porzellanmaler, Handwerker. Kurzbiographie: Ca. 1816 geboren. 1848 Mitglied des engeren Ausschusses des Arbeitervereins. 1848 am Aprilaufstand beteiligt. Petition des Bürgermeisters an das Justizministerium: „. . . hielt sich seit einigen Jahren zu Konstanz auf. 32 Jahre alt, ledig, ohne Vermögen. Seine Aufführung ist untadelhaft. Derselbe wurde von den hiesigen Arbeitern in den Ausschuß ihres Vereins gewählt und der unterzeichnete Bürgermeister hatte wiederholt die Gelegenheit, sich persönlich zu überzeugen, daß L. F. in dieser Eigenschaft zur Zeit der Aprilunruhen Ungesetzlichkeiten und Unordnungen von Seiten seiner Standesgenossen erfolgreich bekämpfte und zur Aufrechterhaltung der Sicherheit der Person und des Eigenthums in hiesiger Stadt Wesentliches beitrug."

Quellen: StAK R 23/9, S II 8323. GLA 234/2059, 241/35.

27 *Freilinger,* Eberhard, aus Kleikheim, Schriftsetzer, Handwerker.

Quellen: StAK R 23/9.

28 *Futterer*, Xaver, *30. 03. 1823 Konstanz, kath., Kameralpraktikant, Auszubildender.
Kurzbiographie: 1823 als Sohn des Metzgers Johann Futterer und seiner Frau Crescenz (geb. Einhart) geboren. Ab 1840 in den Unterstützungsakten Bitten des Vaters um Unterstützung. 1844 Tod der Mutter. 1847 Bitten des Vaters, da „gegenwärthig der Verdienst sehr schlecht und alles auch noch sehr theuer ist." November 1847: „Bittsteller ist Metzgermeister ohne Weltglück, Familienvater von zwei noch lebenden Kindern, welche der elterlichen Hilfe bedürfen." Nach den Akten des Hilfsvereins erhält der Vater 1848 Geldalmosen und Hausmietzahlungen. 1848 Xaver F. am Aprilaufstand beteiligt: „. . . examinierter Kameralpraktikant. Bürger von Konstanz. 26 Jahre alt, ledig, vermögenslos. Von untadeliger Aufführung. Es ist dem unterzeichneten Bürgermeister persönlich bekannt, daß X. F. anfangs vom Heckerzuge zurückgeblieben ist, und erst später in Folge von Vorwürfen und Verhöhnungen seiner Kameraden demselben noch nachzog."

Quellen: Taufbuch Münsterpfarrei 1813–1833. StAK J XII 2384, R 23/9, S II 20529, 20578, 20579. GLA 234/2059, 237/3118, 241/35.

29 *Gagg*, Karl, *16. 11. 1822 Konstanz, kath., Maurer u. Architekt, Meister.
Kurzbiographie: 1822 als Sohn des Maurermeisters Alois Gagg und seiner Frau Agatha (geb. Leyherr) geboren. 1841 Einschreibung als Maurergeselle. 1847 Einschreibung als Maurermeister. 1848 am Aprilaufstand beteiligt. Im Gewerbekataster 1849 mit 800 Gulden Gewerbesteuerkapital veranschlagt, hat aber offensichtlich gemeinsam mit seinem Bruder Herrmann das Maurergeschäft seines Vaters betrieben. Am 22. 03. 1854 ledig und ohne Vermögen in Konstanz gestorben.

Quellen: Taufbuch Münsterpfarrei 1813–1833. StAK D I 123, J XII 3041, 3211, S II 6680. GLA 234/2059, 241/35.

30 *Glükherr*, Karl, von Rottweil, Scribent (Schreiber).

Quellen: GLA 241/35.

31 *Gräber*, Joachim, von Weiterdingen im Hegau, Uhrmacher, Handwerker.

Quellen: GLA 241/35.

32 *Günter*, Samuel, von Möhringen (bei Stuttgart), Schmied, Geselle.

Quellen: GLA 241/35.

33 *Haaf*, Joseph, *08. 07. 1820 St. Gallen (Schweiz), kath., Schreiner, Meister.
Kurzbiographie: 1820 in St. Gallen als Sohn des Amtschirurgen Johann Baptist Haaf und seiner Frau Veronika Haaf geboren. 27. 11. 1845 Heirat des Schreinermeisters Joseph H. mit Veronika Schultheis von Owingen. 20. 02. 1846 Geburt des Kindes Ferdinand. Bereits am 26. 02. 1847 nimmt das Amtsrevisorat eine Vermögensabsonderung zwischen den Eheleuten auf Antrag der Ehefrau vor. Im gleichen Monat Zwangsvollstreckung und Versteigerung des Hauses. Joseph H. bittet wegen „gänzlich zerrütheter Vermögensverhältnisse" und Arbeitslosigkeit um Unterstützung an Brot und Holz. Kind wird in das Spital gegeben und Veronika H. verdient „wöchentlich einige Batzen durch Waschen und Taglohn." 1848 Joseph H. am

Aprilaufstand beteiligt. 1849 möchte Veronika H. als Köchin nach Mannheim gehen. 1850 wandert Joseph H. nach Amerika aus – Trennung von seiner Frau – Schulden. Brief seiner Frau an den Großherzog.

Quellen: Ehebuch Münsterpfarrei 1842–1875. StAK J XII 2627, R 23/9, S II 746, 8312, 18334, 20531. GLA 234/2059, 359/Zug. 1906/20 Nr. 1308.

34 *Hafner,* Ferdinand, aus Rohrdorf, Seiler, Geselle.

Quellen: GLA 241/35.

35 *Hellmann,* Karl Dietrich, aus Iserlohn, Kaufmann, selbständig.

Quellen: StAK R 23/9. GLA 241/35.

36 *Hirber,* Ignaz, *20. 04. 1818 Konstanz, kath., Schneider, Meister.
Kurzbiographie: 1818 als Sohn des Modelstechers Joseph Hirber und seiner Frau Katharina geb. Bäurle geboren. 1829 Familienkonflikte und Aufnahme des Ignaz H. ins Spital. 1831 Tod des Vaters und Beginn der Lehrzeit mit Unterstützung. 1835 Beginn der Wanderschaft mit Unterstützung. Am 11. 04. 1842 Heirat Hirbers mit Johanna Rösch und Niederlassung als Meister. Im Gewerbekataster 1843 mit einem Gesellen (ohne Hausbesitz) und unterdurchschnittlichem Steuerkapital verzeichnet. 1847 wird gegen ihn Zwangsvollstreckung betrieben. Wegen „mäßiger Beschäftigung" bittet er um Unterstützung. 1848 am Aprilaufstand beteiligt. 1849 im Gewerbekataster ohne Gesellen verzeichnet. In den folgenden Jahren immer wieder Bitten um Unterstützung, Holz, Mietzinszahlungen etc., wegen „kärglicher Arbeit", „allgemeiner Verdienstlosigkeit, Übersetzung der Gewerbe". Auswanderungsgesuch. 1859 Bitte um Lehrgeld für seinen Sohn Karl H. und 1864 Tod seiner Frau. 1867 Heirat mit Elisabeth Pfaff.

Steuerkapital:	1843	1849	1851
Häusersteuerkapital	–	–	–
Gewerbesteuerkapital	1500 fl	1250 fl	1250 fl
Gesamtsteuerkapital	1500 fl	1250 fl	1250 fl
unterdurchschnittlich			

Quellen: Taufbuch Münsterpfarrei 1813–1833, Ehebuch Münsterpfarrei 1842–1875. StAK J XII 17, S II 746, 6679, 6680, 6681, 8312, 182334, 18397, 20525. GLA 234/2059, 241/35.

37 *Iversen,* Christian Friedrich, aus Schleswig, Schreiner, Geselle.

Quellen: StAK R 23/9. GLA 234/2059.

38 *Kaiser,* Karl, *ca. 1818, Anwalt u. Literat, selbständig.
Kurzbiographie: Kaiser war Abgeordneter zur Offenburger Volksversammlung, Mitglied der Bürgerwehr und städtischer Archivar. 1848 am Aprilaufstand beteiligt und als Rädelsführer verfolgt. 1849 war Kaiser Kreiskommandant des Seekreises und ist nach der Revolution nach Nordamerika ausgewandert u. in Abwesenheit zu zehn Jahren Zuchthaus verurteilt worden.

Quellen: StAK A I 29, J XII 2871, R 23/9, S II 8312, 8323, 8324. GLA 234/2059, 236/8535, 237/2713, 241/35.

39 *Kast,* Johann, aus Ettlingen, Glaser, Geselle.

Quellen: GLA 241/35.

40 *Katzenmayer,* Nepomuk, *01. 06. 1808 Konstanz, kath., Handelsmann, selbständig. Kurzbiographie: 1808 als Sohn des Fuhrmanns Fidel Katzenmayer (aus Zürich) und seiner Frau Crescentia (geb. Rolle) geboren. Am 16. 05. 1831 Heirat mit Maria Anna Bräg. Katzenmayer war Mitglied des Bürgermuseums, des größeren Bürgerausschusses, Hauptmann des II. Fähnleins der Bürgerwehr, Initiator des sog. Rauenegg-Projekts und Initiator einer Leihanstalt. 1848 Mitglied des Ausschusses der Bürgerversammlung und des Bewaffnungsausschusses desselben. Beteiligung am Aprilaufstand. Wird in Abwesenheit zu drei Jahren Zuchthaus verurteilt und Vermögensbeschlagnahme vorgenommen (1850).

Steuerkapital:	1843	1849
Häusersteuerkapital	–	4370 fl
Gewerbesteuerkapital	8800 fl	3750 fl
Gesamtsteuerkapital	8800 fl	8120 fl

Quellen: Taufbuch St. Stephan 1796–1837. StAK R 23/9, S II 746, 6679, 6680, 8323, 8324. GLA 317/284, 234/2059, 241/35.

41 *Keppler,* Gustav, aus Geisingen, Schuhmacher, Geselle.

Quellen: StAK R 23/9.

42 *Keppler-Dorer,* Wilhelm, *23. 03. 1826 Konstanz, kath., Tapetenfabrikant, selbständig. Kurzbiographie: 1826 als Sohn des Handelsmannes Johann Baptist Keppler (aus Geisingen) und der Josepha K. (geb. Boot). Am 11. 09. 1845 heiratet Wilhelm K. (Kaufmann und Landwirt) Catharina Dorer. 04. 12. 1847 Tod seiner Frau. 1848 am Aprilaufstand beteiligt und dann flüchtig. 1850 Vermögensbeschlagnahmung und Zwangsvollstreckung.

Quellen: Taufbuch Münsterpfarrei 1813–1833. StAK J XII 2608, S II 746, 20526. GLA 234/2059, 241/35.

43 *Kibele,* Camill, *ca. 1826 Radolfzell, kath., Skribent (Schreiber). Kurzbiographie: 1826 als Sohn des Obergerichtsadvokaten Friedrich Kibele und seiner Frau Angelika (geb. Harder) geboren. 1848 am Aprilaufstand beteiligt. Bruder von Hektor, Kuno, Oskar und Roderich Kibele; vgl. die folgenden Biographien. „Von Konstanz, 22 Jahre alt, ledig, zur Zeit ohne bestimmten Beruf.“ – Auswanderung nach Amerika.

Quellen: StAK J XII 3107, R 23/9, S II 20536. GLA 234/2059, 241/35.

44 *Kibele,* Hektor, *ca. 1824 Radolfzell, kath., Rechtskandidat, Auszubildender. Kurzbiographie: 1824 als Sohn des Obergerichtsadvokaten Friedrich Kibele und seiner Frau Angelika (geb. Harder) geboren. 1848 am Aprilaufstand beteiligt. Bruder von Camill, Kuno, Oskar und Roderich Kibele. Nach der Revolution nach Amerika ausgewandert und in Abwesenheit zu drei Jahren Zuchthaus verurteilt.

Quellen: StAK J XII 3107, R 23/9, S II 20536. GLA 317/284, 234/2059, 241/35.

45 *Kibele,* Kuno, *in Radolfzell, kath., Buchbinder, Geselle.
Kurzbiographie: Sohn des Obergerichtsadvokaten Friedrich Kibele und seiner Frau Angelika (geb. Harder). 1848 am Aprilaufstand beteiligt und danach nach Amerika ausgewandert. Bruder von Camill, Hektor, Oskar und Roderich Kibele.

Quellen: StAK J XII 3107, R 23/9, S II 20536. GLA 234/2059, 241/35.

46 *Kibele,* Oskar, *in Radolfzell, kath., Drechsler, Geselle.
Kurzbiographie: Sohn des Obergerichtsadvokaten Friedrich Kibele und seiner Frau Angelika (geb. Harder). 1848 am Aprilaufstand beteiligt und danach nach Amerika ausgewandert. Bruder von Camill, Hektor, Kuno und Roderich Kibele.

Quellen: StAK J XII 3107, S II 20536. GLA 241/35.

47 *Kibele,* Roderich, *06. 10. 1831 Radolfzell, kath., Gürtler, Geselle.
Kurzbiographie: 1831 in Radolfzell als Sohn des Obergerichtsadvokaten Friedrich Kibele und seiner Frau Angelika (geb. Harder) geboren. 1848 am Aprilaufstand beteiligt und 1849 nach Amerika ausgewandert, später jedoch offensichtlich zurückgekehrt. Am 19. 09. 1859 Heirat mit Aloisia Seitz. Bruder des Camill, Hektor, Kuno und Oskar Kibele.

Quellen: Ehebuch St. Stephan 1818–1861. StAK J XII 3107, S II 20536. GLA 235/2059, 236/8535, 241/35.

48 *Kilian,* Andreas v., von Waldshut, Wirt, selbständig.
Kurzbiographie: Seit 1847 in Konstanz als Wirt „zum BadischenHof". 1848 Beteiligung am Aprilaufstand und Verfolgung als Rädelsführer – Vermögensbeschlagnahme. Im Gewerbekataster von 1849 ist er mit 7990 Gulden Häuserkapital, 9000 Gulden Gewerbekapital, also insgesamt mit 16990 Gulden veranschlagt.

Quellen: StAK J XII 2711, 3001, S II 6680. GLA 241/35.

49 *Kramer,* Friedrich, ca. 1801 Eisleben, Maurer, Meister.
Kurzbiographie: 1801 in Eisleben geboren. Seit 1833 in Konstanz, wo er mit seiner Haushälterin zusammenlebt. Androhung der Konkubinatsaufhebung. 1838 Niederlassung als Meister. 1848 Beteiligung am Aprilaufstand. Die Vermögensaufnahme im Zuge der gerichtlichen Verfolgung verzeichnet neben Hausbesitz (5500 fl) Schulden von 5886 fl, also eine Überschuldung von 209 Gulden. Während er 1843 noch mit fünf Gesellen arbeitet, so 1849 nur noch mit zwei Gesellen. Stirbt am 20. 01. 1861 ledig in Konstanz.

Steuerkapital:	1843	1849
Häusersteuerkapital	880 fl	880 fl
Gewerbesteuerkapital	2800 fl	1750 fl
Gesamtsteuerkapital	3680 fl	2630 fl

Quellen: StAK D I 123, J XII 2708, 3291, R 23/9, S II 6679, 6680, 18401. GLA 234/2059.

50 *Kuenzer,* Edmund, ca. 1820 Ettenheim, Drechsler, Handwerker
Kurzbiographie: 1848 am Aprilaufstand beteiligt. „Drechsler. Bürger zu Ettenheim. War kurze Zeit zu Konstanz wohnhaft und wurde vom Gemeinderath als Exercier Meister der Bürgerwehr Art. aufgestellt. 28 Jahre verehelicht."

Quellen: StAK R 23/9, S II 8323. GLA 234/2059, 241/35.

51 *Längle,* Joseph, Konstanz, Holzmacher und Taglöhner, Arbeiter.
Kurzbiographie: 1848 am Aprilaufstand beteiligt. 1849 im Kataster mit 80 fl Häusersteuerkapital, 500 Gulden Gewerbesteuerkapital (unterster Satz), also ingesamt 580 Gulden veranschlagt.

Quellen: StAK S II 6680, 20534. GLA 241/35.

52 *Lauber,* Heinrich, *12. 02. 1826 Konstanz, kath.
Kurzbiographie: 1826 als viertes von sechs Kindern des Handelsmannes August Lauber und seiner Frau Theresia (geb. Galley) geboren. 1840 Tod der Mutter. 1843 ist der Vater mit 1390 Gulden Gesamtsteuerkapital veranschlagt. 1848 Beteiligung am Aprilaufstand.

Quellen: Taufbuch Münsterpfarrei 1813–1833. StAK J XII 2095, S II 6679. GLK 234/2059.

53 *Lender,* Xaver, Leopold, *20. 11. 1830, Konstanz, kath., Student, Auszubildender.
Kurzbiographie: 1830 als Sohn des Metzgermeisters Jacob Lender und seiner Frau Agatha (geb. Hahn) geboren. 1842 Gant des Vaters. 1848 ist Lender Mitglied des engeren Ausschusses des Arbeitervereins und am Aprilaufstand beteiligt.

Quellen: Taufbuch Münsterpfarrei 1813–1833. StAK S II 746, 8323. GLA 241/35.

54 *Lohrmüller,* Ludwig, *03. 02. 1825 Konstanz, kath., Gürtler, Meister.
Kurzbiographie: 1825 als Sohn des Schneidermeisters Joseph Lohrmüller und seiner Frau Theres (geb. Burkhart) geboren. 1839 Einschreibung als Lehrjunge; 1841 Einschreibung als Geselle und 1846 Einschreibung als Meister. 1848 am Aprilaufstand beteiligt. 1849 mit einem Gewerbesteuerkapital von 1550 Gulden verzeichnet.

Quellen: Taufbuch St. Stephan 1813–1846. StAK D I 123, S II 6680, 20531. GLA 234/2059, 241/35.

55 *Lutz,* Emil, Commis., selbständig.

Quellen: GLA 234/2059, 241/35.

56 *Lutz,* Fridolin, Skribent (Schreiber).

Quellen: StAK R 23/9. GLA 234/2059, 241/35.

57 *Maier,* Bonifaz, Lehramtspraktikant, Auszubildender.

Quellen: StAK R 23/9, S II 8326. GLA 241/35

58 *Maier,* Christoph, *ca. 1802 Mannheim, Musikus und Taglöhner, Arbeiter
Kurzbiographie: 1802 in Mannheim geboren. 1846 Arbeit als Taglöhner bei Fabrikant Bernhauser, womit er täglich 10–12 Kreuzer verdient. Zwei seiner Kinder im Spital. 1847 bittet er um Bezahlung des Hauszins wegen Schulden: „seit längerer Zeit brodlos". 1848 Bitten um Brennholz. Beteiligung am Aprilaufstand. Ablehnung seiner Bitten um Bezahlung der Mietzinsschulden: „Da C. M. aller wiederholter Ermahnungen zum Trotz seiner Leidenschaft zum Trunke nicht entsagt . . . in der Hoffnung es werde eine Besserung in seiner Lebensweise endlich bei ihm hervorgehen, so wird er abgewiesen." 1849 Klagen seiner Frau über „verdienstlose Zeiten" und daß ihr Mann nur für sich selbst sorge, ohne sich um die Familie zu kümmern". 1851 wandert Sohn Adolf (Schuhmacher) nach Amerika aus. Mietzinszahlungen bis 1861.

Quellen: StAK J XII 2702, R 23/9, S II 18 334, 20 535, 20 578, 20 579.

59 *Mangler,* Valentin, *18. 06. 1799 Odenheim, kath., Taglöhner, Arbeiter.
Kurzbiographie: 1799 in Odenheim bei Bruchsal geboren. 1822 Mangler als Soldat beim Infanterieregiment in Konstanz. 1822 Geburt seines unehelichen Kindes Johann Franz. 1825 Geburt des zweiten und 1827 Geburt des dritten unehelichen Kindes. Am 6. 10. 1842 Heirat mit Josepha Tobias, der Mutter der Kinder. 1843 bittet er um eine Stelle als Polizeidiener, wird jedoch wegen zu hohem Alter abgewiesen. 1847 ist M. ohne Verdienst. Seine Frau verdient täglich 10–12 Kreuzer mit Taglöhnerarbeiten. Bitten um Brot und Holz an den Hilfsverein. 1848 am Aprilaufstand beteiligt, danach flüchtig. Vermögensbeschlagnahme. M. stirbt 1851 in Konstanz.

Quellen: Taufbuch Augustinerpfarrei 1796–1827, Ehebuch St. Stephan 1818–1861. StAK J XII 2720, 2914, R 23/9, S II 8312, 18 392. GLA 234/2059, 241/35.

60 *Martin,* Gustav, *16. 04. 1818 Konstanz, kath., Wagner und Sesselmacher, Meister.
Kurzbiographie: 1818 als Sohn des Schneidermeisters und späteren Amtsboten Joseph Martin und seiner Frau Maria Aloisia (geb. Endres) geboren. Familie mit neun Kindern. 1833 Beginn seiner Lehrzeit mit Unterstützung. 1843 Gant des Vaters, der 1847 total verarmt ist. 1848 Gustav M. am Aprilaufstand beteiligt. 1854 Heirat mit Mechthild Sauter. M. arbeitet als Sesselflechter und Amtsbote. M. ist der Bruder des Joseph Martin (vgl. Biographie 61).

Quellen: Taufbuch Augustinerpfarrei 1796–1827, Ehebuch Münsterpfarrei 1842–1875. StAK J XII 2912, S II 746, 18 334, 20 536, 20 579. GLA 234/2059, 241/35.

61 *Martin,* Joseph, *11. 02. 1814 Konstanz, kath., Flachmaler, Meister.
Kurzbiographie: 1814 als Sohn des Schneidermeisters und Amtsboten Joseph Martin und seiner Frau Maria Aloisia (geb. Endres) geboren. 1829 Lehrzeit in St. Gallen in der Schweiz mit Unterstützung, da der Vater seinen Beruf nicht mehr ausüben kann, – dann 4jährige Wanderschaft. 1837 Bitte um Anleihe von 200 Gulden zur Niederlassung beim Spitalstiftungsvorstand. Am 05. 02. 1840 Heirat mit Cäcilie Heim. 1843 Gant des Vaters. Eine Vermögensaufnahme bei ihm selbst ergibt 1268 Gulden Schulden. Nach dem Gewerbekataster von 1843 beschäftigte er zwei Gesellen. 1847 ist sein Vater total verarmt. 1848 am Aprilaufstand beteiligt. 1849 beschäftigt er nach dem Gewerbekataster noch einen Gesellen.

Steuerkapital:	1843	1849
Häusersteuerkapital	1280 fl	810 fl
Gewerbesteuerkapital	2450 fl	2100 fl
Gesamtsteuerkapital	3730 fl	2910 fl

Quellen: Taufbuch Augustinerpfarrei 1796–1828, Ehebuch St. Stephan 1818–1861. StAK J XII 2326, 2912, S II 746, 6679, 6680, 18 334, 20 535, 20 536, 20 579. GLA 234/2059, 241/35.

62 *Meßmer,* Lorenz, aus Niefern bei Pforzheim, prot., Lohndiener und Seifensieder, Taglöhner.
Kurzbiographie: Als Sohn des Martin Mößner (Landmann) und seiner Frau Barbara (geb. Karst) in Niefern (Amt Pforzheim) geboren. Am 17. 05. 1838 Heirat mit Aloisia Harrer. Zu diesem Zeitpunkt übt M. seinen Beruf als Seifensieder aus. 1843 ist M. im Gewerbekataster als Taglöhner mit dem untersten Satz von 500 Gulden veranschlagt. 1848 am Aprilaufstand beteiligt. Vermögen wird bei Beschlagnahme auf 26 Gulden geschätzt. 1849 und 1851 im Gewerbekataster auf 500 Gulden veranschlagt.

Quellen: Ehebuch der evang. Gemeinde 1820–1870. StAK J XII 2723, S II 6679, 6680, 6681, 18 077. GLA 234/2059, 236/8535, 241/35.

63 *Mittag,* Johann Karl Gottlob, aus Oschaz bei Plauen, Tischler, Geselle.
Kurzbiographie: Gehörte dem engeren Ausschuß des 1848 gegründeten Arbeitervereins an. 1848 am Aprilaufstand beteiligt, hielt sich danach in Zürich auf.

Quellen: StAK S II 8323. GLA 234/2059.

64 *Mosbrugger,* Joseph, *13. 03. 1810 Konstanz, kath., Kunstmaler, selbständig.
Kurzbiographie: 1810 als Sohn des Kunstmalers Wendelin Mosbrugger und seiner Frau Anna Maria (geb. Hüetlin) geboren. 1829 Ausbildung auf der Kunstakademie in München. Tod der Mutter. In den folgenden Jahren Tätigkeit als Kunstmaler, wozu er sich überwiegend in München aufhielt. Später, um die Jahrhundertmitte, hat er sich durch finanzielle Not veranlaßt wieder in Konstanz aufgehalten. 1848 am Aprilaufstand beteiligt, hielt sich danach im Ausland auf. Da er im Zusammenhang mit einer Lotterie der Gemälde seines Vaters offenbar Schulden hinterließ, wurde die Beschlagnahmung von Gemälden angeordnet. Im Mai 1848 schreibt Mosbrugger an den Verwaltungsrat: „Schließlich möchte ich noch bemerken, daß in jetziger Zeit die Kunst und Künstler so gestellt sind, daß sie wohl bald selbst in die Klasse der Armen gehören müssen."

Quellen: Ausführlich zur Biographie Mosbruggers: M. Bringmann und S. v. Blanckenhagen, Die Mosbrugger. Die Konstanzer Maler Wendelin, Friedrich und Joseph Mosbrugger, Weißenhorn 1974. Taufbuch St. Stephan 1796–1837. J XII 241, S II 20 536. GLA 234/2059.

65 *Moser,* Johann Baptist, *27. 10. 1820 Konstanz, kath., Nagelschmied, Geselle.
Kurzbiographie: 1820 als Sohn des Schuhmachers Joseph Moser und seiner Frau Josepha (geb. Hornstein) geboren. 1838 Einschreibung als Geselle im „Armenweg". 1848 am Aprilaufstand beteiligt.

Quellen: Taufbuch Augustinerpfarrei 1796–1827. StAK D I 123. GLA 234/2059, 241/35.

66 *Moser*, Joseph, *03. 12. 1805 Konstanz, kath., Tapezierer, Meister.
Kurzbiographie: 1805 als Sohn des Drechslers und Taglöhners Joseph Moser und seiner Frau Josepha (geb. Selzner) geboren. 1829 hat Josef M. seine Lehrzeit beendet und geht mit Unterstützung auf die Wanderschaft. Zahlreiche Bitten des Vaters um Unterstützung. 1835 Tod des Vaters. Hinterläßt „ein altes Häusli, worauf 150 Gulden Schulden haften." 1839 stirbt die Mutter im Spital. Ihr Vermögen bestand in Kleidungsstücken im Wert von vier Gulden. Am 22. 02. 1841 Heirat mit Theresia Zimmermann. Im Gewerbekataster 1843 als Alleinmeister verzeichnet. Das Gesamtsteuerkapital von 1510 Gulden setzt sich aus einem Häusersteuerkapital von 260 Gulden und einem Gewerbesteuerkapital von 1250 Gulden zusammen. 1847 „seit längerer Zeit ohne Verdienst" und von Unterstützung abhängig. 1848 am Aprilaufstand beteiligt. 1859 Sohn Joseph wird wegen gänzlicher Vermögenslosigkeit im Spital erzogen und erhält einen Lehrgeldbeitrag zu einer Buchbinderlehre.

Quellen: Ehebuch St. Stephan 1818–1861. StAK J XII 1726, 1994, S II 6679, 8312, 18 395, 20 536, 20 578. GLA 234/2059, 241/35.

67 *Moser*, Xaver, Wagner, Geselle.

Quellen: StAK R 23/9.

68 *Reiter*, Philipp, *ca. 1820 Wertheim, Kameralassistent.

Quellen: Andlaw, Aufruhr und Umsturz in Baden, IV, 189. StAK R 23/9.

69 *Richter*, Friedrich, *14. 05. 1810 Konstanz, kath., Wundarzneidiener, Handwerker.
Kurzbiographie: 1810 als Sohn des Schneiders Christian Richter und seiner Frau Christine (geb. Rissling) geboren. Am 19. 04. 1838 Heirat mit Anna Distel (geb. Thumb) aus Konstanz. 1848 am Aprilaufstand beteiligt. 1849 im Gewerbekataster mit 875 Gulden Gewerbesteuerkapital veranschlagt. 1857 und 1861 Bitten um Lehrgeldunterstützung für seine Söhne zur Erlernung des Bäcker- und Schreinerhandwerks.

Quellen: Ehebuch Spitalpfarrei 1828–1879. StAK S II 6680, 20 538. GLA 234/2059.

70 *Rick*, Alois, *08. 01. 1825 Konstanz, kath., Pflästerer, Meister.
Kurzbiographie: 1825 als Sohn des Pflästerers Alois Rick und seiner Frau Ursula (geb. Baur) geboren. 1839 Einschreibung als Lehrling. 1842 Einschreibung als Geselle. Tod des Vaters. Hinterläßt acht Kinder. 1844 Einschreibung des Alois R. als Meister. Im Gewerbekataster ist Rick 1843 mit 770 Gulden Häusersteuerkapital und 700 Gulden Gewerbesteuerkapital veranschlagt. Am 26. 06. 1846 Heirat mit Christina W. aus Waldenbuch (Württemberg). Sein Bruder Joseph wird wegen „Faulheit und Herumziehen" aus der Lehre entlassen. 1847 ist Rick verarmt und von der Unterstützung des Hilfsvereins abhängig. 1848 am Aprilaufstand beteiligt. 1849 ist Rick mit 1225 Gulden Gewerbesteuerkapital verzeichnet. Nach der Revolution ist Rick nach Nordamerika ausgewandert. Das Vermögensverzeichnis weist 179 Gulden Vermögen und 713 Gulden Schulden aus.

Quellen: Ehebuch Spitalpfarrei 1827–1879. StAK A V 21–25, B IV 20, D I 123, J XII 2266, 2716, R 23/9, S II 6679, 6680, 8312, 18004, 18392, 20538. GLA 234/2059, 241/35.

71 *Riedmann,* Konstanz, Glashändler, selbständig.
Kurzbiographie: Es handelt sich möglicherweise um einen Sohn des 1849 verstorbenen Glashändlers Xaver Wiedmann, da auch über die Adreßkalender und weitere Quellen keine Person dieses Namens zu vermitteln war.

Quellen: StAK J XII 2797. GLA 234/2059.

72 *Riedmüller,* Karl, *01. 12. 1827 Konstanz, kath.
Kurzbiographie: 1827 als Sohn des Registrators Franz von Riedmüller und seiner Frau Kreszenz (geb. Auer) geboren. 1848 am Aprilaufstand beteiligt.

Quellen: Taufbuch St. Stephan 1813–1846. StAK R 23/9. GLA 234/2059, 241/35.

73 *Rogg,* Baptist, *ca. 1822, Schuhmacher, Handwerker.

Quellen: StAK R 23/9. GLA 234/2059, 241/35.

74 *Rogg,* Johann Baptist, *18. 07. 1823 Konstanz, kath., Buchbinder, Geselle.
Kurzbiographie: 1823 als Sohn des Schuhmachers Konrad Rogg und seiner Frau Crescenz (geb. Moser) geboren. Kommt 1836 wegen Armut der Eltern ins Spital und wird dort erzogen. 1838 Beginn der Lehrzeit mit Unterstützung; vgl. den Lehrvertrag im Anhang. Sein Bruder, der eine Flaschnerlehre machte „kam während seiner Lehrzeit so in Noth, daß er die Kleider verkaufen mußte." 1842 Beginn der Wanderschaft. 25. 5. 1842 Tod des Vaters. 1848 am Aprilaufstand beteiligt. „. . . 24 Jahre alt, ledig, vermögenslos. Nach seiner Bildungsstufe unfähig die Bedeutsamkeit und die Folgen seines Anschlusses an Heckers Insurgentenzug beurteilen zu können."

Quellen: Taufbuch Münsterpfarrei 1813–1833. StAK J XII 2261, S II 20538. GLA 234/2059.

75 *Rogg,* Nicolaus, Konstanz.
Kurzbiographie: Nicolaus Rogg ist offensichtlich der älteste Sohn des Kornträgers Stefan Rogg und seiner Frau Ursula. 1847 ist seine Herkunftsfamilie von der Unterstützung des Hilfsvereins abhängig.

Quellen: StAK S II 7805, 18334. GLA 234/2059.

76 *Roth,* Joseph, *17. 03. 1827 Konstanz, kath., Postgehilfe.
Kurzbiographie: 1827 als Sohn des Zollamtsdieners Valentin Roth und seiner Frau Anna (geb. Ritter) geboren. 1848 am Aprilaufstand beteiligt. Heiratet 1866 Adelheit Rothweiler.

Quellen: Ehebuch Münsterpfarrei 1842–1875. StAK 5384. GLA 234/2059, 237/16845, 241/35.

77 *Sauter,* Ferdinand, *ca. 1800, Bäcker, Meister.
Kurzbiographie: 1800 wahrscheinlich in Heiligenberg im Linzgau geboren. 1823 Heirat mit Maria Hemmerle. Im Gewerbekataster 1843 mit einem Gesellen verzeichnet. 1848 am Aprilaufstand beteiligt. Das Vermögensverzeichnis infolge der gerichtlichen Verfolgungen weist ein Vermögen von 12 929 Gulden und Schulden in Höhe von 9189 Gulden aus.

Steuerkapital:	1843	1849
Häusersteuerkapital	3070 fl	3170 fl
Gewerbesteuerkapital	1500 fl	3825 fl
Gesamtsteuerkapital	4570 fl	6995 fl

Quellen: StAK J XII 3361, 3364, S II 6679, 6680. GLA 234/2059.

78 *Sauter,* Mathias, Schuhmacher, Geselle.
Kurzbiographie: Mitglied des Arbeitervereins und 1848 am Aprilaufstand beteiligt.

Quellen: StAK R 23/9, S II 8323.

79 *Sebikoh,* Julius, *02. 05. 1815 Hamburg, prot., Schreiner, Meister.
Kurzbiographie: 1815 als Sohn des Oberpostofficiaten Johann Sebikoh und seiner Frau Anna Elisabetha geboren. Am 02. 03. 1840 Heirat mit Maria Anna Baur und am 22. 11. 1840 Geburt des Sohnes Eduard Julius. Im Gewerbekataster ist Sebikoh 1843 mit überdurchschnittlichem Gesamtsteuerkapital verzeichnet. 1848 am Aprilaufstand beteiligt.

Steuerkapital:	1843	1849	1851
Häusersteuerkapital	2300 fl	2450 fl	2480 fl
Gewerbesteuerkapital	1500 fl	2300 fl	2300 fl
Gesamtsteuerkapital	3800 fl	4750 fl	4780 fl

Quellen: Schieber, Konstanzer Freiheitschronik. Ehebuch Münsterpfarrei 1834–1841. StAK 6679, 6680, 6681, 8323. GLA 234/2059.

80 *Seiz,* Ludwig

Quellen: GLA 241/35.

81 *Seiz,* Wilhelm, Student, Auszubildender.

Quellen: GLA 234/2059.

82 *Speer,* Simpert, *14. 04. 1813 Konstanz, kath., Schuhmacher, Meister.
Kurzbiographie: 1813 als Sohn des Schreiners Simpert Speer und seiner Frau Agatha (geb. Mundhaas) geboren. Aufgrund Krankheit des Vaters ist die Familie von Unterstützung abhängig. 1828 stirbt der Vater im Spital und hinterläßt vier minderjährige Kinder. Vermögen besteht in „1 Hemt, ein paar Halbstiefel, 1 Schilet und ein Hut." Simpert S. beginnt seine Lehrzeit 1829 mit Unterstützung. 1834 Beginn der Wanderschaft mit Unterstützung wegen „armuthvoller Umstände". 1843 Niederlassung als Meister und Heirat am 28. 09. 1843 mit Maria Elisabeth Stecher von Chur (Vater Schuhmachermeister). 1848 am Aprilaufstand beteiligt. Auswanderung nach Nordamerika. Trennung von seiner Frau, die völlig verarmt „letzten Herbst kränkelnd und wie es scheint von einer Art Heimweh geplagt, nach dem sie alle ihre Kinder durch den Tod verloren hatte" nach Chur zurückkehrt.

Quellen: Taufbuch Münsterpfarrei 1813–1833, Ehebuch Münsterpfarrei 1820–1870. StAK J XII 330, Pb 37/1845, R 23/9, S II 20539, 20578. GLA 234/2059, 241/35.

83 *Springer,* Jakob, *15. 03. 1806 Konstanz, kath., Schneider, Meister.
Kurzbiographie: 1806 als Sohn des Jacob Springer und seiner Frau Anna Maria (geb. Graf) geboren. Am 07. 07. 1834 Heirat mit Crescentia Müller von Zitzenhausen im Linzgau. Im Gewerbekataster 1843 mit fünf Gesellen und einem Lehrling verzeichnet und mit 2600 Gulden Gewerbesteuerkapital veranschlagt. 1848 unterzeichnet er eine Petition zum „Exercieren der Waffenlustigen" und ist am Aprilaufstand beteiligt. Am 20. 07. 1848 bittet seine Frau um ein Reisegeld von 40 Gulden: „. . . durch Verschulden meines Mannes in gedrückten Familienverhältnissen fühle ich mich durch die neuesten Zeitbegebenheiten gedrängt unser Vaterland zu verlassen und in Amerika eine neue Heimath und so Gott will ein neues Fortkommen zu suchen." 1850 Bitten um Holz, wegen der „auf den Armen schwer drückenden Verdienstlosigkeit". Bis 1852 Bitten um Holz, Hausmietzinszahlungen etc.

Quellen: Taufbuch St. Jodok 1784–1813, Ehebuch Münsterpfarrei 1834–1841. StAK R 23/9, S II 6679, 8382, 20539. GLA 234/2059, 241/35.

84 *Springhart,* Ferdinand, *25. 10. 1827 Konstanz, kath., Schuhmacher, Geselle.
Kurzbiographie: 1826 als fünftes Kind des Rotgerbers und späteren Aberhakendieners (der Aberhaken war ein Lastkran am Konstanzer Hafen) Johann Baptist Springhart und seiner Frau Anna (geb. Moser) geboren. 1828 Tod des Vaters. Am 22. 09. 1846 stirbt seine Mutter. 1848 Beteiligung am Aprilaufstand. 1851 Soldat – Erkrankung an Gastritis und 1852 an Lungenentzündung erkrankt.

Quellen: Taufbuch Augustinerpfarrei 1796–1826. StAK J XII 329, 2479, S II 20539. GLA 234/2059.

85 *Sulger,* Albert, *04. 07. 1825 Konstanz, kath., Maler, Geselle.
Kurzbiographie: 1825 als Sohn des Küfers Felix Sulger und seiner Frau Christiana (geb. Weber) geboren. 1844 bittet sein Vater um eine Unterstützung seines Sohnes zum Besuch der Malerakademie (Sulger hat sieben Geschwister). 1848 am Aprilaufstand beteiligt und im Gefecht bei Kandern tödlich verwundet worden.

Quellen: Schieber, Konstanzer Freiheitschronik. Taufbuch Augustinerpfarrei 1796–1823. StAK A I 27, 29, S II 18392.

86 *Sulger,* Joseph, *ca. 1812 Konstanz, kath., Wundarzneidiener, Handwerker.
Kurzbiographie: 1812 als Sohn des Büchsenmachers Sulger und seiner Frau Luzia (geb. Sättele) geboren. 1814 Tod des Vaters. 1829 Beginn der Lehrzeit mit Unterstützung. 1847 ist seine Mutter total verarmt. J. S. ist der Bruder des Schneidergesellen Philipp Sulger. 1848 am Aprilaufstand beteiligt.

Quellen: StAK J XII 3461, S II 7805, 8312, 18334, 20539. GLA 234/2059.

87 *Sulger,* Nepomuk, *ca. 1810 Konstanz, Schneider, Meister.
Kurzbiographie: 1810 als unehelicher Sohn der Aloisia Kolb geboren. Um 1824 Beginn der Lehrzeit. Mutter soll wegen „zügellosem Lebenswandel" ins Arbeitshaus gebracht werden. 1826 Ende der Lehrzeit. Bitte um Kleidungsstücke, wegen des geringen Wochenlohns. 1830 Tod der Mutter. 1841 Heirat mit Magdalena Stierle aus Schaffhausen. 1843 ist er im Gewerbekataster mit drei Gesellen verzeichnet. Er versteuert (ohne Hausbesitz) ein unterdurchschnittliches Gesamtsteuerkapital von 2000 Gulden. Seine Schwester ist im gleichen Jahr verschuldet

und bittet um Unterstützung. 1845 gerät Sulger in Gant und im April 1847 kommt es zur Vermögensabsonderung zwischen Sulger und seiner Frau. 1848 am Aprilaufstand beteiligt. 1854 total verarmt und fertigt stückweise für einen Großmeister. 1862 Bitten an den Stiftungsvorstand.

Quellen: StAK J XII 2563, R 23/9, S II 6679, 20539, 20539. GLA 234/2059, 241/35.

88 *Sulger,* Philipp, *ca. 1814 Konstanz, Schneider, Geselle.
Kurzbiographie: 1814 als Sohn des Büchsenmachers Sulger und seiner Frau Luzia (geb. Sättele) geboren. 1814 Tod des Vaters. 1827 Beginn der Lehrzeit mit Unterstützung. 1832 Beginn der Wanderschaft mit Unterstützung. 1847 ist seine Mutter von Unterstützung abhängig. 1848 am Aprilaufstand beteiligt. 1849 als Spitalschneider angestellt. 1853 möchte er nach Wien gehen, wo sich ein Bruder von ihm niedergelassen hat, da er „ohne Vermögen und Subsistenzmittel" ist. 1857 Bitte um Kleidungsstücke. Erkrankung an einem Brustleiden. 1863 Mangel an Arbeit. Bittet um Hosen und Stiefel und um Verbleib im Spital, „da er in der Stadt nichts habe als Margtarbeit auszubessern womit er nicht genug verdiene um sich zu erhalten." 1858 Bitte um eine Anleihe zur Anschaffung einer Nähmaschine.

Quellen: StAK J XII 3461, S II 7805, 8312, 18334, 20539, 20579. GLA 234/2059.

89 *Schäfer,* Jakob, *24. 07. 1809 Konstanz, kath., Schuhmacher, Meister.
Kurzbiographie: 1809 als Sohn des Schusters und Wettekarrers Mathias Schäfer und seiner Frau Klara (geb. Sauter) geboren (zweites von sechs Kindern). 1823 Beginn der Lehrzeit mit Unterstützung wegen Armut des Vaters. 1836 Tod des Vaters. 1837 Niederlassung als Meister und am 11. 05. 1837 Heirat mit Louise Weltin aus Thiengen. 1840 Tod der Mutter. 1841 wird gegen J. S. Zwangsvollstreckung betrieben. 1846 Zwangsvollstreckung gegen seinen Bruder Joseph (Glasermeister). 1847 ohne Verdienst. Erhält für seine Familie mit zwei Kindern ein wöchentliches Almosen. 1848 am Aprilaufstand beteiligt. 1849 und 1851 im Gewerbekataster als Alleinmeister (ohne Hausbesitz) mit dem untersten Steuersatz von 1250 Gulden veranschlagt.

Quellen: Taufbuch St. Johann 1759–1813, Ehebuch Spitalpfarrei 1828–1879. StAK J XII 1843, 2075, S II 746, 755, 6679, 6680, 6681, 8312, 18334, 20540, 20579. GLA 234/2059, 241/35.

90 *Schechtle,* Kaspar, von Zitzenhausen (Linzgau), Maurer, Geselle.

Quellen: GLA 241/35.

91 *Schedler,* Eduard, *01. 05. 1823 Konstanz, kath., Posamentier, Handwerker.
Kurzbiographie: 1823 als Sohn des Hutmachers Michael Schedler und seiner Frau Katharina (geb. Wittelsbach) geboren. 1848 am Aprilaufstand beteiligt. 28. 10. 1850 Heirat mit Adolphine Landenberg. Möglicherweise Bruder von Joseph und Michael Schedler; vgl. die folgenden Biographien.

Quellen: Taufbuch Münsterpfarrei 1813–1833. StAK J XII 175. GLA 234/2059.

92 *Schedler,* Joseph, *26. 04. 1813 Konstanz, kath., Lithograph, Meister.
Kurzbiographie: 1813 als Sohn des Hutmachers Michael Schedler und seiner Frau Katharina (geb. Wittelsbach) geboren. Am 05. 11. 1840 Heirat mit Idda Theresia Eberle. 1848 am Aprilaufstand beteiligt. Vorladung und Arrestklage wegen Verschuldung und Forderung. Nach der Revolution nach Amerika ausgewandert. (Mitglied des Bürgermuseums und des größeren Bürgerausschusses). Bruder von Eduard und Michael Schedler; vgl. Biographie 91 und 93.

Quellen: Taufbuch Münsterpfarrei 1813–1833, Ehebuch Münsterpfarrei 1834–1841. StAK J XII 175, R 23/9. GLA 234/2059, 241/35. Laible, Geschichte der Stadt Konstanz, 202.

93 *Schedler,* Michael, Konstanz, Hutmacher, Meister.
Kurzbiographie: Möglicherweise Bruder von Eduard und Joseph Schedler. Mitglied des Bürgermuseums. Im Gewerbekataster 1843 und 1849 mit überdurchschnittlichem Gesamtsteuerkapital verzeichnet, wobei es sich möglicherweise um den väterlichen Betrieb handelt.

Quellen: Laible, Geschichte der Stadt Konstanz, 176. StAK 6679, 6680. GLA 241/35.

94 *Schmid,* August.
Kurzbiographie: In den Akten des Justizministeriums findet sich lediglich ein Namensverweis, wobei unklar bleibt, ob es sich hierbei um einen am 15. 08. 1826 in Konstanz geborenen Sohn eines Lohnkutschers Anton Schmid und seiner Frau Josepha handelt, oder um den gleichnamigen Bierbrauer „zur Sonne", der mit Johann Marmor gemeinsam den Belle-Vue-Verlag übernahm. Gegen den letzteren spricht allerdings die Tatsache, daß er in die gerichtlichen Verfolgungen offenbar nicht mit einbezogen wurde.

Quellen: Taufbuch Augustinerpfarrei 1796–1827. GLA 234/2059. Venedey, Belle-Vue bei Constanz, 30–35.

95 *Schoch,* Leopold, Konstanz, Bäcker, Meister.
Kurzbiographie: 1848 am Aprilaufstand beteiligt und beabsichtigte danach nach Amerika auszuwandern. Hat offenbar auch als Grenzwächter gearbeitet.

Quellen: StAK R 23/9, S II 20527. GLA 234/2059, 241/35.

96 *Schroff,* Max, aus Markelfingen bei Konstanz, Student, Auszubildender.

Quellen: GLA 241/35.

97 *Schwarz,* Friedrich, *24. 03. 1810 Konstanz, kath., Taglöhner, Arbeiter.
Kurzbiographie: Friedrich Schwarz ist das älteste uneheliche Kind der Renata Branner und zugleich der älteste Bruder von Joseph Branner (vgl. Biographie 12) und Bruder der Franziska Schwarz (ebenfalls uneheliches Kind der Renata Branner), deren unehelicher Sohn Xaver Schwarz (Biographie 98) ebenfalls am Aprilaufstand beteiligt war. Am 29. 02. 1844 heiratet F. S. Theresia Mayer aus Litzelstetten, die Tochter einer Schuhmacherfamilie. 1847 Bitten um Unterstützung. 1848 am Aprilaufstand beteiligt. 1849 im Steuerkataster mit dem niedrigsten Satz von 500 Gulden veranschlagt.

Quellen: Taufbuch Augustinerpfarrei 1796–1828. StAK R 23/9, S II 6680, 8312, 18332, 20525. GLA 234/2059, 241/35.

98 *Schwarz*, Xaver, *14. 10. 1828 Konstanz, kath., Maler, Geselle.
Kurzbiographie: 1828 Geburt als uneheliches Kind der Franziska Schwarz, der unehelichen Tochter der Renata Branner, also Schwester von Joseph Branner (Biographie 12) und Friedrich Schwarz (Biographie 97). 1848 am Aprilaufstand beteiligt.

Quellen: Taufbuch Augustinerpfarrei 1827–1867. StAK A V 21–25, R 23/9, S II 20525.

99 *Stabel*, Karl, aus Stockach, Skribent (Schreiber), Auszubildender.
Kurzbiographie: 1848 am Aprilaufstand beteiligt. 1850 wird gegen ihn Zwangsvollstreckung betrieben.

Quellen: StAK S II 746. GLA 241/35.

100 *Steidel*, Karl, *22. 06. 1824 Konstanz, kath., Amtsaktuar, unterer Beamter.
Kurzbiographie: 1824 als uneheliches Kind des Schneidermeisters Ferdinand Steidel und der Karoline Oelschlegel geboren. 1830 Bitten des Vaters um Holz. 1831 findet der Vater keine Arbeit: „auf meiner Profession durchaus keine Arbeit". 1834 Bitten um Schuhe für die Kinder. Bis zum Jahr 1847 stellt der Vater 72 Bittbriefe. 1848 K. S. am Aprilaufstand beteiligt. Am 29. 08. 1861 heiratet Karl Steidel Theresia Fuchs, die Tochter des Schusters Simon Fuchs.

Quellen: Taufbuch Augustinerpfarrei 1796–1828, Ehebuch St. Stephan 1818–1861. StAK S II 7805, 18334, 20541, 20579. GLA 241/35.

101 *Steiger*, Maximilian, *09. 10. 1818 Konstanz, kath., Schuhmacher, Meister.
Kurzbiographie: 1819 als sechstes Kind des Uhrmachers Xaver Steiger (auch Staiger) und seiner Frau Barbara (geb. Bräg) geboren. 1839 Tod des Vaters, der acht Kinder hinterläßt. 12. 02. 1844 Heirat des M. S. mit Maria Josepha Gottlieb. Gleichzeitig Niederlassung als Meister und Bitte um eine Anleihe von 100 Gulden bei der Spitalkasse. 1848 am Aprilaufstand beteiligt. Ab Oktober 1848 wird Steiger wegen Arbeitsmangel in der Spitalschusterei beschäftigt. Bittet um Bezahlung des Mietzinses. Arbeitet ab 1850 wieder selbständig und ist 1851 mit dem niedrigsten Satz von 500 Gulden im Kataster veranschlagt. 1852 wird auf seinen Antrag hin vom Hofgericht wegen Ehebruch seine Ehe geschieden. 1853 Tod seiner Mutter und Auswanderung nach Amerika. 1861 stirbt seine geschiedene Frau und sein Sohn bittet nach Amerika auswandern zu dürfen.

Quellen: Taufbuch Münsterpfarrei 1813–1833, Ehebuch Münsterpfarrei 1842–1875. StAK J XII 2030, 3021, 3424, S II 6680, 6681, 20541. GLA 234/2059, 241/35.

102 *Steitz*, Jakob, *10. 1812 Konstanz, prot., Sattler, Meister.
Kurzbiographie: 1812 als Sohn des Metzgers Philipp Steitz (aus Heidelberg) und seiner Frau Elisabeth (geb. Behrmann) geboren. 1837 Auseinandersetzungen um sein Meisterstück. 02. 01. 1838 Heirat mit Karoline Mayer und am 24. 12. 1838 Geburt der Tochter Elisabeth. 1843 im Gewerbekataster mit zwei Gesellen und einem unterdurchschnittlichen Gewerbesteuerkapital von 2050 Gulden verzeichnet. Am 27. 03. 1846 Vermögensabsonderung zwischen Steitz und seiner Frau, wobei die Akten 2979 Gulden Schulden ausweisen. 1848 am Aprilaufstand beteiligt.

Quellen: Ehebuch St. Stephan 1820–1870. StAK J XII 2669, R 23/9, S II 6679, 8323, 18400. GLA 234/2059, 241/35.

103 *Stephani,* Ludwig, *26. 05. 1805 Wertheim, prot., Hofgerichtsadvokat, selbständig. Kurzbiographie: 1805 in Wertheim geboren. 1823 Studium in Göttingen, 1825 in Rostock und ab 1826 in Würzburg. 1845 Ernennung zum Advokaten und Prokuratoren des Hofgerichts. 1848 Mitglied des Ausschusses der Bürgerversammlung und Abgeordneter zur Offenburger Volksversammlung. Am Aprilaufstand beteiligt. 1849 auf der Flucht nach Amerika bei der Überfahrt gestorben. Seine Frau und sein Kind sind auf der Überfahrt ertrunken.

Quellen: B. Demandt, The history of L. Stephani (StAK Au 18). Seebl. 18. 10. 1845. StAK R 23/9, S II 8323, 8324. GLA 234/2059, 241/35.

104 *Straub,* Johann, aus Schwenningen, Zimmermann, Geselle.

Quellen: GLA 241/35.

105 *Stukle,* Herrmann, aus Hüfingen, Skribent (Schreiber), Auszubildender.

Quellen: GLA 241/35.

106 *Troisdorff,* Ferdinand, *ca. 1806 Aachen, prot., Kaufmann, selbständig.
Kurzbiographie: 1806 in Aachen geboren. Im Steuerkataster 1843 mit 10 500 Gulden Gewerbesteuerkapital veranlagt. Betrieb Großhandel mit Zigarren und Tuch. 1843 Geburt des Sohnes Adolf Ferdinand. (Ludwig Stephani ist Pate, vgl. Biographie 103) 1848 am Aprilaufstand beteiligt. „Seit einem Jahrzehnt zu Constanz als Großhändler angesehen und verehelicht mit einer hiesigen Bürgerstochter. 42 Jahre alt. Vater von zwei unmündigen Kindern. Gegen seinen Leumund liegt den Behörden nichts Nachteiliges vor, und seine Betheiligung . . . ist eine jene Übereilungen, welche in einem heftigen und höchst erregbaren Temperamente und Gemüthe ihren Ursprung und Erklärung finden."

Quellen: StAK J XII 2721, R 23/9, S II 6679, 18076. GLA 234/2059, 241/35.

107 *Uhl,* Albert, *07. 04. 1824 Konstanz, kath.
Kurzbiographie: 1824 als Sohn des Hofgerichtsassessors Mathias Uhl und seiner Frau Rosa (geb. Thumb) geboren. 1848 am Aprilaufstand beteiligt. 1850 wird gegen ihn Zwangsvollstreckung betrieben.

Quellen: Taufbuch Münsterpfarrei 1813–1833. StAK R 23/9, S II 746.

108 *Vanotti,* Eduard, *07. 09. 1809 Bonndorf, kath., Arzt, selbständig.
Kurzbiographie: 1809 als Sohn des Majors Franz Vanotti und seiner Frau Maria Anna geboren. Verbrachte seine Kindheit bis 1818 in Mannheim, dann Umzug nach Konstanz. Ab 1826 Studium in Freiburg (Rechtswissenschaft) und ab 1827 in Heidelberg (Medizin). 1830 Niederlassung als prakt. Arzt in Konstanz. Am 05. 10. 1840 Heirat mit Carolina Amalia Stösser. Vanotti war Hauptmann des IV. Fähnleins der Bürgerwehr. Delegierter zur Offenburger Volksversammlung und Mitglied des Ausschusses der Bürgerversammlung. 1848 am Aprilaufstand beteiligt und danach flüchtig. Amnestiegesuch wird abgewiesen. E. V. ist der Bruder von Ignaz Vanotti, vgl. Biographie 109.

Quellen: Weech, Badische Biographien, 386. Laible, Geschichte der Stadt Konstanz, 195, 197ff. Ehebuch Münsterpfarrei 1834–1841. StAK J XII 2722, R 23/9, S II 8323, 8324, 18076. GLA 234/2059, 236/8535, 8535, 237/2713, 2713, 241/35.

109 *Vanotti,* Ignaz, *1797 Konstanz, kath., Hofgerichtsadvokat, selbständig.
Kurzbiographie: 1797 als Sohn des Majors Franz Vanotti und seiner Frau Maria Anna geboren. Bruder des Arztes Eduard Vanotti. Vanotti war Mitglied des Bürgermuseums, Mitglied der Dampfschiffahrtsgesellschaft. Protagonist und Förderer der Kinzigtal-Bodensee Eisenbahn Initiative. Gründer der Verlagsbuchhandlung „Belle-Vue bei Constanz" und Initiator einer Theatergründung. 1848 am Aprilaufstand beteiligt, danach Flucht in die Schweiz. 1850/51 wird Zwangsvollstreckung im Zuge der gerichtlichen Verfolgung gegen ihn betrieben. Das Gerichtsurteil (in Abwesenheit) lautete auf 9 Jahre Zuchthaus. 1870 in Konstanz gestorben.

Quellen: Venedey, Belle-Vue bei Constanz, 26ff. StAK R 23/9, S II 746, 5385, 9222, 6679. GLA 234/2059, 241/35, 317/284.

110 *Walter,* Karl Friedrich, * ca. 1814 Überlingen, Commis., selbständig.
Kurzbiographie: Petition an das Justizministerium: „Sohn eines jetzt verstorbenen Apothekers in Überlingen, Handlungs Commis. 34 Jahre alt, ledig. Gegen seinen Leumund liegt nichts nachteiliges vor." Schieber erwähnt ihn als militärischen Führer.

Quellen: Schieber, Konstanzer Freiheitschronik. StAK R 23/9. GLA 234/2059, 241/35.

111 *Weber,* Alois, Maler, Meister.
Kurzbiographie: Im Gewerbekataster von 1843 und 1849 mit einem überdurchschnittlichen Gesamtsteuerkapital von 3780 Gulden verzeichnet. Das Gesamtsteuerkapital setzt sich aus 980 Gulden Häusersteuerkapital und 2800 Gulden Gewerbesteuerkapital zusammen. 1842 wurde Weber als Pfleger (Vormund) der Kinder des Pflästerers Alois Rick (vgl. Biographie 70) eingesetzt. 1848 am Aprilaufstand beteiligt.

Quellen: StAK J XII 2266, S II 6679, 6680. GLA 234/2059.

112 *Weber,* Emil, Konstanz, Vergolder und Maler, Handwerker.
Kurzbiographie: 1848 am Aprilaufstand beteiligt. Nach der Revolution offenbar eine Zuchthausstrafe in Bruchsal verbüßt. Den Akten des Justizministeriums zufolge „ein entschiedener rother Republikaner". Die Zuchthausverwaltung erkundigte sich beim Gemeinderat nach seinen Vermögensverhältnissen. Nach der Antwort Hüetlins hat Weber kein Vermögen besessen oder in Aussicht gehabt.

Quellen: StAK S II 746, 5384. GLA 234/2059, 236/8535, 241/35.

113 *Weick,* August, *06. 07. 1827 Konstanz, kath., Posamentier, Handwerker.
Kurzbiographie: 1827 als Sohn des Schneidermeisters Johann Weick und seiner Frau Anna (geb. Vogt) geboren. 1848 am Aprilaufstand beteiligt. 1854 mit Wanderbuch auf die Reise begeben und schließlich nach New Jersey ausgewandert. 1858 Tod der Mutter. A. W. ist offensichtlich ein Halbbruder des Vinzenz Bäuerle, vgl. Biographie 8.

Quellen: Taufbuch Münsterpfarrei 1813–1833. StAK J XII 3487. GLA 234/2059, 241/35.

114 *Weiß*, Joseph, *28. 04. 1826 Konstanz, kath., Lohndiener, Gehilfe/Taglöhner. Kurzbiographie: 1826 als unehelicher Sohn des Instrumentenmachers Felix Weiß und Barbara Schreiber geboren. 1848 am Aprilaufstand beteiligt. Am 04. 09. 1871 Heirat mit Philippine Gansser von Stockach.

Quellen: Ehebuch Münsterpfarrei 1842–1875, Taufbuch St. Stephan 1813–1846. GLA 234/2059.

115 *Weltin*, Nikolaus, *05. 12. 1814 Konstanz, kath., Vergolder, Handwerker. Kurzbiographie: 1814 als jüngstes von sechs Kindern des Schiffmeisters und Holzladers Jakob Weltin und seiner Frau Maria Agatha (geb. Bär) geboren. Eine Vermögensuntersuchung im Jahr 1822 des Jakob Weltin: „nothorisch arm". 1828 Beginn der Lehrzeit mit Unterstützung. 1844 Bitte um Anleihe von 100 Gulden. 30. 06. 1846 Heirat mit Theresia Dors von Hagnau und Niederlassung. 1848 Bitten um Bezahlung des Hauszinses. Klagen über geringen Lohn und fehlendes Brennholz. 1848 am Aprilaufstand beteiligt. 1850 möchte er nach Neuchatel gehen. 1857 Bitte um Bezahlung des Lehrgeldes für seinen Sohn, der Vergolder werden soll.

Quellen: Taufbuch St. Stephan 1813–1846, Ehebuch Münsterpfarrei 1842–1875. StAK J XII 690, S II 20544. GLA 234/2059.

116 *Wieland*, Joseph Rudolf, *16. 06. 1822 Konstanz, kath., Schuhmacher, Geselle. Kurzbiographie: 1822 als Sohn des Schuhmachers Valentin Wieland und seiner Frau Elisabeth (geb. Häfele) geboren. 1835 wird gegen seinen Vater Zwangsvollstreckung betrieben. 1847 ist sein Vater von der Unterstützung des Hilfsvereins abhängig. 1848 am Aprilaufstand beteiligt. 1849 erhält sein Vater Almosen zur Bezahlung des Hauszinses. 05. 06. 1852 Heirat mit Katharina Müller von Glatt am Neckar.

Quellen: Taufbuch St. Stephan 1813–1846. Ehebuch Spitalpfarrei 1827–1879. StAK A I 29, R 23/9, S II 746, 7805, 8312, 20544, 20578. GLA 234/2059, 241/35.

117 *Wist*, Adolf Wilhelm, aus Berlin, Buchdrucker, Geselle.

Quellen: GLA 241/35.

118 *Wittelsbach*, Otto, *24. 09. 1830, Konstanz, kath., Vergolder, Lehrling. Kurzbiographie: 1830 als Sohn der 19jährigen ledigen Dienstmagd Maria Blanz von Bodman und dem ledigen Lohnkutscher Baptist Wittelsbach geboren. Seine Mutter ist fünf Tage nach der Geburt gestorben und hat ein Vermögen von 3 Gulden und 49 Kreuzern (in Kleidungsstücken) hinterlassen. 1848 am Aprilaufstand beteiligt.

Quellen: Taufbuch Augustinerpfarrei 1827–1867. StAK J XII 49, S II 18 401. GLA 234/2059, 241/35.

119 *Zogelmann*, Karl, *08. 12. 1808 Konstanz, Handelsmann, selbständig. Kurzbiographie: 1808 als Sohn des Kaufmanns Michael Zogelmann und seiner Frau Maria (geb. Keller) geboren. 30. 01. 1834 Heirat mit Carolina Lorenz. Im Gewerbekataster 1843 mit einem Gesamtsteuerkapital von 20 740 Gulden veranschlagt (11 700 Gulden Häusersteuerkapital; 9000 Gulden Gewerbesteuerkapital). 1847 bis 1849 Mitglied des Gemeinderates. Verfechter der Judenemanzipation. Aufrufe zur Unterstützung der hungernden Schlesier. Mit-

glied des Ausschusses der Bürgerversammlung und Hauptmann des I. Fähnleins der Bürgerwehr. 1848 am Aprilaufstand beteiligt und als Rädelsführer verfolgt. Flucht in die Schweiz. Urteil lautete 9 Jahre Zuchthaus.

Quellen: Ehebuch Münsterpfarrei 1834–1841. Seebl. StAK A I 27, 29, J XII 1713, 2718, S II 6679, 8323, 8324. GLA 234/2053, 234/2059, 236/8535, 241/35.

120 *Zuber*, Friedrich, *08. 03. 1817 Konstanz, kath., Zigarrenfabrikant, selbständig. Kurzbiographie: 1817 als fünftes Kind des Siebmachers Joseph Zuber und seiner Frau Anastasia (geb. Götz) geboren. 1833 wird gegen seinen Vater Zwangsvollstreckung betrieben. 1840 bittet F. Z. um einen Lehrgeldbeitrag um die Weberei zu erlernen. Erkrankt in der Folge an „krampfhafter Engbrüstigkeit". Hält sich 1845 in Lahr auf und bittet um eine Anleihe von 100 Gulden „um das Gewerbe als Tabakfabrikant zu treiben". Zuber hat vorher als Webergeselle gearbeitet und offenbar krankheitshalber seinen Beruf gewechselt. Das Haus seines Vaters ist zum gleichen Zeitpunkt mit 850 Gulden belastet. 1848 am Aprilaufstand beteiligt. Vater ist verarmt und von Unterstützung abhängig. Die Vermögensaufnahme im Zuge der gerichtlichen Verfolgung weist ein Vermögen von 141 Gulden aus, das mit Beschlag belegt wird. 1852 bittet Zuber um ein Reisegeld, da er in einer Zigarrenfabrik bei Zürich eine Anstellung gefunden habe.

Quellen: Taufbuch Augustinerpfarrei 1796–1828, Ehebuch St. Stephan 1818–1861. StAK J XII 279, 2143, R 23/9, S II 18 005, 18 371, 20 545. GLA 234/2059, 241/35.

VIII. 3. Lehrverträge aus den Armen- und Unterstützungsakten

Jahr	Gewerbe	Bedingungen	Quelle
1829	Schuster	Lehrzeit des Lehrknaben Simpert Speer beträgt 4 Jahre; 20 fl Lehrgeld; Kost und Bett im Spital; Spital trägt Kosten für Aufdingen und Freisprechen.	S II 20 539
1830	Säckler	Lehrzeit beträgt 4 Jahre; Kost und Wohnung beim Meister; 40 fl Lehrgeld.	S II 20 541
1831	Schneider	Lehrgeld für den Spitalknaben Ignaz Hirber beträgt 55 fl; Kost und Wohnung beim Meister, Wäsche bei der Mutter.	S II 20 532
1832	Schneider	Die Lehrzeit des Spitalknaben Joseph Weber beträgt 3½ Jahre; kein Lehrgeld; unter Umständen soll ¼ oder ½ Jahr nachgelassen werden; Spital übernimmt Kost, Wohnung und Kleidung.	S II 20 543
1833	Wagner	Der Lehrknabe Gustav Martin wird für ein Lehrgeld von 44 Gulden eingestellt.	S II 20 536

Jahr	Gewerbe	Bedingungen	Quelle
1835	Säckler	Lehrzeit beträgt 3 Jahre; Kost und Kleidung bei der Mutter; Lehrgeld beträgt 44 Gulden.	S II 20 539
1838	Buchbinder	Lehrzeit beträgt 3½ Jahre; Kost, Wohnung und Bett beim Meister; Lehrgeld beträgt 88 fl; Kleidung erhält der Lehrling vom Spital.	S II 20 538
1840	Schlosser	Lehrzeit beträgt 4 Jahre; Kleidung und Wäsche vom Spital; Kost und Wohnung beim Meister; 70 fl Lehrgeld.	S II 20 538
1841	Schuster	Lehrzeit beträgt 3 Jahre; Kost im Spital, Lehrgeld beträgt 44 fl wenn der Knabe beim Meister schläft, 36 fl wenn er im Spital schläft.	S II 20 535
1843	Schuster	Lehrzeit beträgt 4 Jahre; Lehrgeld beträgt 33 fl ohne Kost und Wohnung.	S II 20 534
1846	Drechsler	Lehrzeit beträgt 4 Jahre; Lehrgeld beträgt 80 Gulden; Kost und Logis beim Meister.	S II 20 539
1846	Feilenhauer	Lehrzeit beträgt 4 Jahre; Lehrgeld 66 fl.	S II 20 538
1846	Buchbinder	Lehrzeit beträgt 4 Jahre; Kost und Wohnung beim Meister; Lehrgeld beträgt 68 fl.	S II 20 538
1847	Schuster	Lehrzeit beträgt 3 Jahre; Wohnung und Kost beim Meister; Lehrgeld beträgt 60 fl; Werkzeug soll auf Kosten des Lehrlings angeschafft werden.	S II 20 539
1848	Schreiner	Der Lehrknabe Weber erhält Kost beim Meister; schläft zu Hause; Lehrgeld 60 fl; Lehrzeit 4 Jahre; Kosten für Aufdingen und Freisprechen trägt seine Mutter.	S II 20 543
1849	Bäcker	Lehrzeit beträgt 3 Jahre; Kost und Wohnung beim Meister; Lehrgeld beträgt 50 fl.	S II 20 541
1849	Schuster	Lehrzeit beträgt 3 Jahre; Lehrgeld 50 fl.	S II 20 541
1849	Schneider	Lehrzeit beträgt 3 Jahre; Lehrgeld beträgt 44 fl.	S II 20 534
1850	Schneider	Lehrzeit beträgt 3 Jahre; Wohnung beim Meister; Bett und Kleidung erhält der Knabe vom Spital; Lehrgeld beträgt 55 fl.	S II 20 535
1851	Schneider	Lehrzeit beträgt 3 Jahre; Wäsche wird vom Spital besorgt; Kost, Logis und Bett beim Meister; Lehrgeld beträgt 66 fl.	S II 20 536
1853	Feilenhauer	Lehrzeit beträgt 4 Jahre; Wäsche vom Spital; Kost und Logis beim Meister; Lehrgeld beträgt 30 fl.	S II 20 538
1854	Knopfmacher	Lehrzeit beträgt 4 Jahre; Kost und Wohnung beim Vater; Lehrgeld beträgt 88 fl.	S II 20 540
1854	Buchbinder	Lehrzeit 3 Jahre; Kost, Bett, Logis und Wäsche beim Meister. Kleidung vom Spital. Lehrgeld beträgt 70 fl.	S II 20 536
1855	Schuster	Lehrzeit beträgt 3 Jahre; Kost und Wohnung beim Meister; Kleidung und Wäsche vom Spital, Lehrgeld 55 fl.	S II 20 536

IX. QUELLEN- UND LITERATURVERZEICHNIS

IX. 1. Abkürzungen

Abt.	Abteilung
ASG	Archiv für Sozialgeschichte
B	Biographie
fl	Gulden
GG	Geschichte und Gesellschaft
GLA	Generallandesarchiv Karlsruhe
HZ	Historische Zeitschrift
JbWG	Jahrbuch für Wirtschaftsgeschichte
JSH	Journal of Social History
Konst. Ztg.	Konstanzer Zeitung
Konst. Wbl.	Konstanzer Wochenblatt
KZSS	Kölner Zeitschrift für Soziologie und Sozialpsychologie
Ms.	Maschinenschriftl. Manuskript
P&P	Past and Present
Seebl.	Seeblätter
SOWI	Sozialwissenschaftliche Informationen für Unterricht und Studium
Sstr.	Sester
StAK	Stadtarchiv Konstanz
VSWG	Vierteljahreshefte für Sozial- und Wirtschaftsgeschichte
xr	Kreuzer
ZGO	Zeitschrift für Geschichte des Oberrheins
ZfG	Zeitschrift für Geschichtswissenschaft

IX. 2. Quellenverzeichnis

Stadtarchiv Konstanz (StAK)

A I	20, 27, 29, 30, 42. A V 21–25. A IX 19.
B I	384. B IV 1, 20.
D I	46, 105, 110, 114, 123, 178, 190, 201.
D II	14, 17–24, 64.
D V	110, 111, 112, 125–130, 133–135.
J XII	12, 17, 49, 70, 150, 151, 191, 241, 249, 263, 268, 282, 318, 329, 330, 358, 361, 362, 364, 389, 417, 439, 443, 473, 514, 522, 551, 690, 1843, 1994, 2030, 2075, 2095, 2119, 2204, 2245, 2261, 2266, 2299, 2311, 2326, 2384, 2397, 2433, 2479, 2563, 2608, 2627, 2669, 2708, 2720, 2721, 2722, 2741, 2742, 2797, 3021, 3041, 3062, 3107, 3133, 3216, 3291, 3364, 3461, 3487.

K	27
Q III	95
R	23
S II	28, 30, 35, 481–483, 486, 492, 522, 573, 580, 581, 592, 594, 595, 597, 600, 624, 661, 746, 753–755, 896, 1152, 5384, 5385, 6679–6681, 7541, 7564, 7702, 7708, 7710, 7712, 7713, 7716, 7719, 7721, 7722, 7744, 7745, 7804–7806, 8008, 8312, 8321, 8323, 8324, 8326, 8328, 8329, 9167, 9222, 12695, 18004, 18004a, 18005, 18007, 18023, 18072, 18075, 18076, 18076a, 18077–18079, 18261, 18332, 18334, 18335, 18340, 18371, 18392, 18397, 18401, 20372, 20523–20545, 20578, 20579.
U	943, 944.

Generallandesarchiv Karlsruhe (GLA)

Abt. 234 Justizministerium
1709, 2053, 2059.
Abt. 236 Innenministerium
8535, 10181, 2059.
Abt. 237 Finanzministerium
16830, 16844, 16845.
Abt. 240 Oberlandesgericht
423, 563.
Abt. 241 Landgericht Freiburg
35.
Abt. 244 Landgericht Konstanz
21, 23.
Abt. 317 Landeskommissär Seekreis
284.
Abt. 359 Bezirksamt Konstanz
Zug. 1906/20 Nr. 1070, 1071, 1073, 1074, 1101, 1124–1126, 1244–1246, 1252, 1255, 1266, 1308, 1357, 1396. Zug. 1923/26 Nr. 24.

Kirchenbücher

Pfarrei St. Johann	Taufbuch 1759–1813
Münsterpfarrei	Taufbuch 1813–1833, Ehebuch 1834–1841, Ehebuch 1842–1875.
Pfarrei St. Jodok	Taufbuch 1784–1813.
Pfarrei St. Stephan	Taufbuch 1796–1837, Taufbuch 1813–1846, Ehebuch 1818–1861.
Augustiner- und Spitalpfarrei	Taufbuch 1796–1802, Taufbuch 1796–1828, Taufbuch 1828–1867, Ehebuch 1828–1879.
Evang. Stadtpfarrei	Taufbuch 1820–1870, Ehebuch 1820–1870.

IX. 3. Literaturverzeichnis

ABEL, Wilhelm, Agrarkrisen und Agrarkonjunktur, Hamburg/Berlin 1966

DERS., Handwerksgeschichte in neuer Sicht, Göttingen 1970

DERS., Massenarmut und Hungerkrisen im vorindustriellen Deutschland, Göttingen 1972

ANDLAW, Heinrich v., Aufruhr und Umsturz in Baden als Folge der Landesgesetzgebung, 4 Bde, Freiburg 1850/51

ASSMANN, Klaus, Zustand und Entwicklung des städtischen Handwerks in der ersten Hälfte des 19. Jahrhunderts, Göttingen 1971

ASSMANN, Klaus und G. STAVENAGEN, Handwerkereinkommen am Vorabend der Industriellen Revolution, Göttingen 1969

AYCOBERRY, Pierre, Der Strukturwandel im Kölner Mittelstand 1820–1850, in: GG 1 (1975), 78–98

BAIER, H., Zur Wirtschaftsgeschichte der Stadt Konstanz im 18. Jahrhundert, in: ZGO 30 (1915),491–543

BEKK, Johann Baptist, Die Bewegung in Baden 1848, Mannheim 1850

BELLI, Joseph, Die Rote Feldpost, Stuttgart 1921

BERGMANN, Jürgen, Das Berliner Handwerk in den Frühphasen der Industrialisierung, Berlin 1973

DERS., Ökonomische Voraussetzungen der Revolution von 1848. Zur Krise von 1845 bis 1848 in Deutschland, in: GG Sonderheft 2 (1976), 254–287

DERS., Wirtschaftskonjunktur, Soziallage und sozialer Protest in der Revolution von 1848, Tagungsbeitrag Berlin 1980 (Ms.)

BERNSTEIN, Eduard, Geschichte der deutschen Schneiderbewegung, Berlin 1913

BEUMER, F., Die Wanderjahre des hamburgischen Schneidergesellen F. R. Michaelson 1834–39, in: Hamburgische Geschichts- und Heimatblätter 2 (1929/31)

BEYME, Klaus v. (Hg.) Empirische Revolutionsforschung, Opladen 1973

BIERMANN, Eduard, Karl Georg Winkelblech (Karl Marlo). Sein Leben und sein Werk, 2 Bde, Leipzig 1909

BLACKBOURN, David u. Geoff ELEY, Mythen deutscher Geschichtsschreibung. Die gescheiterte bürgerliche Revolution von 1848, Berlin 1980

BLASIUS, Dirk, Die Pathologie der Gesellschaft als historisches Problem, in: Neue Politische Literatur 15 (1970), 485–504

DERS., Psychohistorie und Sozialgeschichte, in: ASG 17 (1977), 383–403

DERS., Kriminalität und Alltag. Zur Konfliktgeschichte des Alltagslebens im 19. Jahrhundert, Göttingen 1978

DERS., Sozialprotest und Sozialkriminalität in Deutschland. Eine Problemstudie zum Vormärz, Tagungsbeitrag Berlin 1980

BOPP, Hartwig, Die Entwicklung des deutschen Handwerksgesellentums im 19. Jahrhundert unter dem Einfluß der Zeitströmungen, Paderborn 1932

BORN, Stephan, Erinnerungen eines Achtundvierzigers, Leipzig 1898. (Neuauflage Berlin/Bonn 1978)

BRAUN, Rudolf, Probleme des soziokulturellen Wandels im 19. Jahrhundert, in: G. Wiegelmann (Hg.), Kultureller Wandel im 19. Jahrhundert, Göttingen 1973, 11–23

DERS., Einleitende Bemerkungen zum Problem der historischen Lebenstandardforschung, in: W. Conze und U. Engelhardt (Hg.), Arbeiter im Industrialisierungsprozeß, Stuttgart 1979, 128–135

CONZE, Werner (Hg.), Staat und Gesellschaft im deutschen Vormärz, Stuttgart 1962

CONZE, Werner und Ulrich ENGELHARDT (Hg.), Arbeiter im Industrialisierungsprozeß. Herkunft, Lage und Verhalten, Stuttgart 1979

CONZE, Werner und Dieter GROH, Die Arbeiterbewegung in der nationalen Bewegung. Die deutsche Sozialdemokratie vor, während und nach der Reichsgründung, Stuttgart 1966

DIESBACH, Alfred, 1846 – ein Jahr wirtschaftlicher Zusammenbrüche, in: Hegau 21/22 (1966), 113–126

DERS., Die deutschkatholische Gemeinde Konstanz 1845–1849, Mannheim 1971

DERS., Konstanz im Revolutionsjahr 1848, in: Konstanzer Blätter für Hochschulfragen 11 (1973), H. 40, 93–109

DIETZ, J., Die Gewerbe im Großherzogtum Baden, ihre Statistik, ihre Pflege, ihre Erzeugnisse, Karlsruhe 1863

DONZELOT, Jacques, Die Ordnung der Familie, Frankfurt/M. 1979

DORPALEN, Andreas, Die Revolution von 1848 in der Geschichtsschreibung der DDR, in: HZ 210 (1970), 324–368

DERS., Die Revolutionen von 1848, in: Th. Schieder (Hg.), Revolution und Gesellschaft, Freiburg 1973, 97–116

DRESSEN, Wolfgang (Hg.), 1848–1849: Bürgerkrieg in Baden. Chronik einer verlorenen Revolution, Berlin 1975

EBELING, Dietrich und Franz IRSIGLER, Zur Entwicklung von Agrar- und Lebensmittelpreisen in der vorindustriellen und in der industriellen Zeit. Beobachtungen am rheinischen Beispiel, in: ASG 19 (1979) 299–329

EITEL, Peter, Fahrende Gesellen. Beobachtungen zur Handwerksgesellenwanderung in der 1. Hälfte des 19. Jahrhunderts anhand von Ravensburger Quellen, in: Schriften des Vereins für Geschichte des Bodensees und seiner Umgebung 97 (1979), 131–143

EMMINGHAUS–HUSSERL Regina, Der demokratische Radikalismus im Spiegel der Seeblätter 1836–49 im Vormärz, Staatsarbeit Konstanz o. J.

ENGELHARDT, Ulrich, Zur Entwicklung der Streikbewegung in der ersten Industrialisierungsphase und zur Funktion von Streiks bei der Konstituierung der Gewerkschaftsbewegung in Deutschland, in: Internationale Wissenschaftliche Korrespondenz zur Geschichte der Arbeiterbewegung 15 (1979), 547–569.

ENGELSING, Rolf, Zur Sozialgeschichte deutscher Mittel- und Unterschichten, Göttingen 1973.

FALER, Paul, Cultural Aspects of the Industrial Revolution: Lynn, Massachusetts, Shoemakers an Industrial Morality, 1826–1860, in: Milton Cantor (Hg.), American Working Class Culture, Westport/London 1979, 121–148

FISCHER, Wolfram, Der Staat und die Anfänge der Industrialisierung in Baden 1800–1850. Bd. 1. Die staatliche Gewerbepolitik, Berlin 1962.

DERS., Staat und Gesellschaft Badens im Vormärz, in: Ders., Wirtschaft und Gesellschaft im Zeitalter der Industrialisierung, Göttingen 1972, 86–109.

DERS., Das deutsche Handwerk in den Frühphasen der Industrialisierung, in: Ders., Wirtschaft und Gesellschaft, 315–337.

DERS., Soziale Unterschichten im Zeitalter der Frühindustrialisierung, in: Ders., Wirtschaft und Gesellschaft, 242–257.

FLEISCHMANN, Sigmund, Die Agrarkrise von 1845/55 mit besonderer Berücksichtigung von Baden. Diss. phil. Heidelberg 1902.

FRANCKE, Ernst, Die Schuhmacherei in Bayern. Ein Beitrag zur Kenntnis unserer gewerblichen Betriebsformen, Stuttgart 1893.

FREUDENTHAL, Margarete, Gestaltwandel der städtischen bürgerlichen und proletarischen Hauswirtschaft unter bes. Berücksichtigung des Typenwandels von Frau und Familie 1760–1910, Diss. Würzburg 1934.

GAILUS, Manfred, Die Märzbewegung in Deutschland. Träger, Formen und regionale Schwerpunkte, Staatsarbeit Berlin 1978 (Ms.)

DERS., Sozialer Protest und Politikbildung „von unten". Kollektive Aktionen der unteren Volksschichten in Deutschland 1847–1849. Tagungsbeitrag Berlin 1980 (Ms.).

GEHRMANN, Friedhelm, Konkurse im Industrialisierungsprozeß Deutschlands 1800–1913, Diss. Münster 1973.

GEISEL, Karl, Die Hanauer Turnerwehr. – Ihr Einsatz in der badischen Märzrevolution von 1849 und der Turnerprozeß, Marburg 1974.

GESSNER, Dieter, Die Industrialisierung des Lederhandwerks am Mittelrhein und Untermain (1790–1860/65), in: Archiv für Frankfurts Geschichte und Kunst 57 (1980), 57–85.

GRAB, Walter, Die Revolution von 1848/49. Eine Dokumentation, München 1980.

GREBER, Josef, Das Schuhmacherhandwerk in der fortgeschrittenen Industriegesellschaft, Diss. Köln 1963.

GRIESSINGER, Andreas, Das symbolische Kapital der Ehre. Streikbewegungen und kollektives Bewußtsein deutscher Handwerksgesellen im 18. Jahrhundert, Berlin 1981.

GRIEWANK, Karl, Ursachen und Folgen des Scheiterns der deutschen Revolution 1848, in: HZ 170 (1950), 550 ff.

GROH, Dieter, Basisprozesse und Organisationsproblem. Skizze eines sozialgeschichtlichen Forschungsprojekts, in: U. Engelhardt, V. Sellin u. H. Stuke (Hg.), Soziale Bewegung und politische Verfassung, Stuttgart 1976, 415–431.

DERS., Die soziale Logik des Alltäglichen. Arbeitspapier Nr. 20 der Projektgruppe „Basisprozesse und Organisationsproblem", Konstanz 1978 (Ms.).

DERS., Vorläufige Überlegungen zur Formierung der deutschen Arbeiterklasse. Arbeitspapier Nr. 21 der Projektgruppe „Basisprozesse und Organisationsproblem", Konstanz 1979 (Ms.).

DERS., Zur Einführung, in: E. P. Thompson, Plebeische Kultur und moralische Ökonomie, Berlin 1980, 5–31.

HAMEROW, Theodore S., The German Artisan Movement, in: Journal of Central European Affairs 21 (1961), 131–152.

HAREVEN, Tamara K., Cyles, Courses and Cohorts: Reflections on theoretical and methodological approaches to the historical study of family development, in: JSH 12 (1978), 97–109

HAUPT, Heinz-Gerhart, Zur historischen Analyse von Gewalt, in: GG 3 (1977), 236–256.

DERS. und Karin HAUSEN, Die revolutionären Träger der Pariser Commune: Struktur und Motivation, in: SOWI 4 (1975), 139–144.

HAUSEN, Karin, Technischer Fortschritt und Frauenarbeit im 19. Jahrhundert. Zur Sozialgeschichte der Nähmaschine, in: GG 4 (1978), 148–169.

HECKER, Friedrich, Die Erhebung des Volkes in Baden für die deutsche Republik, Basel 1848.

HELLWAG, Fritz, Geschichte des deutschen Tischlerhandwerks vom 12. bis zum 20. Jahrhundert, Berlin 1924.

HENKEL, Martin und Rolf TAUBERT, Maschinenstürmer. Ein Kapitel aus der Sozialgeschichte des technischen Fortschritts, Frankfurt 1979.

HEUNISCH, Adam I., Das Großherzogtum Baden, Heidelberg 1857.

HIPPEL, Wolfgang v., Der Mannheimer Gesellenverein und seine Auflösung (1844/47). Ein Beitrag zum Vereinswesen in der Zeit des Vormärz, in: Historia Integra. Fs. f. Erich Hassinger zum 70. Geb., Berlin 1977, 219–244.

DERS., Politische Handwerkerlyrik aus der Zeit des Vormärz. Die „Gedichtsammlung" des Mannheimer Gesellenvereins (1844/47), in: ZGO 86 (1977), 275–295.

HOBSBAWM, Eric J., Sozialrebellen. Archaische Sozialbewegungen im 19. und im 20. Jahrhundert, Neuwied 1962.

DERS., Labouring Men. Studies in the History of Labour, London 1965.

DERS. und George RUDE, Captain Swing, Harmondsworth 1973.

DERS. und Joan W. SCOTT, Political Shoemakers, in: P&P 89 (1981), 86–114.

HOLTON, Robert J., The crowd in history: some problems of theory and method, in: Social History 3 (1978), 219–233

HOPPE, Ruth u. Jürgen KUCZYNSKI, Eine Berufs- bzw. Klassen- und Schichtenanalyse der Märzgefallenen 1848 in Berlin, in: JbWG 1964 Teil IV, 200–276

HUFTON, Olwen, Weiblicher Alltag. Die Schattenseite der Französischen Revolution, in: C. Honegger u. B. Heintz (Hg.), Listen der Ohnmacht. Zur Sozialgeschichte weiblicher Widerstandsformen, Frankfurt 1981, 138–159

HUNECKE, Volker, Antikapitalistische Strömungen in der Französischen Revolution, in: GG 4 (1978), 291–323

HUSSONG, Walter, Das Schneiderhandwerk in Frankfurt am Main und das Schneiderhandwerk in Heilbronn. Ein Vergleich. Diss. Heidelberg 1936

HUSUNG, Hans-Gerd, Eisenbahnarbeiter im Vormärz: Arbeitsformen und Konfliktmuster, in: D. Langewiesche u. K. Schönhoven (Hg.), Arbeiter in Deutschland. Studien zur Lebensweise der Arbeiterschaft im Zeitalter der Industrialisierung, Paderborn 1981, 209–220

JAHODA, Marie, Psychische Auswirkungen der Arbeitslosigkeit, in: SOWI 9 (1980), 54–60

JAHODA, Marie, Paul F. LAZARSFELD, und Hans ZEISEL, Die Arbeitslosen von Marienthal, Frankfurt 1975 (1. Aufl. Leipzig 1932)

JOHNSON, Christopher H., Economic Change and Artisan Discontent: The Tailor's History 1800–48, in: Roger Price (Hg.), Revolution and Reaction, London 1975, 87–114

KAUFHOLD, Karl Heinrich, Grundzüge des handwerklichen Lebensstandards in Deutschland im 19. Jahrhundert, in: W. Conze und U. Engelhardt (Hg.), Arbeiter im Industrialisierungsprozeß, Stuttgart 1979, 136–162

DERS., Das Handwerk der Stadt Hildesheim im 18. Jahrhundert. Eine wirtschaftsgeschichtliche Studie, Göttingen 1968

KASCHUBA, Wolfgang und Carola LIPP, Zur Organisation des bürgerlichen Optimismus – Regionale Formierungsprozesse des Bürgertums im Vormärz und in der Revolution 1848, in: SOWI 8 (1979), 74–82

KASCHUBA, Wolfgang und Carola LIPP, Provinz und Revolution. Kultureller Wandel und soziale Bewegung im Königreich Württemberg, Tübingen 1979

KERN, Klaus, Konstanz und die politischen Ereignisse in Baden vor dem Ausbruch der Februarrevolution bis zum Beginn des Heckerzuges. Staatsarbeit Weingarten 1974 (Ms.)

KLESSMANN, Christoph, Zur Sozialgeschichte der Reichsverfassungskampagne von 1849, in: HZ 218 (1974), 283–288

KLINDWORTH, Horst-Günter, Berufsqualifikation und liberale Wirtschaftsstrategie in der Provinz – am Beispiel der Gewerbeschule in Konstanz 1860–1880, Konstanz 1979 (Ms.)

KLINGENSTEIN, Grete (Hg.), Aufsätze zur Theorie und Praxis biographischer Arbeit, München 1980

KRIEDTE, Peter, Hans MEDICK und Jürgen SCHLUMBOHM, Industrialisierung vor der Industrialisierung. Gewerbliche Warenproduktion auf dem Land in der Formationsperiode des Kapitalismus, Göttingen 1977

KÖLLMANN, Wolfgang, Bevölkerung und Arbeitskräftepotential in Deutschland 1815–1865, in: Ders., Bevölkerung in der industriellen Revolution, Göttingen 1974, 61–98

KOHLI, Martin, Soziologie des Lebenslaufs, Darmstadt/Neuwied 1978

KRÜMMER, Heinz, Die Wirtschafts- und Sozialstruktur der Stadt Konstanz in der Zeit von 1806 bis 1850, Sigmaringen 1973

KÜCHLER, Winfried, Konstanz a. B. – Beispiel einer finanzschwachen Stadt. Zur Geschichte der kommunalen Finanzen im Bodenseeraum, in: E. Maschke (Hg.), Städtisches Haushalts- und Rechnungswesen, Sigmaringen 1977

LABROUSSE, Ernest, Panorama der Krise, in: H. Stuke und W. Forstmann (Hg.), Die europäischen Revolutionen von 1848, Königstein 1979, 70–89

LAIBLE, Joseph, Geschichte der Stadt Konstanz, Konstanz 1921

DERS., Chronik des Bürgermuseums zu Konstanz 1834–1884, Konstanz 1884

LAMBERT, W. R., Alkohol und Arbeitsdisziplin in den Industriegebieten von Südwales 1800–1870, in: D. Puls (Hg.), Wahrnehmungsformen und Protestverhalten, Frankfurt 1979, 296–316

LANGEWIESCHE, Dieter, Republik, Konstitutionelle Monarchie und „Soziale Frage" Grundprobleme der deutschen Revolution 1848/49, in: HZ 230 (1980), 529–548

LAUTENSCHLAGER, Friedrich, Volksstaat und Einherrschaft. Dokumente zur badischen Revolution 1848/49, Konstanz 1920

LOCHER, Hubert, Die wirtschaftliche und soziale Lage Badens am Vorabend der Revolution von 1848, Diss. Freiburg 1950

LOTTES, Günther, Bürgerliche Grundrechte und traditionelle plebejische Kultur am Ende des 18. Jahrhunderts in England und Frankreich, in: G. Birtsch (Hg.), Grund- und Freiheitsrechte im Wandel von Gesellschaft und Geschichte Göttingen 1981, 96–118

MACFARLANE, Alan, Reconstructing Historical Communities, Cambridge 1977

MARQUARDT, Frederick D., The Pauperismus in Germany during the Vormärz, in: Journal of Central European History 2 (1969), 77–88

DERS., Sozialer Aufstieg, sozialer Abstieg und die Entstehung der Berliner Arbeiterklasse, 1806–1848, in: GG 1 (1975), 43–77

Marschalck, Peter, Die deutsche Überseewanderung im 19. Jahrhundert. Ein Beitrag zur soziologischen Theorie der Bevölkerung, Stuttgart 1973

Marx, Julius, Die wirtschaftlichen Ursachen der Revolution von 1848 in Österreich, Graz/Köln 1965

Matz, Klaus Jürgen, Pauperismus und Bevölkerung. Die gesetzliche Ehebeschränkung in den süddeutschen Staaten während des 19. Jahrhunderts, Stuttgart 1980

Meusch, Hans (Hg.), Die Handwerkerbewegung von 1848/49, Ahlfeld 1949

Mitterauer, Michael, Zur familienbetrieblichen Struktur im zünftischen Handwerk, in: H. Knittler (Hg.), Wirtschafts- und sozialhistorische Beiträge, München 1979, 190–219

Mitterauer, Michael, Familienformen und Illegitimität in ländlichen Gebieten Österreichs, in: ASG 19 (1979), 123–188

Müller, Leonhard, Die politische Sturm- und Drangperiode Badens, 2. Bde, Mannheim 1905

Noyes, Peter H., Organization und Revolution. Working-Class Associations in the German Revolution of 1848–1849, Princeton 1966

Obermann, Karl, Wirtschafts- und sozialpolitische Aspekte der Krise von 1845–1847 in Deutschland, insbesondere in Preußen, in: Jahrbuch für Geschichte 7 (1972), 141–172

Osterland, Martin, Lebensgeschichtliche Erfahrung und gesellschaftliches Bewußtsein. Anmerkungen zur soziobiographischen Methode, in: Soziale Welt 24 (1973), 409–417

Puls, Detlev (Hg.), Wahrnehmungsformen und Protestverhalten. Studien zur Lage der Unterschichten im 18. und 19. Jahrhundert, Frankfurt/M. 1979

Quarck, Max, Die erste deutsche Arbeiterbewegung. Geschichte der Arbeiterverbrüderung 1848/49, Leipzig 1924

Raab, Heinrich, Verzeichnis der beim Generallandesarchiv Karlsruhe verwahrten Aufzeichnungen über die Teilnehmer der Revolution 1848/49 für den heutigen Landkreis Konstanz, Karlsruhe 1974 (Ms.)

Radandt, Hans, Arbeiterbewegungen und Gewerkschaften in der Revolution 1848/49, in: E. Todt u. Hans Radandt, Zur Frühgeschichte der deutschen Gewerkschaftsbewegung, Berlin 1950, 107–211

Reden, Friedrich Wilhelm v., Erwerbsmangel, Massenverarmung, Massenverderbnis – deren Ursachen und Heilmittel, in: C. Jantke u. D. Hilger (Hg.), Die Eigentumslosen. Der deutsche Pauperismus und die Emanzipationskrise in Darstellungen und Deutungen der zeitgenössischen Litartatur, Freiburg/München 1965, 461–484.

Reid, Douglas A., Der Kampf gegen den „Blauen Montag“ 1766 bis 1876, in: D. Puls (Hg.), Wahrnehmungsformen und Protestverhalten, Frankfurt/M. 1979, 265–295

Ringel, Martin u. Gerhard Schmidt, Die Kartei der politisch Verfolgten 1830–1867 im Staatsarchiv Dresden, in: Beiträge zur Geschichte der Arbeiterbewegung 6 (1970), 967–974

Rude, George, The Study of Popular Disturbances in the „Pre-Industrial“ Age, in: Historical Studies 1963, 457–469

Ders., Die Massen in der Französischen Revolution, München 1961

Ders., Die Volksmassen in der Geschichte. England und Frankreich 1730–1848, Frankfurt/New York 1977

Ders., Popular Protest and Ideology on the Eve of the French Revolution, in: E. Hinrichs (Hg.), Vom Ancien Régime zur Französischen Revolution, Göttingen 1978, 420–435

Ders., Protest and Punishment. The Story of the Social and Political Protesters transported to Australia 1788–1868, Oxford 1978

Ders., Warum gab es in den Jahren 1830 und 1848 in England keine Revolution?, in: H. Stuke und W. Forstmann (Hg.), Die europäischen Revolutionen von 1848, Königstein 1979, 30–45

Rupieper, Hermann-Josef, Die Polizei und die Fahndungen anläßlich der deutschen Revolution 1848/49, in: VSWG 64 (1977), 328–355

Ders., Die Sozialstruktur der Trägerschichten der Revolution 1848/49 am Beispiel Sachsen, in: H. Kaelble (Hg.), Probleme der Modernisierung in Deutschland, Opladen 1970, 80–109

Saalfeld, Dietrich, Steigerung und Wandlung des Fleischverbrauches in Deutschland 1800–1913, in: Zeitschrift für Agrargeschichte und Agrarsoziologie 25 (1977), 244–253

Ders., Handwerkereinkommen in Deutschland vom ausgehenden 18. bis zur Mitte des 19. Jahrhunderts, in: W. Abel (Hg.) Handwerksgeschichte in neuer Sicht, Göttingen 1970, 65–115

SABEAN, David, Intensivierung der Arbeit und Alltagserfahrung auf dem Lande – Ein Beispiel aus Württemberg, in: SOWI 6 (1977), 148–152

SALZMANN, Martin, Die Wirtschaftskrise im Kanton Zürich 1845–1848. Ihre Stellung und Wertung im Rahmen der wirtschaftlich sozialen Entwicklung in der 1. Hälfte des 19. Jahrhunderts, Bern 1978

SEDATIS, Helmut, Liberalismus und Handwerk in Südwestdeutschland. Wirtschafts- und Gesellschaftskonzeptionen des Liberalismus und die Krise des Handwerks im 19. Jahrhundert, Stuttgart 1979

SIEFKEN, Heiner, Verkehrsentwicklung und Provinzialisierung. Die Verkehrspolitik der bürgerlichen Fraktionen in Konstanz, in: Gert Zang (Hg.), Provinzialisierung einer Region, Frankfurt 1978, 135–181

SIGEL, Franz, Denkwürdigkeiten des Generals Franz Sigel aus den Jahren 1848 und 1849, Mannheim 1902

SHORTER, Edward, „La vie intime". Beiträge zu seiner Geschichte am Beispiel des kulturellen Wandels in den bayrischen Unterschichten im 19. Jahrhundert, in: KZSS Sonderheft 16 (1972), 530–549

DERS., Die Geburt der modernen Familie, Reinbek 1977

SCHADE, Oskar, Deutsche Handwerkerlieder, Leipzig 1865

SCHARFE, Martin, Die Erwartung, daß „nun alles frei sey". Politisch-rechtliche Vorstellungen und Erwartungen von Angehörigen der unteren Volksklassen Württembergs in den Jahren 1848 und 1849, in: K. Köstlin und K. D. Sievers (Hg.), Das Recht der kleinen Leute. Fs. f. Karl Sigismund Kramer, Berlin 1976, 179–194

SCHIEDER, Wolfgang, Anfänge der deutschen Arbeiterbewegung. Die Auslandsvereine im Jahrzehnt nach der Julirevolution von 1830, Stuttgart 1963

SCHLUMBOHM, Jürgen, Straße und Familie. Kollektive und individualisierende Formen der Sozialisation im kleinen und gehobenen Bürgertum Deutschlands um 1800, in: Zeitschrift für Pädagogik 25 (1979), 697–726

SCHMIDT, Walter (Hg.), Illustrierte Geschichte der deutschen Revolution 1848/49, Berlin (DDR) 1973

SCHMOLLER, Gustav, Zur Geschichte der deutschen Kleingewerbe im 19. Jahrhundert, Halle 1870

SCHNEIDER, Lothar, Der Arbeiterhaushalt im 18. und 19. Jahrhundert, Berlin 1967

SCHÖNE, Moritz, Die moderne Entwicklung des Schuhmachergewerbes in historischer, statistischer und technischer Sicht, Jena 1888

SCHRÖDER, Wilhelm H., Arbeitergeschichte und Arbeiterbewegung. Industriearbeit und Organisationsverhalten im 19. und frühen 20. Jahrhundert, Frankfurt 1978.

SCHWARZ, Gerard, „Nahrungsstand" und „erzwungener Gesellenstand". Mentalité und Strukturwandel des bayrischen Handwerks im Industrialisierungsprozeß um 1860, Berlin 1974.

STADE, Richard, Der Niedergang des Schuhmacherhandwerks als Produktionsgewerbe, Halle 1932.

STADELMANN, Rudolf, Soziale und politische Geschichte der Revolution 1848, München 1948.

DERS. u. Wolfram FISCHER, Die Bildungswelt des deutschen Handwerkers um 1800. Studien zur Soziologie des Kleinbürgers im Zeitalter Goethes, Berlin 1955.

STRUMINGHER, Laura S., The Artisan Family: Traditions and Transitions in Nineteenth-Century Lyon, in: JFH 2 (1977), 211–222.

STRUVE, Gustav v., Geschichte der drei Volkserhebungen in Baden, Ben 1849.

STÜRMER, Michael, 1848 in der deutschen Geschichte, in: H. U. Wehler (Hg.), Sozialgeschichte Heute. Fs. f. Hans Rosenberg, Göttingen 1974, 228–242.

DERS., Herbst des Alten Handwerks. Zur Sozialgeschichte des 18. Jahrhunderts, München 1979.

STUKE, Horst u. Wilfried FORSTMANN (Hg.), Die europäische Revolution von 1848, Königstein 1979.

THOMAS, Keith, Work and Leisure in Pre-Industrial Society, in: P&P 29 (1964), 50–62.

THOMPSON, Edward P., The Making of the English Working Class, Harmondsworth 1969.

DERS., Plebeische Kultur und moralische Ökonomie. Aufsätze zur englischen Sozialgeschichte des 18. und 19. Jahrhunderts, Berlin 1980.

TILLY, Louise, A., The Food Riot as a Form of Political Conflict in France, in: Journal of Interdisciplinary History II (1971), 23–57.

TILLY, Charles, Louise TILLY u. Richard TILLY, The Rebellious Century 1830–1930, Cambridge/Mass. 1975.

TILLY, Richard, Popular Disorders in 19th-century Germany, in: JSH 4 (1970), 1–40.

DERS. u. G. HOHORST, Sozialer Protest in Deutschland im 19. Jahrhundert, in: K. Jarausch (Hg.), Quantifizierung in der Geschichtswissenschaft, Düsseldorf 1976, 232–278.

TODT, Elisabeth und Hans RADANDT, Zur Frühgeschichte der deutschen Gewerkschaftsbewegung 1800–1849, Berlin 1950.

UNIVERSALLEXIKON, des Großherzogtums Baden, Karlsruhe 1843.

VALENTIN, Veit, Geschichte der deutschen Revolution von 1848–1849, 2 Bde, Berlin 1931.

VENEDEY, Herrmann M., Belle-Vue bei Constanz. Gesicht eines politischen Verlages im Vormärz 1840–1848, Konstanz 1973.

VOLKMANN, Heinrich, Wirtschaftlicher Strukturwandel und sozialer Konflikt in der Frühindustrialisierung. Eine Fallstudie zum Aachener Aufruhr von 1830, in: KZSS Sonderheft 16 (1972), 550–565.

DERS., Kategorien des sozialen Protests im Vormärz, in: GG 3 (1977), 164–189.

DERS., Soziale Innovation und Systemstabilität am Beispiel der Krise von 1830–1832 in Deutschland, in: O. Neuloh (Hg.), Soziale Innovation und sozialer Konflikt, Göttingen 1977.

WANNER, Karl, Das deutsche Schuhgewerbe und seine Entwicklung zur Rationalisierung, Diss. Tübingen 1926.

WEBER, Rolf, Die Beziehungen zwischen sozialer Struktur und politischer Ideologie des Kleinbürgertums in der Revolution von 1848/49, in: ZfG 13 (1965), 1186–1193.

WEECH, Friedrich v., Badische Biographien, 2 Bde, Heidelberg 1875.

WERNET, Wilhelm, Die Handwerkerbewegung von 1848/49, in: H. Meusch (Hg.), Die Handwerkerbewegung von 1848/49, Ahlfeld 1949.

DERS., Handwerks- und Industriegeschichte, Stuttgart 1963.

WIEGELMANN, Günter (Hg.), Kultureller Wandel im 19. Jahrhundert, Göttingen 1973.

WIRTZ, Rainer, Sozialer Protest und „Collective Violence“ in Deutschland im 19. Jahrhundert, in: SOWI 4 (1975), 6–12.

DERS., Die Begriffsverwirrung der Bauern im Odenwald 1848. Odenwälder „Excesse“ und die Sinsheimer „republikanische Schilderhebung“, in: D. Puls (Hg.), Wahrnehmungsformen und Protestverhalten, Frankfurt/M. 1979, 81–104.

DERS., Zur Logik plebeijscher und bürgerlicher Aufstandsbewegungen – Die gescheiterte Revolution von 1848, in: SOWI 8 (1979), 83–88.

DERS., „Widersetzlichkeiten, Excesse, Crawalle, Tumulte und Skandale“ – Soziale Bewegung und gewalthafter sozialer Protest in Baden 1815–1848, Berlin 1981

WISSELL, Rudolf, Des Alten Handwerks Recht- und Gewohnheit, Berlin 1971/74, 2 Bde (1. Aufl. Berlin 1929).

DERS., Der soziale Gedanke im Alten Handwerk, Berlin 1930.

ZANG, Gert, Die Auseinandersetzung um die Stiftungsverwaltung in Konstanz (1830–1870) und deren Bedeutung für die ökonomische und gesellschaftliche Entwicklung der lokalen Gesellschaft. Ein Beitrag zur Analyse der materiellen Hintergründe des Kulturkampfes, Konstanz 1975 (Ms.).

ZANG, Gert (Hg.), Provinzialisierung einer Region. Regionale Unterentwicklung und liberale Politik in der Stadt und im Kreis Konstanz im 19. Jahrhundert. Untersuchungen zur Entstehung der bürgerlichen Gesellschaft in der Provinz, Frankfurt 1978.

ZINNER, Dionys, Geschichte der deutschen Schuhmacherbewegung, Gotha 1904.

ZWAHR, Hartmut, Zur Konstituierung des Proletariats als Klasse. Strukturuntersuchungen über das Leipziger Proletariat während der industriellen Revolution, Berlin 1978.